サードカルチャーキッズ

私たちへの大切な贈りもの

ウーリカ・エルンヴィック 著
福永有 訳

Also published in English as

THIRD CULTURE KIDS: A GIFT TO CARE FOR

by Ulrika Ernvik
Published by familjeglädje

この本は
小さな子どもから大人までのTCK、
その親、教師、派遣団体、派遣先団体、
その他のTCKのケアに関わる方たち
のためのものです

この本は
TCKのライフスタイルがどのように
私たちに影響し、
私たちを形造り、
私たちに備えを与えるか、

また私たちがそれを
大切にし、
統合し、
喜び楽しみ、
用いるために、
何ができるかについて書かれています

この本には
TCKたちの経験を
プロセスし、統合するのに役立つ
実践的なアイデアやアクティビティが
たくさんあります

この本は
TCKであり、TCKの母親であり
TCKとともに歩む
ファミリー・セラピストによって書かれました

著者　ウーリカ・エルンヴィックより

TCKの冒険に私を送り出した
両親への感謝をこめて

推薦のことば

ウーリカ・エルンヴィックは世界中を移動するすべての人のために、有益なアクティビティ満載のすばらしいワークブックを編纂しました。特に素敵なのは、移行期にある人々のグループ、家族、また個人として用いることのできる数々のアクティビティをまとめたことです。また、易しい問題から、緊急避難のようなあまり考えていなかったことも取り扱っています。

ジュリア・シーメンス

『Emotional Resilience and the Expat Child』著者

「適用、適用、適用！」これはある先生が私たち生徒に繰り返し刷り込んだ教えです。どんなにすばらしい知識があっても、それを適用しないなら何になるのか。そしてその適用のためには多くの場合、助けと手引きが必要となります。ウーリカ・エルンヴィックの卓越した本書はまさにそれを成し遂げています。TCKについての彼女の非常に豊かな知識は、あなたに良き理解を与え、あなたの心を開いてくれます。ウーリカが提示する適応の一つひとつがあなたに問いかけ、あなたの心にあることを明らかにします。親、派遣団体、そしてTCK自身を成熟の旅路に導きます。TCKは様々な文化に理解を示し、尊重します。本書を著わしたウーリカの手法自体がその証拠です。あなたが今どこにいたとしても、あなたは自分の旅をそのままこの本に適応し、書き加えることが歓迎され、招かれていると感じることでしょう。ほかのどこにも見られないユニークな著者のスキルがそこにあります。私は本書が多くの言語に翻訳されることを切に願っています。

ハリー・ホフマン

Global Network Care Coordinator コーディネーター

TCKの親、メンバーケアのスタッフ、派遣団体、そしてTCK自身に、本書は何という素晴らしい情報を提供してくれることでしょうか。様々な文化の中で育ち喜びや困難を経験しているTCKに関して、ウーリカは自らの個人的経験も含め深い洞察をしています。本書にあるたくさんのアクティビティは実用的で、ごまかしのない、楽しいものになっています。ウーリカは、着実な脳の研究、霊的理解、カウンセリングの豊富な経験を、数々のアクティビティというかたちに統合することができました。中国系の子どもたちは自分の感情を表現することが簡単ではありません。しかし、私はウーリカのこれらのアクティビティを実際に試してみたところ、非常に効果的であることに気づきました。小さな子どもやティーン、そして大人に至るまであらゆる世代の中国系のTCKたちが、自分の異文化経験を楽しくディブリーフィングするのに大いに役立ちました。どうかこの本は読むだけでなく、実際に使ってみてください。

ポーリー・ホー

Asian TCK Ministriesのコンサルタント トレイナー

この本は私の大好きなテーマの一つであるサードカルチャーキッズについての優れた、ユニークな書です。私自身MK（宣教師の子ども）であり、4人のTCKの父親でもあるため、子ども時代も大人になってからも複数の異文化の中で生活してきたことで、私の人生の旅路において良い面も悪い面もあったことを容易に認めることができます。本書は、異文化圏に遣わされた人々にとって、そこでの生活と働きを経験する前でもその後でも、貴重な資料として用いられるべきものです。同時に、派遣する側の団体組織や教会にとっても、ガイドブックとしての素晴らしい価値があります。そして、もちろん私たちTCKにとって自分をより良く理解する上で、まったく同じことが言えます。ウーリカ・エルンヴィックは、TCKであることのさまざまな側面を、生活の各分野に対処するための実際的な提案とともに、分かりやすく説明しています。彼女は、私たちのミッション・ワーカーとその子どもたちが、サードカルチャーの中で生きることの豊かさを正しく理解し、困難に立ち向かうのを手助けしています。実際私はそのような彼女の姿を見ています。同じスウェーデン人の友人であり、同僚でもある彼女が書いたこの素晴らしい本を、私は推薦します。

ベルティル・エクストローム

World Evangelical Alliance Mission Commission 総主事

目次

序文

ウーリカ・エルンヴィックによる本書「サードカルチャーキッズ—私たちへの大切な贈りもの」は画期的な本です。子ども時代をグローバルに移動しながら過ごすことで、どのような影響を子どもが受けるかについては、確かに他の人たちも書いています。ウーリカも同じくそのことを語っていますが、彼女は大人のTCKとして、また数多くの今日のTCKと関わってきたセラピストとして、新鮮な視点を加えながら書いています。さらに彼女は理論にとどまらず、その理論を実践的な方法に変えるためのエクササイズ（活動）も提供しています。それを通して、TCKや大人のTCKが、自分たちのストーリーを上手にプロセス（処理）し、用いていくことを可能にしています。

各章では、読者がすべきことについて語られているだけでなく、TCKに関わる様々に異なる人々（またTCK自身）がそれらのエクササイズを用いることができることも、明瞭に語られています。たとえば、異文化生活によってもたらされるいろいろな側面を自分の子どもが統合できるように、前向きな方策を探している親。派遣している家族をより良くサポートしたいと願っている団体組織。自らのストーリーをもっと深い洞察を持って理解したいと願っている大人のTCK。その他TCKのケアに関心のある者。あなたがこれらのうちの誰であったとしても、本書はあなたのために何かを提供しています。

私は、ウーリカがこれらのエクササイズを通して多くの大人のTCKグループを導いている、その様子を実際に見る特権に与かってきました。参加者たちが、自分たちのストーリーがどのように説明されるのか、あるいは自分たちのアクティビティによってどのように最後に意味を見出すことができるのかに気づき、理解のひらめきがパッと灯るのを見るのは本当に驚くべきことでした。時に涙が流れることがあります。笑いが起こることもあります。ディスカッションの後はいつも、大人のTCKたちが、自分が感じたり経験したりしたことは一人だけではないことを発見する場となります。人々を理論から体験的応用へと導くことは、訓練を受けたセラピストとしてのウーリカの多くの賜物のひとつです。彼女が理論と実践の両面で培ってきたものを、私たちと分かち合ってくれることを私は嬉しく思います。

ルース＝ヴァン・リーケン

『サードカルチャーキッズ：国際移動する子どもたち』（第３版）の共著者
Families in Global Transitionの共同創設者

はじめに

私は、自身がTCKであり、5人のTCKの母親であり、TCKとその家族のための働きをしているファミリー・セラピストですが、こんな質問を絶えずされます。「なぜTCKのことばかり話しているのか。何を大騒ぎしているの。TCKが他の子どもたちと一体どう違うというのか。（もちろんTCKたちの冒険生活は別としても！）彼らは素晴らしい人生を送っているように見えるよ。親は熱心に見てくれているし、私立学校にも通えるし、エクゾチックな休暇もあるし、…。あなたはなぜもっと本当に大変な経験をしている子どもや家族のために働かないのか。」

どんなグループの人たちに関しても同じですが、TCKといっても様々で、大変な子どももいれば、全然そうでない子もいます。「TCKっぽい」ということだけが、TCKが持っている唯一のアイデンティティなのではありません。私たちがどんな人間になるかを左右する要素は、ほかにもたくさんあります。しかし、子ども時代にいろんな国や文化の間を移動するということは、私たちの人生に大きな影響をもたらします。それによって私たちの人生が形作られていきます。そして、それがどのように形作られていくかを知ることは大きな助けになります。

もし親が、異文化間の移動が子どもにどのような影響を与えるかを少しでも知っていれば、子どもが多くの文化への帰属意識を強く持てるようにサポートすることができます。もし団体組織が、派遣する家族の子どもがどのような影響を受けるかを知っていれば、親の子どもへのサポートを可能とするための方針や体制づくりをすることができます。そしてもしTCK自身が、若い頃や大人になってからの経験が自分にどのような影響を与えるかについて何らかの考えを持っていれば、自分自身を理解し、TCKとして生きてきた間に培った強みを活かして、人生を成功させることができます。

いえ、決してTCKは哀れむべきグループではありません。しかし、子どもはだれでも、彼らの置かれた状況や独特な必要（ニーズ）を理解する大人がそばにいる必要があります。TCKはユニークな人生を歩んでおり、したがって彼らにはユニークなニーズがあります。彼らは人に理解され、独特な形でサポートされる必要があります。もし彼らの周りに賢明な大人がいれば、TCKとしての経験はその子にとって最も素晴らしい贈りものとなり得ます。私は自分の経験からそのことを知っています。だからこそ、私は自分の子どもたちを海外に連れていきました。彼らにもTCKとしての経験をさせたかったのです！

私は、1960年代に私をスウエーデンからコンゴ（現在のコンゴ民主共和国）に連れて行きTCKの人生を送らせてくれた両親に感謝したいと思います。また、子どもたちをタイ国に連れて行き、TCKとしての経験をさせることに関して私と同じように熱心であった、夫のオットーにも感謝します。私の子どもたち、アニカ、ティモシー、ユディト、リディア、ヨシュアにも感謝します。彼らにとってTCKであるとはどういう意味があるかということも含め、いわゆる人生について、長年にわたり彼らを通して多くのことを学びました。さらには、私がファミリー・セラピストとして、スウエーデンでのミッショナリー・キッズ・キャンプ（MBT）やそのほかの場所で、またチェンマイのウェル・インターナショナル（The Well International）での10年間の働きの中で、またその他世界各地で出会った子どもたち、ティーン、大人のTCKの一人ひとりに感謝します。私のすべてのTCKの友人たち、セメンドゥア寄宿学校時代からの友人、アジアで知り会ったTCKの友人たち、そして「チーフーの一族」—私は彼らと何時間も一緒に過ごしながら自分のストーリーを語り会い、歩んできた人生の意味を見出しました—にも感謝します。皆さん、私はあなた方を心から愛しています。

すべてのTCKたちとその周りの人たちへ。この本が、TCKの経験を人生の宝物にするためのアイデアを与えてくれる、多くの人が求めていた実践的な本になることを願っています！ TCKであることは最高の人生の贈りものです！

ウーリカ・エルンヴィック

2019年5月　チェンマイにて

謝辞

この本は、TCKとして、またTCKの母親としての私自身の経験だけでなく、いくつもの扉が開かれていく中で、私を誘い、挑戦させ、その扉をくぐるように背中を押してくれた以下の人たちがいてくれたことの結果でもあります。

- 娘のリディア。彼女は10歳の時、もし私たち両親が一緒に行かないなら、自分はMK（宣教師子女）キャンプには行かない、と拒みました。それがきっかけで私は40歳の時に初めてMKキャンプに参加することになったのです。それを通して、私自身のグローバル・ノマドとしての子ども時代が、自分にどのように影響してきたかについて探究が始まりました。その時、「ママ」を必要としていたリディアに感謝します。
- ジャネット・チャップマン。彼女は、すでに定員に達していたにもかかわらず私をユーロTCK集会に迎え、子どものディブリーフィングの実際についての素晴らしいワークショップに参加させてくれました。その日、自分のタイムラインを描いたことで私の人生は変わりました。彼女は私の涙が流れるのを見、それがどんなに大切なことだったのかを理解しました。いろいろなアクティビティを通して過去の出来事をプロセスすることができます。私にそのことを見せてくれた彼女に感謝します。

- ジョー・クリフォード。彼はその同じ集会で、「移動のブリッジ」を紹介してくれました。そして、マリオン・クネル。彼女もその著書 “Families on the Move” で「移動のブリッジ」を紹介してくれました。
- ヨハンナ・ニルソン。彼女は、自分の父がコンゴで子ども時代を過ごしたことを本に書きました。それがきっかけで私も自分のストーリーを書くことになり、私はかつてコンゴのセメンドゥアのスウエーデン学校に通っていたTCK仲間たちを呼び集めることとなったのです。それは素晴らしい週末となりました。集まってくれたすべての人たちに感謝します。あのセメンドゥア周辺の村々で大きくなった私たち兄弟姉妹が一緒になってダンスをし、涙を流し、大笑いし、それぞれのストーリーをシェアしました。そのとき私たちは皆、感じたのです。これが私たちの居場所だと。
- スウエーデン・ミッショナリー・キッズのキャンプ（Missionärsbarnsträffen, MBT）のリーダーたち。彼らは私を毎年キャンプに招き、講義とカウンセリングの機会を提供してくれました。私にとっては実践と学習と成長のチャンスとなり、しかもとても楽しい時を過ごすことができました。私はあなたがた皆さんを愛しています。
- タイ国チェンマイのウェル・インターナショナル（The Well International）のリーダーと仲間たち。彼らは、10年余りにわたり私に学びと教えの機会を提供してくれました。その間、「移動する家族のお楽しみ会」、「ディブリーフィングのリトリート」、「セーフティ・ストーリー」など、そのほか多くのトレーニングやワークショップを開発することができました。私は励ましを受け、アイデアも与えられながら、快活で熟練した仲間たちである彼らと共に働くことができました。私は彼らから大きなインパクトを受けました。（この本の原稿の一部を、時間を取って読んでくれた方々にも感謝！）ディビッド・フロージは、「移動する家族のお楽しみ会」作製の上で片腕となってくれました。私の TCK 仲間でもあるリリアン・シースは、「移動のブリッジ」を床の上に大きく描いていく際の素晴らしいアイデアを提供してくれました。それは特に彼女に負うところが大きく、彼女には本当に感謝しています。

- 香港のポーリー・ホーンとそのほかアジアにいる大勢の友人たち。彼らの招きと励ましによって私は TCK に関する研究のシェアを続けることができました。また、彼らに励まされてこの TCK に関する本書をまとめることもできました。彼らはこれからも皆でこの本のメッセージを、必要としている人たちに宣べ伝えてくださることと思います。
- かつてアジアのチーフー・スクールに通っていた人々の再会の集いに私が招かれた時、そこで出会った、私と同世代のたくさんの「キッズたち」。彼らのストーリーと愛を私はきっといつまでも忘れないでしょう。
- ルース＝ヴァン・リーケン。かつてのチーフー・スクールの生徒たちの再会の集いで、私が彼女と一緒に講演をし、集会をリードしていったとき、私は彼女から大きな励ましをいただきました。彼女の TCK に対する愛とケアと情熱を感じたのはけっして私一人だけではないことを知っています。彼女の励ましは私にとってかけがえのないものでした。これらすべてのことについて彼女と共に振り返ることができたことは、私にとって素晴らしい経験となりました。

- チェンマイで知り会った大人のTCKの友人たち。たとえそれぞれが異なる国で育ち、異なる国のパスポートを持っていても、私たちは同じ一つの家族です。
- そしてこれらの人々の中にあって、私の敬愛する友人、エレン・コリンズ。彼女は本書の校正作業をし、私の意見にもよく耳を傾けながら、私のスウエーデン語を自然な英語に直してくれました。(エレンはできるだけ多くを書き換えることのないようにと、とても慎重でした。したがって、もし意味や表現において何か不明な点があればそれはすべて私の責任です。) 彼女が私の原稿全部に目を通すために、生活の多くの部分を割いてくれたことに対して、私は感謝を言い尽くす言葉がありません。私の言い回しを直してくれただけでなく、貴重なコメントや質問もたくさんいただき、私の文章をより良いものにしてくれました!
- そして私の原稿はACTS出版社のチームの方々によって、さらにより良いものとなりました。彼らは私の本を一つの芸術作品にしてくれました!

敬愛する皆様へ

ウーリカより

本書の使い方

私の願いは、あなた自身が TCK であること、TCK の親であること、そしてまたは TCK のケアをする人であることの素晴らしさを探求していくとき、この本があなたへの贈りものとなることです。各章では本文の後にアクティビティのアイデアが提示され、それに続いて、親、派遣団体、TCK 自身それぞれの振り返りのための質問もあります。ここで言う「親」には、子どものケアをする人、教師、周りの大人たちなども含まれます。「団体」には、TCK の家族が健全な生活を送るために責任ある人たちも含まれます。したがって、それはその家族の雇用者や組織、また地域教会や個人支援者を意味することもあるでしょう。組織や企業ではしばしば人事担当者が置かれ、リーダーシップの働きと同時に、そのような責任も負っています。

この本は、小さな子どもから大人まですべての TCK のために書かれています。親は、この本に書かれているどんなことについても、子どもたちと話すことができます。また、ほとんどのアクティビティは小さな子どもたちと一緒に行なうことができます。ティーン、若い大人、年配の方々もこの本を読むことで恩恵を受けることができます。私は、多くの場合彼らがまだ幼いうちは、自分が TCK であるという自覚があまりないことを知っています。TCK であることについての問題意識がまだありません。何らかの形で違いを自ら感じるまでは問題にならないのです。したがって、子どもやティーンが自分をどう見ているかについて、また、

TCKであることを彼らにいつ頃自覚させるのが良いかについて、私たちは敏感であることが重要です。多くのTCKが自分の成長を振り返り、プロセスの必要を感じるようになるには、人生の中で時があることを私は見てきました。それは20代初めかも知れません。自分に子どもが与えられた時かもしれません。40代になって、あるいは子どもが巣立って行った50代から60代になってからのこともあります。この本は、大人のTCKが「自分自身を理解する」探求の旅における大きな助けとなることでしょう。

本書を執筆する上で私は意図的に、これらすべてのカテゴリーに属する人々を読者対象に含めることにしました。というのも、親や子どもたち、そして派遣団体が同じこの本を読むことが有益でパワフルだろうと確信するからです。TCKのケアのために、そしてTCKであることの素晴らしい賜物に気づくために、「振り返り」と「アクティビティ」を通して、皆が一つ所に集まってくることを願っています。本書のある部分は、特に親にとって興味深いことでしょう。またむしろ年齢の小さなTCK、あるいは大人のTCKにとって、さらにはセラピストや派遣団体にとって興味深い部分もあるでしょう。ざっと目を通して、自分の心に響く部分に飛び込んでみてください。

私は本書全体を通して、「私たち」という言葉を、ある時には「親」の意味で、またある時には「TCK」の意味で用いています。これはおそらく私がTCKの親であり、またTCK自身でもあるという理由からだと思います。私は敢えてこれをそのままにしておきます。そのほうが、読者がTCKの親であってもTCK「キッズ」であっても、それぞれ書かれていることに共鳴していただけるだろうとの願いからです。また、彼とか彼女とか使っている箇所はどちらでも変更可能なので、読者が自分で一番読みやすいように読んでください。

個人でも、家族でも、いろんなタイプのグループであっても、自分（たち）のストーリーを見つけて、それを話すことが重要です。家族の場合には、そして特にたくさんの移動を繰り返して来た家族の場合には、家族のストーリーを皆で一緒に書いてみるのが重要なことです。そのためには、経験してきたことをシェアし、そのときそれぞれが感じたり考えたりしたことを互いに話すことが必要です。しかしそれは必ずしも簡単なことではありません。でも、もし家族や周りの友人たちが集まってある種のアクティビティを一緒にしていくならば、それが容易になることがあります。さらにまた多くの人にとって、ただ話すことよりも、むしろ絵を描いてみるなどのクリエイティブな方法で自分を表現するほうが楽なのです。それゆえ、本書にはそういったことをプロセスしていくための助けになるアクティビティが満載されています。

本書のアクティビティは、個人でも家族でも行なうことができます。また TCK のグループや、TCK がいるいくつかの家族が集まって一緒に行なうのも良いでしょう。メンバーケアの働きに携わっている人やカウンセラーも用いることができます。アクティビティは、家庭で、キャンプで、あるいはオフィスで行なうことができます。さらには、人生における様々な問題やトピックをプロセスするために、どのような家族、個人、グループでもこのアクティビティを用いることが可能です。アクティビティの目的は、探究し、プロセスし、統合し、楽しい時を過ごすことです。互いに不思議さを感じてください。また寛大であってください。アクティビティをしながら互いの話を聞き、語り合ってください。一人ひとりの存在がお互いへの贈りものなのです。あなたが経験したことは、他の人にささげることのできるあなたからの贈りものです。

それはTCKの経験という贈りものを喜び祝うためです。同時にそれは、TCKであることのチャレンジの中で互いに支え合うことでもあります。

本書の内容は、ウェル・インターナショナル（The Well International）における、私のTCKとその家族に関わる働きの中から培われてきたものです。カウンセリングとディブリーフィングに加えて、ワークショップやトレーニングも開催してきました。その中でも、「全世代のメンバーケア」と「セーフティ・ストーリー」は最も高い評価をいただいてきました。そのいずれのトレーニングにおいても、言葉による表現だけでなく、その他の、例えば、絵を描くこと、イメージすること、寸劇を演じることなどが含まれています。これらはすべて、記憶や感情の大部分が蓄えられている右脳の働きに関係しています。実は、「ストーリーを語る」際にも右脳の働きが関係しています。それに対して、人と会話する時にはおもに左脳が働いています。そのような意味で、私が読者の方々に強く勧めたいことは、本書の「アクティビティ」をぜひ用いていただきたいということです。それによって、単に言語表現だけでは到達できない、より深い理解とプロセスにまで達することができるからです。

TCKの親へ。ぜひ本書のアクティビティを日常生活の中に取り入れてほしいと思います。子どもとそのニーズに対して敏感であってください。子どもが自分でプロセスできるためのスペースを作ってください。ただし、強制しないでください。親がいつも助けになる用意があることを子どもに伝えます。でも、せき立てないようにします。アクティビティは、ある場合には家族全員で行なうよりもむしろ、一人ひとりの子どもと別々に行なった方が良いこともあります。

メンバーケア担当者、カウンセラー、セラピストの方へ。本書には、TCKとその家族のケアに関する多くの情報とアクティビティがあります。セッションには家族全員を参加させましょう。常に子どもにフォーカスすることを忘れずに。TCKであるということがどのようなことなのかについて、できるだけたくさん学んでください。

派遣団体のリーダーへ。あなたが責任を担っている家族をサポートする様々な方法を探っていくために、本書を他のリーダーたちと一緒に読まれることをお勧めします。あなたの務めとは何かについて、また他の人に委ねられることは何かについて考えてみましょう。団体の方針と組織体制を見直しましょう。家族を最大限サポートできるために、何か変えるべきことはないでしょうか。家族が必要なサポートを受けていると感じているかどうか、必ずフォローアップします。

TCKのための学校の教師やキャンプのリーダーへ。この本を読んで学んだことをTCKたちと分かち合ってください。彼らのために役立ちそうなアクティビティを実際に行ないながら、彼らを導いてください。これら多くのアクティビティは、学校の様々な授業にも取り入れることができます。

TCKと結婚した人、また一緒に生活している人へ。本書を読むことで、あなたのパートナーの反応や感情を理解するための助けが与えられるでしょう。TCKとしての成長は、多くの場合深いレベルにおいて人間関係のパターンに影響を与えます。なぜその人がそのようなタイプなのかということには、それなりの理由があります。TCKのライフスタイルについて、またそれがどのように人間関係に影響しているかについて理解することで、今そこにある関係がより成長し、深まっていくことでしょう。

小さな子どもの TCK へ。両親と一緒にこの本を読み、そしていくつかのアクティビティを一緒にやってみるように頼みましょう。アクティビティの中には友だちと一緒にできるものもあります。大人の誰かに助けてもらってやってみましょう。

ティーンの TCK へ。両親と一緒にこの本を読むこともできるし、あなたにとって大切な他の大人と読むこともできます。また、友人と一緒に読んでも良いでしょう。必ずしもすべての章を読まなくてもいいです。あなたの興味を引くような箇所、また自分のためになりそうな箇所を読んでください。誰かと一緒にアクティビティをやってみましょう。

大人の TCK へ。本書を読むと、自分自身とその成長過程についての理解がより深まることでしょう。さらには、あなたの両親や他の人々についての理解が深まることもあるでしょう。読んでいくうちにあなたは感情的に動揺するかもしれませんが、それでも構いません。信じてください。きっと読み進んでいくうちに、バラバラになっていたあなたの人生のそれぞれのパーツがふさわしい場所に納められ、みごとな絵画となっていくことでしょう。それこそがあなたの人生そのものです。時間がかかるかもしれません。それで良いのです。もしこの本を一緒に読むことのできる人がいるなら、とても助けになるでしょう。それは誰か他のTCK かもしれません。あるいは、あなたの近しい人かもしれません。共に読み、語り合い、振り返り、何かを感じ取ってください。アクティビティをやってみましょう。散歩しましょう。どこかを旅してきましょう。懐かしい食べ物を食べましょう。昔の友人に会ってみましょう。あなたはなおも旅の途上にあります。今までも常にそうであったように。プロセスすることも人生の一部です。楽しんでみてください。

I.
大切な贈りもの

第1章　TCK—グローバル・ノマド

サードカルチャーキッズとは、
いろいろな文化の中に住み、
その間を繰り返し行ったり来たりしている子どもたちのこと。
彼らは自分が安全、安心と感じられるようになったものを、
移動の度に手離さなければならない。
世界のどこか別の場所で、また新たな生活を始めるためである。
このことはは彼らの心身の発達、
対人関係、
アイデンティティの形成、
この世に対する考え方、自分に対する考え方に、
深い影響をもたらしている。

ウーリカ・エルンヴィック

「サードカルチャーキッズ」という表現は、1950年代にルース・ヒル・ウシーム氏によって初めて使われました。彼女は、TCKとは「親の移動に伴って異文化に住む子どもたちのこと」、そしてサードカルチャーとは、「子どもと親の出身地の文化やコミュニティと、現在彼らが住んでいる地の文化やコミュニティの相互作用の産物である」と説明しました。1990年代になると、デビッド・ポロックとルース・ヴァン・リーケンがサードカルチャーキッズについての研究を続け、その定義づけをしました。彼らの著書“Third Culture Kids – Growing Up Among Worlds”（初版1999年、第3版2017年）は、世界中で広く読まれるようになりました。

その初版ではTCKを次のように定義しています。

> サードカルチャーキッズ（TCK）とは、発達段階のかなりの年数を両親の属する文化圏の外で過ごした子どものことである。TCKはあらゆる文化と関係を結ぶが、どの文化も完全に自分のものではない。TCKの人生経験は彼らがかかわったそれぞれの文化から取り入れた要素で成り立っているが、彼らが帰属意識を覚えるのは同じような体験を持つ人々とのかかわりにおいてである。[1]

第3版では次のように再定義しています。

> 一般的にサードカルチャーキッズ（TCK）とは、生後18年間のかなりの年数を、親の職業選択や上級訓練の必要のために、両親の少なくともどちらかのパスポート国とは異なる国で過ごした子どものことである。[2]

サードカルチャーキッズの生活と文化は、彼らが経験してきた様々に異なる文化の各部分が混ぜ合わされて形造られています。それゆえに、彼らはそれをさらに発展させて、互いに一つの文化を共有しています。それは言わば一つの「特別な家族（tribe）」としての共通の経験であり、そこに互いの帰属意識を見出しています。たとえ、それぞれが世界のまったく異なる地域で育っていたとしてもです。

1　ポロック＆ヴァン・リーケン、1999年。『サードカルチャーキッズ―多文化の間で生きる子どもたち―』デビッド・ポロック、ルース・ヴァン・リーケン共著　スリーエーネットワーク社 2010年）

2　ポロック、ヴァン・リーケン、ポロック、2017年　私訳

第１文化とは両親の生まれた国や文化のことであり、第２文化とは、家族が移動して今住んでいる国、またはかつて住んでいた国の文化のことである。第３文化とは、かつて住んでいた元の国の文化とは異なり、また今住んでいる地域コミュニティの文化とも異なり、互いに同じような生活をしている人たちが、多くの似た体験を共有しているライフスタイルのことである。[3]

彼らTCKが帰属意識を持つことができるのは、出身地の文化においてでもなく、現在住んでいる土地の文化においてでもなく、パスポート国以外の文化圏での生活経験を互いに分かち合うことのできる仲間たちとの間においてです。TCKであるということは、いずれの文化にも100％属することなく、いくつかの異なる文化に部分的に属しているということです。彼らは、多くの異なる文化の一部分を持っている他の人たちとその経験を共有することによって、独自の文化を形成しています。彼らは、ある意味で二つまたはそれ以上の世界の狭間の中で、そのいずれにも完全に属することがないのです。あるいは、多くの文化に属する祝福に与かっている者たち、と言うこともできます。

彼らはそれぞれ様々な理由によってTCKになります。ただし共通して言えることは、親たちが子どもを連れて世界各地に出て行き、いくつかの異なる文化の中で成長する経験をさせているということです。

3　ポロック、ヴァン・リーケン、ポロック、2017年　私訳

ATCKとは、大人（adult）のサードカルチャーキッズ、つまり、TCKとして成長し大人になった人のことを言います。

もう一つ別の用語として、CCK：「クロス・カルチャー・キッズ」と呼ばれる子どもたちがいます。ある一定の場所に住みながらも、いくつかの異なる文化を経験して生きている子どもたちのことです。例えば、両親が国際結婚をしている子どもの場合です。また、別の例としては、ドイツにずっと住んでいてドイツのパスポートを持っているインド人家庭の子どもの場合です。インターナショナル・スクールに通っている地元の子どももCCKです。彼らは毎日朝晩異なる文化の間を移動し、とても大きなストレスを感じていることがあります。

本書は主として、TCKの子どもたち、ティーン、そしてすでに大人となった人たちに焦点を当てています。すなわち、様々な文化の狭間で子どもとして成長し、しかも、その異文化間の移動を繰り返しながら生活している、または生活してきた人たちについて取り扱っていきます。

またTCKの別の表現としてしばしば用いられているものに、「グローバル・ノマド（Global Nomads）」という語があります。これは1984年に、ノーマ・マッケイ（Norma McCaig）氏が使い始めました。マッケイ氏は、グローバル・ノマド・インターナショナル（Global Nomads International）という大人のTCKのためのグループの創始者です。彼女はまた、「文化的カメレオン」

または「隠れ移民」（ポロック、ヴァン・リーケン、ポロック、2017年）という表現も用いています。マッケイ氏は「グローバル・ノマド」を次のように定義しています。

> 年齢や国籍に関係なく、発達段階のかなりの年数を、親の職業のために、両親のパスポート国以外の二つ以上の国で過ごしてきた子どものことである。[4]

グローバル・ノマドとは、私たちTCKが地球上を動き回りながらも、自分がそこに帰属意識を持っている「特別な家族」という意味合いです。私は個人的には、（TCKのように）頭文字を取って作られた語よりも、一つの意味を持つ「単語」としてのグローバル・ノマドという用語の方が好きです。たとえ、そのようなノマド（遊牧の民、放浪者、流浪者）生活が子ども時代の2、3年間という短い期間だけであり、今はもうそのような生活はしていなかったとしても、その経験は後の人生に深く影響を与えており、「ノマド魂」を植え付けています。昨今、多くの人が、単に世界中を旅する（または旅してきた）人々のことを指して、グローバル・ノマドという語を使っています。しかし、本来これは、子ども時代にノマド生活をしてきた人々を指すために特に定義された用語であり、今後もそのような特定のグループの人々を意味する語として続けて用いられるべきです。大人になってからノマド生活をしている人々は、成長期にそのような生活を経験した子どもたちの場合とは異なり、それが自分のアイデンティティの形成に影響することはないからです。

4　ポロック、ヴァン・リーケン、ポロック、2017年　私訳

ただし、覚えておくべきことは、以上のような様々な定義によって、彼らの人生がすべて決定づけられるものではないということです。それらはただ、彼らがどのような者たちなのかについて一定程度の理解を提供するだけのものです。

デビッド・ポロックは、世界中を巡りながら、異なる文化の狭間で育ってきた者たちと会い、その固有な特徴を明らかにし、そういった経験がどのように彼らの人生に影響を与えているかを解明するという素晴らしい業績を残してくれました。その後、ルース・ヴァン・リーケン及び他の人々は続けてTCKのサポートのために尽力し、彼らが自らのライフ・ストーリーを言葉で説明し、統合し、プロセスできるための支援をしてきました。グローバル・ノマドたちは成長し続ける「特別な家族」です。ですから、自分が何者であるかを理解するための手助けを彼らに提供することは、極めて重要な働きなのです。

読み進んでいくうちに気づくと思いますが、私は本書のあちこちで、この「特別な家族」という表現を使います。これを用いることで、しばしばTCK、グローバル・ノマドたちが互いに実感として持っているグループ・アイデンティティについて、よく理解していただけるかと思います。その「特別な家族」に属する者は皆、ある種の共通点を持っています。それによって、彼らは互いを認識し合い、理解し合い、たとえ世界のどこに今住んでいたとしても、互いにつながっていることを実感するのです。「特別な家族」と呼ばれている他の人々と同様、TCKたちも自分たちのことを少数派と自覚し、結局自分は「よそ者」なんだと感じている人も多くいます。しかし、国や文化を越えて移動する人々がますます増えている今日、様子は変わって来ています。このような現象によって、TCK たちの意識や自分に対する見方も変わるかもしれません。

サードカルチャーキッズであるということが、その人の唯一のアイデンティティということではありません。また、それはその中にはまり込んでしまって出口が全く見いだせない、といったアイデンティティでもありません。むしろ TCK という「特別な家族」の内に自分の居場所を見出すことを通して、自分と似た経験をしてきた人々とつながる道が開かれ、同時に自分自身に対する深い洞察を得、自己を愛することができるようになります。私自身もそのようにして、自分がどのような人間であるかを知り、自らの経験を他の人と分かち合うことができ、その価値に気づきました。それによって私は、自分自身の別の側面をもっと自由に発見することができ、さらには、他のグループや人々のうちにも自分の居場所を自由に見出すことができるのです。

ポロックとヴァン・リーケンによる TCK の定義に再度注目するとき、大人たちが彼らにできるサポートについて、以下のような方法を考えることができます。

- 彼らができる限り自分の人生に対するオーナーシップ（所有意識）を持てるように。つまり、自分がどのような人間なのかを自ら理解できるように助ける。
- 彼らが経験した様々な文化や生活体験をひとつのストーリーに「まとめ上げる」、すなわち「統合」できるように。つまり、自分が得たものと失ったものの両方の側面を認めることができるように助ける。
- 彼らが帰属意識（自分の居場所）を持てるように。すなわち、自分自身に対して、家族に対して、かつて生活していた所の文化すべてに対して、なおかつパスポート国に対しても。つまり、国を越えての人間関係を築き上げ、それを保ち続け、同時に自分の人生の目標を持つことができるように。

TCK が良い経験を積み重ね、過去の出来事をプロセスし、そこに美しさを見出し、そして自らの人生をさらに押し進めていけるようにサポートする上で、上述の三つの点が非常に重要なカギを握っていると、私は信じています。つまり、人生にオーナーシップを持つこと、統合すること、居場所を見出すことの三つです。またそれは、TCK のみならず、親、教師、派遣団体、親類など他の多くの人たちもまた、TCK の人生に関わることを通して、オーナーシップ、統合、帰属意識を、共に築いていく可能性があります。

TCK をサポートする上で最も重要なことは、親に対するサポートです。何よりもまず親自身が TCK の必要を満たすことができるようになるためです。親の決断やライフスタイルがどのように子どもに影響を及ぼすかについての知識と自覚が必要です。親が子どもの人生に寄り添っていくためには、時間と精神的なゆとりが求められます。それなくして親は、子どもが自らの人生を生き抜いていくプロセスを支えることはできません。国を越えて行き来するための時間と費用も準備する必要があります。

【まとめ】

TCK はいくつかの異なる文化の中で育ち、かつその間を何度も移動します。TCK は、自分と同じような生活経験を持つ仲間たちのうちに、自分の居場所を見出します。TCK を取り巻く大人は、彼らが自分の人生に対して（また可能な限り、彼らが経験した諸文化に対しても）オーナーシップ（所有意識）を持てるようにサポートする必要があります。さらには、彼らが様々な生活体験をひとつのストーリーに統合することができ、さらには帰属意識を持てる場所を見つけられるように支えるべきです。

【アクティビティ：これが私です】

本書は全体を通して、TCK のアイデンティティについて様々な角度から探求し、整理していくものです。しかしながら、彼ら TCK のアイデンティティがそれだけですべて説明し尽くされるわけではありません。TCK はそれよりはるかに多様性を持った存在です。そのことを TCK であるあなた自身で確かめられるように、自分がどのような人か、「これが私です」といえるものをまず探ってみましょう。

- 一枚の紙を用意して、あなた自身を表すシンボルとして、シンプルなイラストを大きく描きます。蝶、サッカーボール、猫、などどんな形でもいいので、それを見てあなたや他の人があなたのことを想像できるものを描きます。
- その中にいろいろなものを描き込んでいきます。シンボル、図柄、言葉、色などを自由に使って、あなたの今までの経験、生い立ち、状況、興味、趣味、特技、長所などが分かるように表現します。

- それを他の人とシェアします。
- それを写真に撮って、自分のスマートフォンに保存しておくのも良いでしょう。自分がどのような人なのかを時に思い出すことができます。

【アクティビティ：同じ“特別な家族”に属する人たちと仲間になる】

- 自分を表すイラストを描きます。写真でもいいです。
- 大きな紙の真ん中にそれを貼り付けます。
- 「自分のほかに TCK は誰がいるだろうか」と思い巡らします。
- その人たちの名前を書くか、イラストを描きます。その人たちを各グループに分けます。（例えば、所属・出身学校ごとの友人、パスポート国の友人、親類、教師、または大人の知人など）
- さらには、TCK の著名人を加えます。実際、TCK の中にはミュージシャン、政治家、作家など多くの有名人がいます。
- その中で、あなたがコンタクトしたい人がいますか。今まで世界のどこかで出会った TCK で、もう一度コンタクトしてみたい人がいますか。
- 自分が今住んでいる地域で、他の TCK を探してみたいと思いますか。
- TCK が自分以外にも近くにいないか探してみましょう。ソーシャル・メディアを使って調べます。または、あなたの親を派遣している（派遣した）団体に問い合わせてもいいです。または、遠方にいるTCKとオンラインでグループを作ることもできます。

＊＊＊

【できることを考えよう】

1. 親として
   - あなたの子どもがTCKであることを自覚させましょう。同じような経験をして、同じようなアイデンティティを持っている子どもが、ほかにもたくさんいることを伝えましょう。
   - 他のTCKと知り合える機会を設けましょう。
2. 派遣団体として
   - 派遣している家族の子どもたちが、自分がTCKであることを知っているかどうかを確かめましょう。そして、彼らと同じような経験をして、同じようなアイデンティティを持っている子どもが、ほかにもたくさんいることを伝えましょう。
   - 他のTCKと知り合える機会を提供しましょう。
3. TCK自身として
   - TCKであるということがどのようなことなのか学んでみましょう。ほかのTCKたちの話を聞いてみましょう。
   - TCKであることがあなた自身にどのように影響しているか、つまり、今までの人生で選択してきたこと、経歴、友だちの選び方など、自分の人となりにどのような影響を及ぼしてきたかについて振り返ってみましょう。同時に、あなたの性格的な特徴が、TCK としての経験に影響していることがあれば、それについても考えてみましょう。

- ほかの TCK たちとつながりましょう。

第2章　TCKであることのすばらしさ

私がこの本を著したのは、TCKであることがどんなにすばらしいか明らかにしたいからです。その美しさを語るためには、まず何よりもどのようにしたらTCKたちをより良くサポートできるかについて知る必要があります。そのような訳で、この本の中で私がTCKたちの経験する困難なことばかりに焦点を当てていると、読者は感じるかもしれません。しかし、私が特に強調したいことは、TCKである私たちの子どもに異文化の中でもたくましく成長していくチャンスを提供することこそ、私たちが彼らに献げることのできる最高にすばらしい贈りもの（ギフト）の一つなのだということです。その理由として以下のようなことが挙げられます。

- 子どもが異なる文化の中で、異なる生活形態を経験し、異なる考え方に接し、異なる言語の中で生きていくとき、その子の脳は、そのような異なる環境の中でも違和感を持つことなく、しっかり発達していきます。TCKは異なる環境にも適応することができ、異なる種類の人々の存在を認め、尊敬します。そして、どんなことにも様々な方法や考え方があり、一つではないことを知っています。
- TCKは移動を繰り返しながら、新しい環境に順応することを絶えず実践しています。新しい土地で友だちをつくり、自分が納得できる生活の仕方を築いていきます。これらは、大人になっていく過程での有益な賜物と言えます。

- TCKはいろいろな場所、殊にいろいろな人々との関わりの中で、自分の居場所を見出します。また、そのような帰属意識を素早く獲得します。

TCKの子どもが、上のようなノマドとしてのライフスタイルの利点を自分のものとしていくためには、物理的にも心理的にもいつも共に寄り添う、安全な大人の存在が必要とされます。このような贈りもの（ギフト）が備えられているとき、その子はすくすくと育っていきます。反対にそれがないとき、その子は孤独と痛みを経験し、逆の結果がもたらされることでしょう。寂しさや孤独を感じ、困惑し、友だちもできず、どこへ行っても自分の居場所を見出すことができません。さらにまた、その子がたくましく生き抜いていくためには、自分と同じように貴重な経験をしている人々が、ほかにもたくさんいることに気付く必要があります。もしその子が、こんな生活をしているのは自分だけだと思い込んでいると、自分が周りの人とは全く違っているように見えて、良い経験も悪いものとなってしまいます。

TCKの経験をすばらしいものにするために、私は以下のことをしたいと考えます。

- 親、教師、周囲の大人に対して、TCKが移動や引っ越しをする時、どのように彼らをサポートできるかについて、様々なアイデアを提供します。それによって、彼らの異文化圏での生活が安全で喜ばしいものとなるように、そして、TCKがパスポート国に戻り、大人としての生活を始める時期に、自信と帰属意識を持てるようになります。

- 親が子どもをサポートできるために、その家族を派遣している団体を励まします。また、団体が直接 TCK を支えることのみならず、TCK ケアの必要を認識することをシステムの中に組み入れるように促します。
- TCK 自身が、子どもであれ大人であれ、以下のことを理解できるように励まします。第 1 に、彼らの経験してきたことは様々なかたちで生活全体に影響を及ぼしていること。第 2 に、そのような経験を大切に受け入れ、統合していく手立てがあること。第 3 に、困難な状況や悲しい状況についても、少しづつ受け入れること。そして最後に、自分の人生と成長した自分の姿を喜びます。

TCK であることのすばらしさを大切に受け止めていくためには、その時のつらかったことも同時に受け止めていかなければなりません。素晴らしく、良い思い出は、つらい思い出とも密接につながっていて、切り離すことはできません。つらい思い出を取り除こうとするならば、良い思い出も同時に取り除いてしまうことになります。思い出がたくさん詰まった箱を開くためには、それが安全なことであり、実際箱を開くと良いことがあると思える必要があります。さらには、箱の中から見つけ出したものをどうするのか、またそのとき、それをシェアできる誰かがいることを、あらかじめ知っていなければなりません。つまり、自分が通ってきた人生を良く理解してくれて、自分がそれをどう感じたかも分かってくれる人です。TCK にとって最も良いことは、その思い出の箱を幼い頃からいつでも開ける習慣があることです。それによって、様々な思い出が絶えず人生のストーリーの中に織り込まれていくからです。

したがって、TCK には以下のことが必要です。

- TCK であるとはどういうことかよく理解し一緒にプロセスしてくれる安全な大人。
- 良いこともそうでないことも話したり表現したりできる自由が与えられていること。
- 経験をシェアできる TCK の友人。

私は TCK として経験してきたことをとても感謝しています。私が経験したことは良い思い出ばかりではありません。私は寄宿学校に通っていました。時々、両親がいなくて寂しい思いをし、また常に安全が守られているということでもありませんでした。その後、パスポート国に戻ると、逆に寄宿学校での生活がなつかしくなり、寂しくなりました。自分だけ周りの人と違っているように感じ、ティーンの時代はずっと人の中に入っていくことができませんでした。自分が TCK であることのすばらしさを言葉で言い表せるようになるまでには、多くの年月を要しました。ほとんどの TCK たちにとっては、様々な異文化生活を通して経験してきたことを、他の人に説明し尽くすことなど、不可能ではないかと思えます。それでも私に関して言えば、年が経つうちに、やはり私が経験してきたことは自分の人生にとってどんなに高価なものだったかと、ますます思うようになりました。様々な言語環境。世界中にいる友だち。新しい地に移っても友だちを作り、そこに根付くことができるスキル。TCK（同じ「特別な家族」！）と新しく出会うたびに生まれる深い絆と喜び。私の心の中にはあるイメージがあります。いつでもどこでも子を胸に抱き、乳を飲ませているアフリカ人の母親の姿です。それは、母親としての私にとって特別な励ましにもなっています。アフリカの音楽を愛する気持ち。異質なものに対する開かれた心。新しい冒険に飛び込んでいきたくなる思い。その他、数えきれないほどあります。

TCK たちに自分が経験したことのすばらしさは何かと尋ねると、以下のようなことがしばしば返ってきます。

- 旅が好きになること、未知の人々との出会い。
- 異文化に住む人々のことを理解できる。
- 異なる言語に接する。
- 一つのことを行なうにも様々な方法があると知る。
- どこにいても友だちができる能力。
- 家族だけが様々な思い出を共有しているので、家族の絆が強くなる。
- 冒険できるチャンス。

すばらしさはすぐそこにあります。TCK の経験はすばらしさで満ちているという人がいます。そこにはいろいろなものが混ざっているという人もいます。すばらしさなどほとんどないという人もいます。私たちがバラバラになった思い出の切れ端をひとつひとつ丁寧につなぎ合わせていくとき、そこからすばらしさが浮き出て来るのです。

【まとめ】

TCK であるということの中には、たくさんのすばらしさが秘められています。しかし、良かったことを探し出そうとするとき、同時にそうでなかったことにも目を向けなければなりません。そのために、TCKには誰か別の大人、またはほかのTCK仲間が必要なのです。そのような人たちとストーリーを分かち合っていくときはじめて、その思い出の一つひとつをしっかり抱き締めることができ、そこに意味を見出し、喜び祝うことができるのです。

【アクティビティ：私の宝箱】

家族皆で、あるいはTCKの集まりで、あるいは自分ひとりで、空き箱を使って宝箱を作ります。または紙に宝箱の絵を描いても良いです。その中に良かったものをいろいろ入れていきます。絵でも言葉でも良いです。TCKとしての自分に与えられたそれら数々の宝について話し、互いに分かち合います。どのようにしたらそれらを大切に持ち続けることができるでしょうか。それを何に用いることができるでしょうか。

＊＊＊

【できることを考えよう】

1. 親として

- 子どもと一緒に、今まで経験してきたことや、今経験していることについて、語り合いましょう。その思い出の箱を開けて見る習慣を普段から身に着けましょう。嬉しかったことも、そうでなかったことも、どちらも話してよいと教えましょう。良かったことは一緒に喜び祝いましょう。つらかったことにもしっかり耳を傾け、それについてはどうしたらいいか一緒に考えましょう。

- あなたの子どもが他のTCKと会える機会を作りましょう。そして、何か上手な機会を工夫して設け、彼らが良かったこともつらかったことも分かち合えるようにします。

2. 派遣団体として

- TCKは他の種類の子どもたちとは違った経験をしています。したがって、TCKたちが定期的に集まって、自分の経験を他の同じような経験をしている子どもたちと分かち合う機会を持つことはとても重要です。
- TCKたちが定期的に参加できる集会やキャンプを企画しましょう。小さな子どもだけでなく、ティーンにも、大人のTCKにもそれは大切なことです。

3. TCK自身として

- リストを書きましょう。自分が好きだったこと。自分のためになったこと。反対に、好きではなかったこと。TCKであるために失ってしまったものなど。それらのリストについて誰かとシェアできますか。そのようなことについて、この本を読み進めながら考えておいてください。また、そのリストに付け加えて、なぜあるものは失ってしまったと感じ、あるものは自分のためになったと感じるのかについて説明できるように、あなた自身の考えも書き添えてください。

第3章　ライフスタイルが及ぼす影響

TCKのライフスタイルの経験が人生にどのような影響を及ぼすかについて、もう少し理解を深めていきます。デビッド・ポロックとルース・ヴァン・リーケンが多くのTCKたちとの出会いを通して学び、まとめた著書 "Third Culture Kids – Growing Up Among Worlds"（初版1999年）から引用します。さらには、ティナ・クイックの著書 "The Global Nomad's Guide to University Transition"（2010年）からも同様に引用します。

TCKはどのような点で他の子どもたちと異なっているのでしょうか。

- 同年代の子どもたちとは180度異なる世界観を持っていることがある。
- 何をするにも、一つだけでなく多くのやり方があることを知っている。
- 多様な人間関係を持つことに慣れている。
- 普通の人とは異なるアプローチの仕方で人と関わる。
- 世界の様々な地域、人々、文化、言語についての知識があり、成熟した考え方を持ち、精通している。
- 一つの場所に長く住んでいる子どもたちとよりも、世界のあちこちに住んでいる子どもたちとの間に、より多くの共通点を持っている。
- 「隠れ移民」のような存在である。

TCKとして成長することは、「自分は一体誰なのか」という自己概念に影響をもたらします。例えば、

- 「あなた、どこの出身？」「どこから来たの？」といった質問には、難しくてなかなか答えられない。
- 「こんにちは、はじめまして」と言うほうが、「さよなら」と言うことよりもはるかに容易である。
- 自分の居場所を見出し、そこに帰属意識を持つことが難しい。
- 自分の故郷(ふるさと)がどこにあるのか、よく分からない。

TCKとして成長すると、

- カメレオンのように、新しい環境に容易に適応する。
- 周りの様子をじっと観察する人になる。
- 自分が根無し草のようで、落ち着かない者のように感じる。
- 自立心が強い。
- 自分がほかの人とは違っていると、しばしば感じる。
- いつもアウトサイダーで、人の中に入っていくのが難しいと感じる。

TCKであることのプラスの面としては、以下のようなことがあります。

- 様々な言語を学ぶ機会がある。
- 新しい人々との出会いがある。

- いろいろな場所を訪れる経験をしている。
- 旅をすることや、旅立つことに慣れている。
- 世界中に友だちがいる。
- 創造的であることを学んでいる。
- 一つの事柄に対して解決法がいくつかあると考える。
- 人にストーリーを話すことが上手である。

次のようなスキルを磨くことができます。

- 異文化の中で生きるスキル
- 観察のスキル
- 環境適応のスキル
- 社会性のスキル

裏を返せば、以下のようなことが挙げられます。

- しばしば「さようなら」を言わなければならない。
- ペットや友たちとの別れ。
- 友だちを新しく見つけなければならない。
- 周囲に受け入れられるために、仮面をつけなければならない。
- 痛みにあまりにも慣れすぎている。
- 自分の国のことをよく知らないのと同時に、今まで住んだ国のこともよく知らない。
- 多くの事柄に対して批判的である。自分のパスポート国の同年齢の人たちに対しては、特に批判的である。
- 異なる世界観を持っているため、尊大で生意気な人と見られる。また事実そうである場合もある。

TCKは大人になっても移動を何度も繰り返すことがよくあります。それは次のような理由です。

- 移動が習慣化している。
- 世界の別の地域をもっと見たい。
- どこにいてもそこをホーム（ふるさと）と感じられない。
- 冒険が大好きである。
- 世界中にいる友だちを訪ねたい。
- 今いる場所から逃げたい。

TCKがそのライフスタイルを通して獲得してきたものはすばらしい宝物です。そしてTCKがそれまで経験してきたことを上手に受け入れられるようになれば、すばらしさはさらに増し加わることでしょう。TCKは、他人との異なる点を前向きに受け止めて生き抜いていくことを学ぶことにより、周りの環境がどのように変化したとしても、そこで成長し続けることができます。TCKが周囲の人々との関わり方が難しいのは、TCK自身に原因があるというより、むしろTCKの人生経験によるものだ、と知っておくことはとても大切です。また、異文化での生活を経験してきた人たちも、TCKの場合と同じような問題に直面します。私もTCKの一人として自分が得てきたこのような知識を用いて、他のサードカルチャーキッズ（TCK）や、クロスカルチャーキッズ（CCK）たちのために役立ちたいと思います。さらに知っておくべきことは、TCKであるということが、必ずしもその人のアイデンティティのすべてを決定するのではない、その人の人格のあらゆる領域を決定するのではないということです。TCK であるということは、私という人間の、ある一部分を形成しているに過ぎないということです。

【まとめ】

TCK であるということにはプラスの面とマイナスの面があります。TCK はその両方についてよく理解していくことによって、もっと上手にそれらをプロセスすることができ、他の人と分かち合うことができ、有益に用いることができ、生涯を生き抜いていくことができます。

【アクティビティ：世界中を移動して来た私の歩み】

TCK の中には、時々自分が何度引っ越したかをよく覚えていない人がいます。このアクティビティは TCK が、個人としてまたグループとして、自分の過去の移動についてもう一度思い出してみるためのものです。
床の上に、簡単な世界地図を描いたものを広げます。
まず全員に次のように言います。

- あなたのパスポートが発行された国の所に行ってください。
- 次に、あなたの生まれた国に行ってください。

続いて、ファシリテーターは、「○年には」、「○年には」、と年を順番に告げていきます。TCK はその年に自分はどこにいたかを思い出し、地図の上でその場所へ移動します。それを繰り返しながら、自分が何回移動したかを覚えておきます。参加者が動き回っている間、ファシリテーターはその様子を注意深く見ています。最も頻繁に動いている人は誰か。全然動いていない人はいるか。多くの異なる国々を動き回っている人がいるか。ファシリテーターが、彼らにいくつか質問してみたい、または質問すべきと感じたなら、適当なタイミングで全員をその瞬間ストップさせ、いくつかの質問をします。または、移動の途中あるいはすべて終わった時に、全員を 2、3 人ずつのグループに分けて、このように世界のあちこちを巡って来た自分をどう感じるかについて、互いに短くシェアしてもらうこともできます。

ファシリテーターは、一番上の年齢の人に次のような質問をすることができます。

- 今までにいくつの異なる文化の中で生活してきましたか。
- 移動を何回繰り返してきましたか。
- 何人の親しい友と別れてきたか覚えていますか。
- このような移動を繰り返してきたことを、あなたはどう感じていますか。
- 自分のパスポート国に一度も住んだことがない人がいるかもしれません。その人はそれをどのように感じていますか。

＊＊＊

【できることを考えよう】

1. 親として

- TCK であるために影響を受け、それで苦しんでいることがないだろうか。子どもがそのことに気がつくように助けましょう。
- TCK としての経験を通して、人生において、とても価値あるものが与えられていないだろうか。子どもがそのことに気づくように助けましょう。

2. 派遣団体として

- あなたの団体が派遣している家族の子どもたちは、移動を繰り返す生活によって影響を受けることをあらかじめ心得ておきましょう。
- 必要があれば、親と子どもたちに迅速にサポートできる備えをしておきましょう。

3. TCK 自身として

- TCK として成長してきたことが自分にどのような影響をもたらした可能性があるか、もう一度自分のリスト（2 章のこの個所を参照）に目を通しながら、考えてみましょう。

第4章　三つの問い

多くのTCKが自らに問い続ける三つの問いがあることを、私は今までの経験を通して知っています。そのすべてが心の奥底にある感情と深い関係があります。

① 自分は一体何者なの？

- 私はどこの出身？（私のふるさとはどこ？）
- 私の居場所はどこ？
- 私は将来どこでどうなるの（どこにいることになるの）？

この問いに伴って生じるものは、「困惑、戸惑い（confusion）」という感覚です。

② 私は、人（または神）を本当に信じることができるの？

- 私のためにいつもいてくれる人なんているの？本当にいつまでもいてくれるの？
- 私のことを考えて決断してくれる人がいるなんて、どうして信じられるの？
- 本当に神様は信頼できるのだろうか？（信仰を持っている場合）

人（または神）を信頼できないという気持ちは、多くのTCKが経験する数々の喪失体験に基づいています。この問いに付随している感情は、「深い悲しみ、悲嘆（grief)」です。

③私の何がヘンなの？

- どうしたらほかの人と同じようになれるの？
- 私は人と同じようになりたいと思っているのかな？

TCKはどこにいても、自分は人と違っている、と感じています。子どもにとっては、周りと違うという感覚は、「自分は何か間違っているのではないか」というのと同じです。人は皆、ひとりの人間として、人々に受け入れられ、その一員と認められているという感情をどうしても必要としています。反対に、自分が異質な者であり、排除されている、と感じるとき、それは「恥（shame)」の感情と結びつきます。そのような恥の意識を回避するために、その人は、ほかの人とまったく同じようになろうと懸命になるか、あるいは、敢えてもっと違った者となろうと決心するか、そのどちらにもなります。

これら三つの問いは通常の人間の根源的な問いであり、TCKに限らず誰であっても自らに問いかけるものです。しかし、私が多くのTCKたちと接する中で気づくことは、彼らが持っている「困惑（confusion)」、「深い悲しみ（grief)、「恥（shame)」の感情が極端に強くなっているケースがあるということです。それは、TCKの人生における様々に異なるパーツ（部分）が、ひとつの人生のストーリー（物語）として統合（integrated）されていない場合に起こります。TCKがある場所から別の場所へと住む場所を移動（引っ越し）するとき、彼の人生の中に、ある空白期間が生じます。それが、「困惑（confusion）」、「深い悲しみ（grief）、「恥（shame）」の感情をもたらすことがあります。一人のTCKの人生を織り成している多くのパーツ（部分）、つまり様々な出来事、様々な異文化経験、自分の性格の様々な側面、そういったものすべてが丁寧に組み合わされ、一つのストーリー（物語）にまとめ上げられていくためのサポートが彼らには必要です。それによってはじめて、「困惑（confusion）」、「深い悲しみ（grief）、「恥」という感情が、それぞれ「確信（clarity）」、「喜び（joy）」、「自信（confidence）」へと置き換えられていくのです。

ほとんどの場合、TCKはこれをプロセスしていくためのサポートを必要としています。なぜなら、統合（integration）という作業は子どもの頭だけでは決してできないことだからです。人生における様々に異なる経験を統合するという能力は、大人だけにしかありません。だからこそ、TCKが直面する未知の経験をその都度、その子が自分の人生のストーリーの中に統合していくために、手助けをする大人が身近にいるかどうか、それが重要なカギとなります。それは次のようにして可能となります。

- 子どもが自分の経験したこととその時の感情を誰かにシェアして話せるとき。
- 様々に異なる経験が相互につなぎ合わされ、関係付けられていくとき。
- 心に感じた気持ちがそのまま理解され、認められ、プロセスされていくとき。
- 大きな移動（引っ越し）が始まる前の心の備えと、その後の心の締めくくりがきちんとなされるとき。

この三つの問いに対してどう答えるかという点で、親はとても重要な役割を担っています。親のことばと接し方を通して、その子が自分が何者であるかを知ることができます。たとえ多くの人々が去って行ったにしても、皆が皆行ってしまうのではない、そして、親はいつもあなたと一緒にいるよ、と伝えることができます。また、「ほかの人と違っている」と感じることが必ずしも、自分が何か間違っているという意味ではないと、子どもが心深くまでしっかり理解できるように諭すことができます。

この三つの問いは必ずしも答えを与えなければいけないというものではありません。このような人生のすべての問いに対する答えは必ずしもありません。最も大切なことは、親がそういった問いにじっくり耳を傾けて聞いているかどうか、そのような問いを子どもが持っていることに気づいているかどうか、そしてそのような疑問がTCKである我が子の人生にどんなに大きな意味を持っているかについてよく分かっているかどうかということです。親がその子の人生のストーリーを子ども自身に語り聞かせることを通して、子どもが自分の感情を理解し、自分の言葉で表現できるように助けることができます。こうして、その子が経験した様々な出来事とその時感じたことを、その子の人生のストーリーとして自ら統合していくことができます。このような「ストーリー・テリング（storytelling）」という手法を、親は毎日、あるいは事ある毎に用います。そのようにして親は、TCKである我が子が、「困惑（confusion）」、「深い悲しみ（grief)、「恥（shame）」という感情を、「確信（clarity）」、「喜び（joy）」、「自信（confidence）」へと変えていくことができます。

親ができる子どもへのサポート

- 常に子どもに寄り添って話を聞く用意があること。
- 子どもが今どのようなところを通っているかを知っていること。
- 子どもが感情を自分の言葉で言い表せるように助けること。
- 子どもの気持ちを受け止め、認めてあげること。
- 子どもが、自分の様々な経験とそのときの気持ちをひとつの人生のストーリーとして統合していくことができるように助けること。

【まとめ】

TCK は、自分の人生における非常に重要な三つの問いを持っています。親は、それらの問いに耳を傾け、応えるという大切な役割があります。それを達成するためには、まず何よりも、子どもが今どのようなところを通っているかを知り、子どもに寄り添えるように備えます。

【アクティビティ：三つの問い】

- この三つの問いを一枚の紙に書きます。
- 部屋の三つのコーナーに、それぞれの紙を貼ります。
- あなたにとって一番重要と思われる問いが貼ってある所に行きます。

- もしあなたがこの三つの問いのどれもあまり重要と感じられなければ、四つ目のコーナーに行って、あなたが聞きたい問いを紙に書きます。
- 親、カウンセラー、友だち等であなたが信頼できる誰か一人に、あなたの人生においてその問いがどのような意味をもっているのかについて、話してみましょう。
- このアクティビティをグループで行う場合は、自分と同じ問いを選んだ人と、以下のことについて話し合ってみましょう。
- 普段の生活の中で、どの様な時にその問いが浮かび上がってきますか。
- その問いに対する答えを見つけるためには何が必要だと思いますか。
- そのようなプロセスをあなたが進めて行くために、誰があなたの助けとなってくれると思いますか。
- もしその問いに対する答えが得られない場合、あなたはどのようにしてその回答を求めつつ、なおも生き抜いていくことができますか。

＊＊＊

【できることを考えよう】

1. 親として

- 子どもがどこに滞在して（住んで）いても、その土地の文化への帰属感をしっかり持てるように助け、励ましましょう。（パスポート国も含めて）

- 子どもが経験する様々な出来事とその時の感情について、いつも寄り添い、耳を傾ける用意があることを、子どもにしっかり伝えましょう。
- 自分が人と違っているのは、必ずしも自分は何か間違っているのではないと子どもが理解できるようにしましょう。
- 子どもが経験する様々な出来事とその時の気持ちを、その子の人生のストーリーとして語り聞かせましょう。その話の中で、そのままの彼女（彼）がどんなに愛されているかを伝え、そして、あなたが何か間違っているのではないと教えます。また、その話の中に、彼女（彼）が今悩んでいることや嬉しいと感じていることも取り混ぜて語るとき、子どもは自分がケアされ、理解されていることを知って、心が安定します。

2. 派遣団体として

- このようなTCKの課題を優先して時間と経済をささげていくように､親に勧めましょう。どこに滞在していても(パスポート国も含めて)、子どもがその土地の文化に対する所属感をしっかり持てるように、親が子どもを助け励ますことができるように支援しましょう。
- 家族の大きな移動（引っ越し）について、どのようにその決定プロセスに子どもも参加させることができるか、また少なくとも、近い将来の移動や生活環境の変化について子どもとどのように語り合えるか、親とディスカッションしましょう。
- 子どもが自分をあまり異質な者と感じずに安心して接することができる、そのような他の家族との交わりの機会を持てるように手助けしましょう。

3. TCK 自身として

- 時間を取って、冒頭の「三つの問い」についてじっくり考えてみましょう。あなたはそれぞれの問いについてどのような答えが考えられますか。それらのことを思い巡らすとき、自分が必要としていると感じるものが何かありますか。

II.
移動と感情

第5章　移動（引っ越し）

移動（引っ越し）とは、物事が変わることを意味します。国と国の間、文化と文化の間を移動するときは、必ず大きな変化が伴います。住まいや場所が変わるのみならず、話す言葉、食習慣、着る物、趣味、友だち、通う学校など、日常生活のほとんどすべてが変わります。そしてまた、自分自身の生き方や、周囲の人たちの自分に対する見方も変わるかもしれません。

このような移動の時は、子どもも大人も非常に大きなストレスを感じ、それが言い争いの引き金になることがあります。しかし一方で、互いに寄り添い、より親密になる機会にもなり得ます。共に同じ経験をし、同じように感じることで、互いが互いを必要としていることに気づきます。心に感じていることを語り合うことができるなら、そのような移動の時こそ家族の絆を固くする貴重な機会となるのです。

移行期が近づくと人は必ず、次に来る新たなものを受け入れられるように、何かを手放していかなければなりません。そのためこの時期には、以下のようなことが起こります。

- 将来計画の立案とその際生じる期待と不安により、心身のエネルギーが激しく消耗する。
- 心が二つに分かれる。物理的にはまだここでの生活を続けているが、一方で心は次のページに向って動き出している。
- 残されたここでの生活が退屈になり、落ち着かなくなる。

- もうすぐ別れなければならない身近な人々から、自然に身を引くようになる。ある時には、それが原因で口論になってしまうこともある。
- 心がもろく傷つき易くなり、しばしば悲しくなることがある。
- ある人の場合には、次にやって来ることに関しては一切何も考えようとせず、ただ目の前にある仕事に没頭し、そこにあるものだけに関心を向け、楽しみを見出そうとする。

移行期にある子どもには安全と安心が十分に確保されなければなりません。さらには、言葉や遊びなどを通して自分の様々な感情を整理し、それがどのようなものであるかをはっきりさせるための助けも必要としています。移動のプロセスを見ていくとき、それをブリッジ（橋）にたとえるのが良い方法です。どのようなタイプの移動であっても、人は「移動のブリッジ」を渡って行きます。今まで慣れ親しんできたところから未知のものに向って、一歩一歩進んで行きます。その一つひとつのプロセスで私たちがどんなことを経験し、どう感じるかを理解する上で、「移動のブリッジ」は大変役に立ちます。「移動のブリッジ」というアイデアは、マリオン・クネル氏の著書 “Families on the Move”（2001年）から引用しましたが、それを基本にしつつ、私の研修会の参加者たちが自分の経験に基づきそこに加えたものも含めて、再編成してみました。

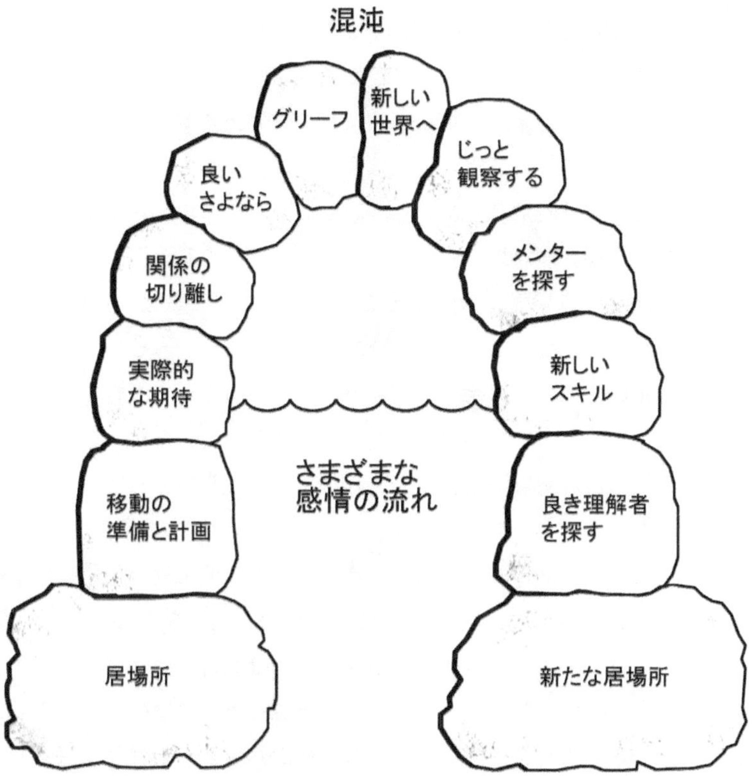

図 5.1　移動のブリッジ

移動のブリッジを支えている土台は帰属感です。移動の旅のプロセスをたどっていくために、まず今自分が安定した帰属感を持っているコミュニティに身を置いているところから、話を始めましょう。さて、子どもの視点に立てば、親がある日こう言うのを聞きます。「さあ、また引っ越しする時が来たよ」。こうして旅立ちの準備が始まります。家族一人ひとりが、その場所とそこに住む人々との関係の絆を徐々に断ち切って行きます。帰属感が失われていく感覚がそっと忍び寄ってきます。自分から人々との関係を切り離すので、周りの人も自然に身を引き始めます。両方の側が、別れることと手放すことの悲しみを覚えます。心のうちに旅立ちの準備を始めるとき、人は居心地の良い場所を放棄していく決意をしなければなりません。しかし、それはなんとつらいことでしょうか。居心地の良い場所を後にしていくときは、心に大きな葛藤があります。自分をそこから無理に押し出そうとして、人とトラブルになることもあります。心にある悲しみを少しでも軽くしたいために、見せかけの自分を装うからです。慣れ親しんできた土地と親しい人々と別れを告げることは、ティーンが幼い頃から住み慣れた場所を去り、未知の世界に独り立ちしていくプロセスと、とても良く似ています。

実際の移動期間が始まります。次の新たな場所に落ち着くまでの数週間あるいは数か月の間、帰属感が失われたままとなります。私は、もはや「以前の世界」に属する者ではなく、同時に今やって来た「新たな世界」にもまだ属する者となってはいません。私は、かつて居心地よく感じていたどんな場所からも切り離され、いったいこの先どこに自分の居場所を再び見出すことができるのか、信じることが難しくなります。それでも、新しくやって来たこの場所がどんな世界なのか、探検し始めます。新しい友だちを作ろうと試みます。この土地で自分の居場所と自分のアイデンティティを見出そうとします。この時期は、心の安定感など全く感じられず、まるで自分があてどなく飛んで行く風船のように思えます。でもしばらくの後、ようやく自分のか細いロープをつなげられそうな新たな何かを見出します。それは、自分を歓迎してくれたある人かもしれないし、近くの街角で見つけた小さなフルーツ店かもしれません。いつも笑顔を見せてくれる隣の人かもしれません。そのような小さなロープをつなげるものがだんだん増えるにしたがって、自分の心に少しずつ帰属感が生まれてきます。でも、そうなるまでには時間がかかります。実際、本当に多くの時間を要します。ですから、疲れを覚えます。「前にいた世界」にもう一度戻りたいと願います。絶望感に襲われることもあります。しかし同時に、新しい世界に胸がわくわくすることもあります。そうして自分の新たな日常と、新たなアイデンティティを築いていきます。そのブリッジは「感情の流れ」の真上を越えて行く橋なので、そこを渡っている間は、多くの感情が私のうちに混ぜ合わさって現れてきます。でもそれは正常なことです。帰属感の土台が変わっていく時は、様々な感情が湧き出てくるものです。

しばらく後にようやく、心のうちに新たな帰属感が芽生えてきます。私の見立てでは、大抵の人はそうなるまでに最低1年はかかります。人によってはそれより長くなることがあります。さらには、帰属感などけっして持てない人も時々います。いや、もっと正確に言えば、私たちTCKは再度どこかに100%の帰属感を見出すことはほとんどありません。移動のブリッジを初めて渡ったその日から、もはやただ一つの文化に100%属しているということはありえず、むしろ多くの文化の中に属する者となります。それで良いのです。帰属感を見出すためにできることをしてみようと追い求めているのであれば。

さてそれでは、その移動のブリッジにおける各ステップを順に見ていきます。

① 居場所

人はだれでもどこかに属し、誰かとつながっている必要があります。そこに自分の居場所があると安心します。自分がどのような人間かを自覚し、周りの人々も私をそのような人として理解します。自分はそこで受け入れられていることを知り、自分の役割と他の人々の役割を知ります。自分が安心感を持つことができると、ほかの人のことも考えることができます。ここが私のホームなんだと感じます。

② 移動の準備と計画

これは、最も心がわくわくする時であり、同時にストレスを感じる時でもあります。これから私はどこに行き、どこに住むことになるのか。そこで､親しくなれる人が誰かいるのだろうか。

③ 実際的な期待

そこでの生活はいったいどのようなものになるのだろうか。そういったことについて何かを尋ねることのできる人がいるだろうか。どんな感じがするだろうか。楽しいことが何かあるだろうか。自分は何を恐れているのか。そこで上手くやっていけるだろうか。

④ 関係の切り離し

移動の計画と出発の準備に取りかかっていると、自分の心が二つに分かれていくのを感じます。しだいに近づいてくる人々との別れのつらさを感じ始めます。次にやって来る新しい地での生活に備え、同時に、別れのつらさを少しでも和らげるために、周りの人たちから身を引き、関係を切り離していきます。それによって、周囲の人々が自分から遠ざかっていくのを感じることもあります。場合によっては、それにより人々と不和を引き起こしてしまうことさえあるかもしれません。もしそうなった時には、率直に自分の気持ちを伝えると良いかもしれません。今自分は、別れの悲しみの中を歩んでいて、どうしたら「良いさよなら」ができるか、その方法を探しているところだということを。

⑤ 良いさよなら

良いさよならをすることで、互いの人間関係が壊れることなく変わらないことを確かめ、認め合うことができます。また、別離の悲しみの感情を共有するために、実際にお別れのセレモニーを持つのが良いでしょう。皆とさよならをするための特別な時間を設けます。そのような大切な時間を、旅立つ最後の最後の日まで先送りしてはいけません。

⑥ グリーフ

自分が愛しているものがそこから失われていくことに気づく、それがグリーフ（悲しむこと）ということです。すべてを後にして発って行かなければならないのです。人が亡くなったときはお葬式をします。ならば、人生のすべてに別れを告げて旅立つ時、人はその悲しみと、どう向き合ったらいいのでしょうか。やはり何らかのセレモニーが助けになることがあります。また、悲しみ方は人それぞれだということを覚えておきましょう。泣いたり、けんかしたり、引きこもったり、寝込んだりといろいろあるでしょう。ある人はかつてなかったほどパソコンの画面の前で時間を過ごします。どんな種類の行動の変化も、それは悲しみのサインかもしれません。

⑦ 混沌

実際に移動しているさ中では、自分も家族もみんな混沌とした状態になります。みんな疲れ切っているのです。こんな時は特に、子どもは親の近くにはいたくないし、親も子どもに近くにいたくないと感じます。

⑧ 新しい世界へ

この新しい場所に住んでこれから一体どうなるだろうか。友人になってくれる人はいるだろうか。エンジョイできそうな面白いことを見つけられるだろうか。好きな食べ物があるだろうか。

⑨ じっと観察する

この土地の人々はどんな人たちだろうか。どんな事について話すのか。彼らの話し言葉を自分は理解できるだろうか。どんな服装をするのか。何をして楽しんでいるのだろうか。どんな人たちと親しくなったら良いのだろうか。私が安心して一緒にいられる人、信頼できる人、友だちになれる人はいるだろうか。どうやって人々に近づいていくことができるだろうか。

⑩ メンターを探す

メンターとは、自分を導き、案内し、教えてくれるガイドのような人のことです。新しい土地にやって来たときには、質問したいことがたくさんあり、どこへ行っても知らないことに囲まれた状況に置かれます。信頼できるメンターになってくれる人が誰かいないだろうか。異なる場所やグループのそれぞれにおいて、自分のメンターになってくれる人が複数必要かもしれません。

⑪ 新しいスキル

ここの生活で私が新しく学んで、磨いていくべきスキルとはどんなことだろうか。子どもたちはどんなゲームを楽しんでいるのか。どんな言葉使いをしているのか。車の運転はどうするか。交通機関をどうやって使うか。知っておくべき暗黙のルールやきまりは何か。服装の心得は何だろうか。

⑫ 良き理解者を探す

私と同じような状況にある人が誰かほかにいないだろうか。他の家族でも子どもでも、誰か今の自分たちのことを良く理解してくれそうな人はいないだろうか。自分と同じパスポート国やその文化圏から来た人はいないか。最近この土地に移って来た人はいないか。異なるいろんな文化の中で育ってきた子どもはいないか。どうやったらそういう人を見つけて、親しくなることができるだろうか。

⑬ 新たな居場所

しばらくすると、自分の新しい居場所を見出すことができます。といってもそれは以前の所とは必ずしも同じではないかもしれない。しかし、それでも取りあえずは新生活をスタートしていくための落ち着き場所になるにちがいないと、感じるようになります。

「移動のブリッジ」を渡るプロセスは、常にこの順番通りに進むということでは必ずしもありません。重要なことは、これら一つひとつのステップを必ず通過して行くということです。ある場合には、一気に飛び越えて行ったり、また戻って来たりします。いくつかのステップを同時に進んでいるかもしれません。一つのところでしばらく動けないままでいることもあります。いくつかのステップを避けて飛び越えて行こうとするかもしれません。特に、元の場所に別れを告げて発って行くプロセスは楽しいこととは言えません。しかし、そのようにしてかつての居場所との絆を解いていくことを通して、次の地での絆を新たにつないでいくことができるのです。

移動に伴う痛みを最小限に食い止める方法は、元の場所でのロープの絆を徐々に解いて行き、同時に、次の新しい場所でも徐々にロープをつないでいくことです。そうすることで、自分がどちらからもまったく切り離された状態に陥るのを避けることができます。

私は、最近経験したある移動の時に素晴らしい体験をしました。私はフェイスブックに書き込みました。「今、ただ悲しくてたまらないの。本当に多くのものを後にして来た。愛する友人たち。そして何もかも。」すると続々と届いた多くのレスポンスに助けられながら、私はそれまでの人々との絆を解きほどき、同時に新しい絆をつなぎ始めていくことができました。さよならをしてきた私のベストフレンドは、「別れはつらい。でもあなたのこと、忘れない」と書いていました。パスポート国で私たちの帰りを待っている義兄からは、「ここで会えるのを楽しみにしているよ」とありました。さらに、別の友人からは、「さよなら、ウーリカ。きっとまたいつか会えますように」と。パスポート国のある親友からは、「あなたがいなくてとても寂しかった。でも、もうすぐ戻ってきてくれるのね。素晴らしいわ！」そして最後には、かつて私たち家族をコンゴに送り出した宣教団の総主事（今はもう 80 代の方)からでした。「ようこそ故郷へ。おかえりなさい！」と。これらの人々は、私の移動のブリッジの敷石を一つひとつ積み上げてくれたのです。私がそのブリッジを渡りながら、「今まで」の世界に別れを告げ、次の「新しい」世界に入っていけるようにと。その人たちのおかげで、その移動のプロセスの初めから終わりまで、私はどちらの世界にも自分の居場所があることを感じることができたのです。彼らは私が居場所を必要としていることをとてもよく分かっていて、それに答えてくれたのです。なんという贈りものでしょうか！

移動の準備とそのプロセスは、数か月前から始めるのが良いでしょう。ある場合には 1 年前から始めるべきかもしれません。悲しみを抱えながら準備を進めていくことは多くの時間を要します。この時期、家族の皆が疲れを感じ、言い争いが普段より多くなることもあります。特に、「移動のブリッジ」を渡って行く際、家族の中で自分の進み方とほかの人の進み方のペースが異なる場合はなおさらです。でもこのような時こそ、互いの気持ちと状況を率直に分かち合うことができるなら、家族の絆がいっそう確かなものとなっていきます。

家族で大きな移動を経験する時、しばしばそれは人生の大きな節目の時とも重なります。新しく弟妹が生まれた時、ティーンになる時、大学に入学する時、結婚する時、子どもを持つ親になる時、そして子どもが巣立っていく時など。ある家族はこのいくつかを同時に経験することもあります。

移動のプロセスを進みながら、新しい土地で新たな人間関係を築いていくのに際して、私たちはあらかじめ心得ておくべきことがあります。この時期は、だれも皆、通常物事をこなしていくのと同じレベルでやっていくことはできないということです。この時期は、いろいろなことに気を使わなければならず、多くのエネルギーが消耗します。実際私たちは通常達成できることのせいぜい60%くらいしか達成できません。このような理由から、親たちは新しい土地に移動してきた直後からフル回転で仕事を始める必要はない、と知っておくことは非常に重要です。親である自分が60%しか機能しない状態で、仕事のために100%を費やしたら、子どもたちのためにはほとんど何も残っていません。この時期は、子どもたちは普通以上に親の助けを必要としています。親だけでなく子どもたちも同様に、以前と同じレベルで活動する力は持ち合わせていないからです。

「移動のブリッジ」のプロセスを経験するのは、そこを旅立って行く家族だけではありません。残された人々も同じようにブリッジを渡ります。その人たちはそのことに気づいてもいないし、心の備えもないかもしれません。しかし、彼らもまた、今までの人間関係の絆を断ち切っていかなくてはなりません。友人が去って行った後の自分の生活のための備えをしていく必要があります。彼らもまた、「関係の切り離し」、「良いさよなら」、そして「グリーフ」の一つひとつを辿っていきます。そして自分の新しい生き方と、そのための良き理解者を探し求めなければならないのです。

【まとめ】

移動の時期は、心身のエネルギーが消耗するだけでなく、感情が激しく揺れ動きます。移動とは、それまで自分が、「これこそ自分の居場所」と感じていた地（そうであったことを願いますが）を離れ、同時にこれから向かう新しい地で、自分の新たな居場所を見出していくことを意味します。この時期には、そのような時間の狭間を辿って行く経験をします。新しい地において新たな居場所を築き上げていくことを真に願うなら、この「移動のブリッジ」のステップ一つひとつを通過して行かなければならないのです。

【アクティビティ：移動のブリッジを渡る】

このアクティビティは、同じような移動を経験している人たちのグループで行うことができます。また、そのような家族や個人でもできます。

「移動のブリッジ」の各ステップの名称を一枚ずつ紙に書き、

それらを全部床に並べます。

- 初めに、自分が今そこにいると思うステップの所に立ちます。あなたは今そのステップのただ中にいて、どのような気持ちですか。
- 次には、あなた自身が「この次にやって来るステップはここだろう」と思う所に進みます。必ずしも順番通りの次のステップでなくても構いません。各ステップの間を行ったり来たりできます。あなたが「次のステップはここだろう」と思う、そのステップに行くために、あなたにとって必要なものは何ですか。
- 今度は、あなたが「できれば避けたい」、または「怖くてそこには行きたくない」と感じているステップの所に進んでください。そのステップについてあなたがそう感じるのはなぜですか。どのような助けがあれば、あなたはそこに進んで行く勇気を持つことができると思いますか。

各ステップを移動する度に、しばらくその場所に立ち止まり、自分がそのステップにいてどんな気持ちか、話してみましょう。その時、川底の流れの中にはどんな感情がありますか。さらには、ブリッジを渡って行く際に、同じグループの人や家族の様子についても関心を持ちましょう。その人はあなたと同じステップの所にいますか。違うステップの所にいますか。もし自分の家族のだれかが、あなたと違うステップにいる場合、どんな気持がしますか。

＊＊＊

【できることを考えよう】

1. 親として

- 「移動のブリッジ」をプリントしたものを冷蔵庫に貼っておきます。家族それぞれがマグネット付きのコマを一つ持ちます。移動中の数か月間、一人ひとりが「今自分はここにいる」と思う所に自分のコマを置くようにします。
- 今どんな所を通っているかについて子どもと話します。嬉しいことや心配なことなど、感じていることについて語ります。子どもが感じていることを聞くだけでなく、親自身も自分の気持ちを話します。そして、親がいつも一緒にいるから安全であり、心配しなくてよいことを伝えます。
- 心の感情をお互いにシェアする時は、それを絵に描いてみるのもいいでしょう。
- 自分たちと同じように、最近移動を経験したほかの子どもたちと話す機会を設けてみましょう。
- 移動のプロセスでは、できる限り子どもたちの意見を取り入れましょう。
- 次の新しい場所ではどんな生活が待っているのか、子どもたちが想像できるように助けます。その土地に前から住んでいる人たちと話してみるのも良いでしょう。そこに関連した動画を観たり、雑誌や本を読んだり、ネットで調べたりなどします。その地に前から住んでいる人たちと話してみるのも良いでしょう。子どもたちがそこで生活していく上で、前もって知っておくと良い情報も入手しておきます。
- 子どもが通う予定の新しい学校にも、あらかじめコンタクトしておくことを忘れないように。その学校の生徒たちと一緒に学んでいけるように、予習しておくべき学習内容など、カリキュラムについても調べておきます。

- 人々とのつながりのために橋渡しをします。新しい土地の人々とだけでなく、以前の土地の人々とのつながりも大切にします。このようなことは子どもだけでは実際難しいので、親の手助けが必要です。

2. 派遣団体として

- 親が「移動のブリッジ」についての知識を持っているかどうか確かめましょう。
- 移動のプロセスの中にある家族は多くのストレスを感じます。団体としてあらかじめどのような支援ができるか、備えておきましょう。
- 団体として、親が子どものために多くの時間とスペースを持てるようにサポートします。旅立ちには準備とプロセスの時間が必要であると団体側は理解し、その旨を家族にしっかり伝えます。親への一つの提案としては、移動を始める６ヵ月前からは週に一日は移動の準備のために用いること、また一ヵ月前になったら仕事を休むことを勧めます。
- 新しい地に到着後の一ヵ月間、生活が落ち着くまでは仕事はしないことを勧めます。

3. TCK 自身として

- 今あなたが移動の真っ只中にいるのであれば、「移動のブリッジ」のどのステップにいますか。
- あなたの今までの移動の経験を振り返ってみましょう。あの時はできなかったけれど、今思えば、そのような必要があったと感じることが何かありますか。また、たとえ今からでもできることはありますか。そのために助けとなってもらえる人が誰かいますか。過去の移動の経験を振り返ってみて、実際助けになったのはどのようなことでしたか。

- 過去の移動の経験の中で、自分が敢えて避けようとしてきたステップがありますか。もしそうであれば、再度立ち返って、何かできそうなことがありますか。

第6章　移動の準備

移動のカギはその準備にあります。子どもたちと共に、実際的な準備に手間をかけていく必要があります。例えば次のようなことです。

- これから何が起きるか子どもに話します。引っ越しをする子どもについての本を読んで聞かせます。新しい場所の写真を見せます。すでにそこに住んでいる人たちと話してみます。
- 次の土地での生活のために必要な物を買います。例えば、私たちの場合、小さな子どもを連れていくときには、「飛行機用の靴」、つまり、履き古したサンダルに代えて新品のスニーカーを買いました。そうすることで、新しい生活がもう間近かにあると子どもたちに意識させました。
- どんな物を持って行きたいか子どもに聞きましょう。今まで身近にいた人々や場所、いつもしていたことを後で思い出せるように、どんな物を持って行ったら良いか考えます。また、子どもがそれを持っていると安心し、心が落ち着くような物もあると良いでしょう。
- 家の中と周囲を子どもと一緒に見て歩き、何か持って行きたい物がないか聞いてみましょう。もしそれがあると、次の新しい家でも、そこが今までの「自分の家」のように感じられ、安心感を持てるようになります。

- 今住んでいる所の記録としてアルバムを作りましょう。住んでいる家、自分にとって大切な人々や場所、料理、好きな事などを写真に撮っておきます。
- これから「新たな」別の家に移って行くという現実について皆で率直に話します。
- 移動の時期、心に沸き上がってくる様々な感情について分かち合いしましょう。
- 新しい地に移って行っても、自分が元気になれそうなこと（スポーツ活動等）の道具などを持って行きましょう。あるいは移動先で買い求めましょう。そのような活動は、新しい地での生活適応によるストレスを和らげる助けになります。
- 子どもの教育のためにふさわしい準備をすることを忘れないようにしましょう。

準備は新しい土地に着いてからも続けて必要です。

- 日常生活の基本的な流れ（ルーティーン）をできるだけ早く確立しましょう。そうすることで家族皆の気持ちが楽になり、引っ越し作業が完全に終わっていなくても、心が落ち着くようになります。
- 子どもになるべく早く、自分の部屋をセットアップさせましょう。自分のベッドと自分の物をしまう場所があると、子どもは安心します。
- できるだけ早く、皆でリラックスして楽しめることを見つけましょう。
- まだ皆、「本来の自分」ではないので、それぞれが自分に優しくしましょう。この時期はふだん気づかなかった様々な感情や行動が表に現れるかもしれません。

- 新しい環境に慣れるためには、十分な時間とスペースが必要であることを確認しましょう。
- 意識的に「ラブ・タンク」をいっぱいに満たしましょう。（詳しくは 19 章参照）
- さよならをしてきた人たちについて話したり、連絡を取ったりしましょう。

【まとめ】

移動を始める際に重要なことの一つはその準備です。準備には時間がかかります。そのプロセスに子どもたちを参加させましょう。その際、できるだけ取りかかりやすいことに関わらせていくことが大切です。

【アクティビティ：移動の準備をしよう】

- 準備の進め方について、ひと通り考えてみましょう。上のリストに加えたいものもあるでしょう。
- すでに移動中なら、すぐに準備してください。
- もし移動が予想されるなら、準備のための計画を立て始めましょう。
- 移行期をくぐり抜けてきたら、当時は無理だったことでも今ならできることがないか、振り返りましょう。

＊＊＊

【できることを考えよう】

1. 親として
   - 準備のための時間を確保します。子どもの心の準備のために何が必要かを考え、細やかに対応しましょう。

2. 派遣団体として
   - 親に移動の準備のための時間が十分あるか確認します。
   - 同じような移動のプロセスを経験した家族を紹介し、経験を共有する機会を設けます。

3. TCK 自身として
   - もし今移動に直面しているなら、どのような準備をしたいか親と話し合ってみてください。
   - すでに大人になっている人は、子どもの時期の移動を振り返ってみましょう。あなたや家族はどんな準備をしましたか。今考えてみて、あの時もしあなた自身や親がこうしていればもっと良かったのに、などと思うことがありますか。その経験から、今役に立つことがありますか。

第7章　つながること

移動するとき、私たちTCKは断絶を経験します。そうして喪失感を抱きます。私たち人間にとって最も大切で必要なことは、自分が何かとつながっている、自分の居場所があるということです。それが感じられなくなると、人は身体面でも感情面でも不健康な状態に陥ります。

著述家ヨハン・ハリ氏は、なぜ人がうつ（鬱）病になるのか、そのリサーチのための旅に出ました。[1] 彼は九つの要因を見つけ出しました。そのうちの七つは断絶に関わるものでした。

- 意味ある働きからの断絶
- ほかの人との断絶
- 大切な価値観との断絶
- 子ども時代のトラウマ経験による断絶
- 地位と尊敬からの断絶
- 自然界との断絶
- 希望に満ちた安全な未来からの断絶

これらに加えて、遺伝子と脳の変化に関連する因子も見つけました。

実際私たちが移行期に経験することを上記のリストと比較すると、それは移行期に起こることをそのまま表していることがよく

1　Hari, 2018.

分かります。移行期には、自分がそれまで持っていた意味ある働きや学校との日常的つながりを失います。大切な人々とのつながりも実質、失います。それまでとは異なる文化の中に移っていくことで、自分にとって大事だった価値観も失います。今までの社会的責任や、自分のアイデンティティの一部となっていた人間的つながりも失います。引っ越しの期間中はどうしても自然の中に出かける機会が減ります。将来に不安を感じることもあります。そして、かつて経験したトラウマを十分にプロセスする機会もなく、今に至っているかもしれません。

移行期には、大人も子どもも、つながりを維持すること、つまりできるだけ早く仕事や学校、人々や自然とのつながりを持てるようにすることが大切です。自分にとって大切な価値観を手離すことなく、同時に加えるべき新たな価値観も見つけています。自分の新しい責任を自覚し、希望を見出していきます。そして、トラウマ体験が人生のストーリーの一部になるように処理（プロセス）されることが重要です。

【まとめ】

人生とは、つながりと帰属意識がすべてです。しかし、国や文化の間を行き来すると、私たちはつながりを失い、帰属意識を失います。これは私たちに深いレベルで影響を及ぼし、うつ病を引き起こすこともあります。TCK とその親にとっての主な課題は、生活のあらゆる領域でつながりを維持し、かつ新しいつながりを築くことです。

【アクティビティ：つながりをポーズで表現する】

自分の体でポーズをとって表現するのも面白い方法です。

- 家族やグループで、自分が「断絶」を感じていることをポーズをとって表現してください。
- 順番にそれぞれの人がポーズを作ってもいいです。あるいは、皆でポーズを一緒に作り上げてもいいでしょう。
- そのあとで、断絶していたものが再びつなぎ合わされたポーズをとりましょう。

＊＊＊

【できることを考えよう】

1. 親として
   - 子どもにとって大切なつながりとは何かを考えてみましょう。子どもが今までのつながりを保ちながら、新しいつながりを築くのを手伝ってください。
2. 派遣団体として
   - 家族がどこに住んでいてもつながりを感じられるネットワークを作りをしましょう。
3. TCK 自身として
   - どのようなことでつながりを感じますか。どのようなことで断絶を感じますか。つながりを感じるためにどのようなことができますか。
   - あなたがすでに大人の場合、子どもの頃、どのようなことでつながりを感じましたか。反対に、どのようなことで切り離されてしまったと感じましたか。今大人になって、つながりを感じるのはどんなときですか。どのようなことで断絶を感じますか。子どものころと今を比べてみて何か共通点がありますか。つながりを感じるために、今何ができますか。

第8章　必要なこと・必要なもの

人が新しい地に移動している期間は、大人であっても子どもであっても、いくつかの必要が満たされないことがあります。人は皆、基本的な身体的な必要以外にも、どうしても必要なことが四つあります。以下のようなことです。

- 愛と居場所
- 喜びと休息
- 生きる力と適応力
- 自由とバウンダリー（境界線）

このような必要を満たすことは健全な生活のために不可欠です。しかしながら、異なる国や文化の間を移動する時、これはとても難しい課題となることを私たちは経験しています。

愛を感じられるかどうかは、自分の居場所があるかどうかの感覚に深く関係しています。周りの人々に理解されているという感覚です。新しい土地にやって来た人がそのような感覚を持つようになるまでには、ある程度の時間がかかります。自分のことを愛してくれていたかつての人々はもはや周囲にはほとんどいなくなり、これから誰と親しくなり、誰に自分の愛を表したらいいのか。それが分かるまでにはしばらくの時間が必要なのです。

また、新しい地での生活が始まったばかりの時は、しばらく休息して緊張をほぐしたり、楽しい時間を過ごしたりするために、どこに行って何をしたらいいのか、それを見つけるのが難しいことがあります。私は、そのような家族が新しい地に到着して一番初めにするべきことは、リラックスできるためにどこに行き、何をしたらいいか、まずそれを見つけるようにと助言します。移動のストレスを上手に処理するためには、休息できる場所と、リラックスして一緒に楽しい時間を過ごすことのできる人を見つけることがまず必要です。

誰かと一緒に楽しい時間を過ごせるようになると、人とのつながりができたという感覚によって、喜びが生まれます。喜びは人とつながることから築き上げられます。さらには、外に出て自然を満喫し、身体を動かし、何かを創作したり、ゲームをしたりする時、人は喜びを感じます。新しい地にやって来ても、そこでの毎日の生活に喜びを感じられる方法を見つけるまでには、しばらく時間がかかります。

生きる力と適応力とは、そこでどのように日常生活を送っていくか、そのスキルを身に着けることです。今までとは異なる環境の中でどのように振舞うべきか、どうしたら上手くやっていけるか、目上の人とどう接するか、どこに行って買物をするか、等々。別の文化の中に移って来ると、大人も子どもも、無力さを非常に強く感じます。大人であっても、異なる文化圏においては実に多くのことを新しく学ばなければなりません。また、長い間留守にしていた土地に再び戻って来た時も、そこでの文化についてたくさんのことを再学習する必要があります。その土地の言語を話せることは、大きな自信につながります。反対に、人と会話することが難しい場合はとても無力さを感じます。

周囲の様子を良く理解できているとき、自由があります。何に関して自由であり、何に関しては自由でないかを知ります。ところが、新しい環境のもとでは、バウンダリーがどこにあるのか、何が安全なのかが分からないため、何が自由にできて、どこに制約があるのかがよく分かりません。ある時、私たちはそのバウンダリーを越えてしまうかもしれません。自分が思っていたよりもっと限られた自由しかなかったのだと気づくこともあります。親は、何が安全で何が安全でないのか分からないので、子どもを過保護にしたり、状況を理解できないため、子どもに危険なことをさせたりする可能性があります。

数年前私は、人が皆必要としている事柄についてさらに詳しいリストを作ってみました。以下に挙げます。

- 十分な食べ物
- 十分な睡眠

- 私は愛されたい
- 私は愛を表したい

- 誰かに触れてほしい
- 誰かに触れたい

- 誰かに気づいてもらいたい
- 気づかれたくない

- 私は誰かとつながりたい
- 私は自由でいたい

- 私は誰かに必要とされたい

- 私は休んでいたい

- 私に期待されていることを知りたい
- 私がしたいようにさせてほしい

- 周りの人はその人自身のバウンダリーを作ってほしい
- 周りの人は私のバウンダリーを尊重してほしい

- 私は自分でできるようになりたい
- 誰かが私を助けてくれると信じたい

- 私は人生を自分の願うように生きたい
- 私は他人の人生を支配したくない

- 自分はできると感じたい
- 新しいことに挑戦したい

- 分かりたい
- 分かってほしい

- 悲しみと怒りの気持ちを表現したい
- 喜びの気持ちを表現したい

- 私は赦したい
- 私は赦されたい

- 私を守ってほしい

- 私は守られすぎたくない

- 私の人生には意味があることを知りたい
- 私は将来への希望がほしい

これら必要のそれぞれを詳しく見ていきましょう。それらが移動の時期にどのような影響を与えるか、そして移動のさなかにあって、子どもの必要に応えるために親に何ができるかを見てみましょう。

十分な食べ物と十分な睡眠が必要。

新しい国に到着して、手に入る食料品で何をどのように調理するか分かるまで、ある程度の時間が必要です。また、新たに台所をセットアップするにも時間がかかる場合があります。時々子どもたちは新しい食べ物に慣れるのに苦労します。時差ボケや、窓の外からの聞き慣れない物音で、通常の睡眠を取り戻すまでしばらく時間がかかります。ですから、できるだけ早い時期に、好きな食べ物を見つけ、そして良い食事と十分な睡眠を含む生活パターンを築いてください。睡眠に関して言えば、小さな子どもは約12時間、小中学生は10～11時間、ティーンは9～10時間、大人は7～9時間が必要でしょう。移動の時期は、普通よりも多くの睡眠時間が要るものです。

私は愛されたい。私は愛を表したい。

ほかの国に出掛けて行くとき、私たちは自分を愛してくれている人々との別れを経験します。もし結婚していれば、夫や妻、あるいは子どもたちと一緒です。しかし、移動のプロセスを通過していくときは、それまでと同じように皆から愛をもらったり、自分から愛を表したりということが難しくなります。特に子どもにはこのようなことが起こります。親は非常に大きなストレスの中を通過しているので、子どもが必要としている愛を表すことをつい忘れてしまいます。しかし、このような時こそ子どもは、いつもよりもっと多くの愛を欲しています。私たちが家族以外の人たちと親しい関係を持ち、「ラブ・タンク（19章）」を増やすことができるまでには、相当の時間がかかります。ですから、家族で一緒に過ごす時間を意識的に持つようにしましょう。一緒に楽しい時を過ごしながら、お互いの必要に気づくように心掛けましょう。

誰かに触れてほしい。誰かに触れたい。

私たち人間にとって身体的な触れ合いは欠かせないものです。健康に生きていくために人との触れ合いは必要です。どの程度、そしてどの様な仕方で身体的に触れ合うかは、それぞれの文化背景や育った家庭環境によって異なります。私たちが滞在する地の多くの文化においては、自分の出身地の習慣と較べると、人々は互いに身体的に触れ合うことはあまりしない、少なくとも人前ではそれを見せません。したがって私たちはそのような触れ合いを、別の仕方で、または別のタイミングで交し合う必要があるかもしれません。

誰かに気づいてもらいたい。気づかれたくない。

新しい地にやって来ると、私たちは誰からも気づかれないか、逆に気づかれ過ぎてしまうか、そのどちらかになることがよくあります。自分の外見が周囲の人と異なる地では、家から外に出るやいなや、自分がじろじろ見られていると感じます。反対に、自分の外見がほかの人とほとんど変わらない場合は、自分がここにいるのに誰も気に留めてくれない、自分のことを分かってくれない、自分のできることに関心を持ってもらえない、そのような状況に置かれることがあります。周りと外見が異なる子どもの場合には、他人からじろじろ見られたり、触られたりしないように気をつけてあげる必要があります。我が子を守ることは他人に失礼なことではありません。自分がリラックスできて、ありのままの自分でいられる、そのような場所を見つけ、自分のことを大切にしてくれる人々との関係の輪を広げていくことが大切です。

私は誰かとつながりたい。私は自由でいたい。

人間には、他者とつながり、自分が愛されているという感覚を持つことが必要です。これは子どもだけでなく、大人にとっても不可欠です。新しい土地に着いたら、まず私たちは人とのつながりを求め始めます。誰かとのつながりを持つことができたとき、自分はここで歓迎されており、ここに住むのも悪くないと感じます。しかし、もし人とのつながりを見出すことができないままでいると、以前住んでいた場所やそこにいる人々が恋しくなります。また、人とのつながりを新しく築く過程では、自らの自由意志を大切にすることが重要です。私たちは自分が人の「所有物」になりたいとは願いません。ともすると私たちは、誰かとつながりを持たなければという思いから、つい安全でない人とつながってしまうことがあります。

新しくやって来た地で人とのつながりを築いていくプロセスは、多くの時間とエネルギーを要します。子どもの中には、未知の場所で生きていく力を得るため、親ともっとつながる必要性を感じている子がいます。またある子どもは反対に、人々の中にどんどん入って行き、新しい人とつながることに集中します。親は、子どもから見捨てられたのではないかと感じるほどになります。新しい土地の人々とのつながりを求めていくときは、家族まとまってそのようにし、親しい人間関係を築き上げていくとよいでしょう。もちろん時間はかかりますが、それだけの価値は大いにあります。でもその際に、まず何よりも自分の家族の中でしっかりとした互いの絆を地道に築くことを忘れないようにしましょう。

私は誰かに必要とされたい。私は休んでいたい。

人間として、私たちは必要とされていると感じるとき、とても良い気持ちになります。だからこそ、仕事量を抑えるのがとても難しいのでしょう。それでも、自分が必要とされていると感じることは大切です。新しい生活環境に入って来たときは、自分がある役割を担うようになり、人々とのネットワークを築き、自分が必要とされていると感じるまでには、どうしてもある程度の時間がかかります。

一方で私たちは、「必要とされていない」と感じる必要もあります。つまり、リラックスする方法を見つけなければなりません。新しい土地に来たときは、それにもしばらくの時間を要するでしょう。ある人にとって、リラックスとはコンピューターの前に座ることかもしれません。それはリラックスするための一つの方法ですが、他の方法も見つける必要があります。身体も、脳も、心もリラックスできる機会を持ちたいのです。ちょっと気分を変えて外出するのに良い場所がどこかにないでしょうか。しばらくの時間リラックスして一緒に過ごせる友人はいますか。健康維持のために軽いエクササイズをするにはどうしたらいいですか。仕事とは別のことを考えさせてくれる良い本が何かありますか。

私に期待されていることを知りたい。
私がしたいようにさせてほしい。

新しい文化、職場、学校などに移って来たとき、私たちは自分に何が期待されているのかが分からず、迷ってしまうことがあります。それを知る手がかりも見つからず、もがいてしまいます。よく分からないということで、自分自身のことも含めてすべてに確信がなくなってしまいます。

でも、いずれそういった事が分かるようになる時が来ます。しかし、それでもなお、自分に求められていることを、正確にその通りにすることには抵抗を感じることがあります。なぜなら、人は特に新しい環境や文化に入って来たときには、自分らしさを表現し、自分に正直でありたいとも思うからです。ですから、自分に何がそこで求められているのかをしっかり探りましょう。そして自分の子どもにもそうするように励ましましょう。同時に、自分自身の必要と自分の子どもの必要の両方にも気を配りながら、物事を行なっていく方法を探っていきましょう。

そしてまた、あなたが家族として持っている大切な価値観を大切にしましょう。たとえそれが、他の人々の期待と必ずしも一致しないことであったとしてもです。

周りの人はその人自身のバウンダリーを作ってほしい。
周りの人は私のバウンダリーを尊重してほしい。

バウンダリーというテーマは今まであまり多く語られてこなかったものの一つですが、とても重要な事柄です。人間は自分の誠実さを保つべき存在として造られています。人によっては、これを容易と思うこともあれば、とても難しいと思うこともあります。しかし健康に生きようとするとき、これはとても大切なことです。私たちはすべてのことを自分で成し遂げることはできないからです。「ノー」と言うことを学ばなければなりません。自分が最も心を注ぐべきことは何かということを、自ら決める必要があります。自分が感じていること、願っていること、必要としていることを知り、それをどのように表現できるかを考えるべきです。これこそが、自分のバウンダリーを築くということです。ストレスが多く伴う環境の中に入って来たとき、私たちは自分の行動や思考の範囲をあまり広げないようにしたい、と思うことがあります。特に子どもはそれをしばしばはっきり示します。見知らぬ地にやって来たばかりの時は、子どもたちは家から外に出たがりません。安全だと感じられる家の中で過ごしたいと思います。そのようにして子どもは自分のバウンダリーを築いているのです。自分自身のバウンダリーを築くのと同時に、他の人のバウンダリーを尊重することも等しく重要です。他の人がどのように感じ、考え、願い、必要としているか、たとえ自分がそれを十分理解できなくても、それを尊重しなければなりません。

私は自分でできるようになりたい。

誰かが私を助けてくれると信じたい。

新しく異なる文化圏に入って来たときに経験する最悪の感情として、自分が何もできないという感情があります。そこに住む人々がどんなことを話していて、周りにどんなことが書いてあるのか分からない。食べ物や雑貨を買うためにどこに行ったらいいのか、市場へはどのバスに乗ればいいのか分からない。自分だけでは何もすることができない。このような状況が恐怖や苛立ちの感情をもたらします。まして子どもたちはより一層そのような感情を抱きます。あなたが大人であれば、少なくともある程度はその国についての知識があり、どのような場所にやって来たのかを理解しています。でも、子どもは大人のような心の用意はできていません。子どもは、普通なら何でも知っているはずのパパとママが、今はそのようには見えないので、もっと恐怖を感じることがあります。「パパとママがよく分かっていないなら、ほかにだれが？」と不安になります。親は、自分が大丈夫なときは、大丈夫であることを子どもに伝えましょう。もしそうでないときは、そのような状況を正直に受け入れましょう。でも、どんなことがあっても親は子どもを守ってあげることをきちんと伝えます。

私は人生を自分の願うように生きたい。

私は他人の人生を支配したくない。

自分は何もできないと感じると、人生に対して無力感を感じます。そのようなとき、何かを決断することもできません。そのような無力感によって、人は混乱し、弱くなり、自分にも他人にも失望してしまいます。その結果、人は時に他人を支配することによって、自分の力を回復しようとすることがあります。しかし、それは、大人であっても子どもであっても、けっして良いものをもたらしません。唯一の方法は、自分の人生を生きていく力を健全な形で回復することです。そのためには、たとえわずかでも自分でできそうなこと、自分で決められそうなことを、生活のどこかの領域で見出すことです。親として、私たちは子どもがこれらの領域を見つけるのを手伝う必要があるかもしれません。

自分はできると感じたい。新しいことに挑戦したい。

以前住んでいた所では、私は何が自分にできるか知っており、周りの人たちもそれを認めていることを実感していました。そういった自分の力量と実績を通して、私は周囲の人からの尊敬も得ていました。そのようにして、私はある特定のチームやグループに属し、自分の知識や能力を用いて、ある種の役割を担っていました。ところが、新しくこの地に来てみると、私がどんな人物であり、どんな事ができ、どんな貢献ができるかについて知る人は誰もいません。おそらくそういったことは自分でもまだよく分かりません。自分がまるで何者でもないかのように感じます。自分が何らかのことで貢献でき、それを周りの人たちが認めてくれるようになるまでには、相当の時間がかかりそうです。

新しい地では私たちはこのようなチャレンジに圧倒されることがあります。ある程度のチャレンジは必要です。しかし、それはあまり大き過ぎてもいけません。新しいチャレンジの中で、今の自分にどれができるかを賢く選ぶことが重要です。そしてまた、親は子どものこのような選択を助ける必要があるかもしれません。新しい環境の中で、何か自分にできそうなことを、親自身も子どもたちも見出せるようにしたいものです。

分かりたい。分かってほしい。

異なる文化や未知の言語の中に入ってくると、私たちには分からないことばかりです。自分のことを知ってもらうこともできません。正しい発音をしようと心掛け、そうしていると思っていても、それでも、理解してもらえないことがあります。それは言語の問題だけではありません。人々が自分のことをなかなか分かってくれない。そのようなことを繰り返し経験します。たとえ同じ言語を話していてもそうです。そしてまた、自分自身周りで何が起きているのか分かっていないこともあります。まるで自分が赤ん坊になったようで、フラストレーションを感じます。生きていくためには、理解し、理解される必要があります。子どもは自分のことを分かってもらえないと、しばしば不機嫌になります。大人であってもそれは同じです！大切なことは、私のことを理解してくれる人を見つけることです。周りの人たちの言葉や行動の意味を私が理解できるように、通訳し、説明してくれる人です。親もまた、自分の子どもの状況をよく理解するように努め、子どものための通訳者、導き手となる必要があります。それによって、子どもも自分が新しくやって来た世界について理解できるようになります。

悲しみと怒りの気持ちを表現したい。喜びの気持ちを表現したい。

移行期には、たくさんの感情の波が押し寄せてきます。友人、家族、同僚、学校を後にして旅立つ時には、悲しみや喪失を経験します。新たな仕事に就いた時には、人々の期待、落胆、自らの無力さを経験します。またある時には喜びや感謝。人から見捨てられたように感じる時には、不安や孤独。このような感情はすべて大切です。一つひとつの感情が自分に何かを語りかけています。私たちはそのような感情を認め、表現する方法を見つける必要があります。そのような私の気持ちを進んで受け止めてくれる人を見つけなければなりません。親は、子どもがそのような感情を持つことは決しておかしなことではなく、むしろ子どもと共にそのことについて話したいと、きちんと伝えることが重要です。ある感情を自分一人だけで背負うのはとても大変なことです。しかし、それをほかの誰かと分かち合うことで、その感情を自分でよく理解し、それと付き合っていくことが容易になります。

私は赦したい。私は赦されたい。

私たちは皆、間違いを犯します。新しい文化の中では、もっと多くの間違いをするものです。高い理想を持ち、多くのことを望みながらも、たくさんのストレスの中で生活しているからでしょう。私たちは何度も何度も赦される必要があります。同時に、人を進んで赦す必要もあります。子どもも私たち大人と同じように人を赦したい、人に赦されたいという経験をします。大切なことは、それを決して強要してはならないということです。大人と同様、子どもであっても、そのような心の準備ができるまでにはしばらくの時間を必要とします。子どもに向って「私を赦してください」と絶対に言ってはなりません。もし、子どもがまだそのような心の用意ができていないのに、親がそう言ってしまうと、かえって子どもの心に負担をかけることになります。ですから、そのような場合には、「ごめんね。私はあんなことをする（言う）べきじゃなかったわ」とだけ言えばいいのです。大人として、私たちは子どもをすぐに赦す必要がありますが、子どもが大人を赦す場合にはしばらくの時間を与えましょう。人を赦すためには、まず、その具体的な状況で何が必要だったのかを、よく考える必要があるかもしれません。それが分かれば、自分の必要を満たす方法を見つけることができます。その後ではじめて、人を赦すことができるようになります。

私を守ってほしい。私は守られすぎたくない。

私たちには安全が確保される必要があります。必要が生じた場合に、派遣団体や責任ある人々が私たちを保護し、救出することはもちろん重要ですが、それでも私たちは大人として自分を守る責任があります。しかし、子どもに関しては、大人の保護を必要としています。子どもは、あらゆる種類の虐待やバウンダリーを踏み越えてやってくる危険から守られなければなりません。異文化での生活を始めた時期には、子どもが虐待を経験しているのに親がそれに気付かないことがよくあります。例えば、初めて村にやって来た時に、皆があなたたちの様子をじっと見ていて、人々がしだいにあなたがたに近づいて来て髪の毛や頬を触ろうとしたがる場合です。子どもによってはこれがとても恐ろしい体験となるので、親が守る必要があります。また、多くの子どもたちは、親が周りで何が起きているかを警戒しておらず、気づいてもいないため、さらにひどい虐待を経験しています。異文化での生活は親にとってけっして容易なことではありません。逆に子どものために過度な警戒をしてしまうこともあります。多くの文化圏では、虐待や暴力の危険性によって、女の子は自由に歩き回ることができないという経験をします。親から自由になっていくという、ティーンにとって必要な経験が難しくなるかもしれません。ある地域では文化的に、子どもたちが性的なことに関わる遊びを普通にやっていることあります。新しい地での生活では、文化的な違いと危険性についてよく把握しておくのと同時に、安心してリラックスできる場所や環境を見つけることも大切です。

私の人生には意味があることを知りたい。
私は将来への希望がほしい。

新しい地にやって来て、時に自分の人生が本当に意味あるものと感じられることがあります。その一方、自分の居場所や新しい役割を見つけられないと、人生を無意味だと感じたりします。これは大人にも子どもにも当てはまります。どこにいても、自分の人生を意味あるものにする方法を見つけようとすることが大切です。また、新しい生活への適応に苦労している場合は、この先に何か楽しみにしていることがあると、励みになります。人生への希望を語り合い、もっと良い日が来ることを子どもたちに伝える必要があります。

特に、もうすぐティーンになる子どもたちは、自分の人生に関して大人としての夢を持ち、将来に向けてどのような選択肢があるかを知る必要があります。特に、進学や就職のためのビザ取得の際には、実際的な選択肢についても知らなければなりません。

大人だけでなく子どもにも、必ず満たされなければならない必要（ニーズ）があります。その多くは、子どもの人生の願いや目標がかなえられるかどうかにかかわっています。一方、それらはまた、移行期という現実の中で直ぐに手にするのが非常に困難になる場合もあります。移行期の最中には、自分の基本的な必要の多くが満たされない可能性もあるということを、あらかじめ把握しておくことが大切です。そのような基本的な必要が満たせるような新たな手立てや方策を見出しておくべきことと同時に、ある一定期間はそれらをどうしても叶えられない場合があることも、また理解しておかなければなりません。親は、子どもが自分の必要が満たされないために表す反応や反発を予期し、上手に対応できるように備えておくことが重要です。

一方、親も自分自身の必要を認識し、ケアすることが重要です。それによって、我が子の様子を見守ることができます。緊急時にはまず酸素マスクを自分に装着することがいかに重要かは、誰もが知っています。親はまず自分が新たな居場所を見出し、喜びと力と自由を感じる必要があります。それらの自分のニーズに目を向けることがいかに大切であるか理解しているでしょうか。新しい地にやって来た場合のことについて私がここまで書いてきたことはすべて、私たちがパスポート国に戻った場合にも当てはまります。特に子どもたちにとっては、親のパスポート国が全くの未知の世界かもしれません。

派遣団体は、送り出された家族がこれから将来にわたり経験することについて備えている必要があります。親も子どもたちもその基本的な必要が満たされるための実際的な方策を見出せるように、団体としてサポートしましょう。もしその家族が団体に対して不満を訴えて来たならば、それは当然満たされるべき必要が満たされていないことのシグナルかもしれないと、認識する必要があります。大人である親は、基本的な必要が満たされない場合、それを不健全な方法で手に入れようとするかもしれません。例えば、長時間コンピューターに没頭すること、独りで引きこもること、いつも誰かと一緒に時を無駄にしていること、過労、過度な買い物、また不満を忘れようとしてアルコール、薬物、ポルノなどに手を出すこと、人間関係で摩擦を起こすことなど、不健全な解消法が習慣化してしまうことがあります。

【まとめ】

私たちには、人間として欠かすことのできない基本的な必要（ニーズ）があります。大人も子ども、移動の期間中はそのような必要が満たされない状態を経験します。大人が自らの必要が満たされない状況に陥ると、自分の子どもの必要を満たすことが難しくなります。必要がきちんと満たされないと、不健康な方法でそれを満たそうとしたり、それを行動に移したりしてしまうのです。

【アクティビティ：私の必要（ニーズ）】

自分が必要としていること、あるいは家族が必要としていることに関して、どんなものがあるかをリストアップしてみましょう。

- もし子を持つ親であれば、それら一つひとつの必要について、自分自身で、あるいは夫や妻と一緒に考えてみましょう。

- 子どもたちそれぞれの必要が満たされているでしょうか。もしそうでなければ、どういったより良い方法でそれに応えることができますか。
- もし夫婦であれば、二人で話し合ってみましょう。夫婦が大人として、互いの必要をどのように満たすことができるでしょうか。
- それぞれの必要を満たすという責任をどのように果たすことができるでしょうか。
- そのリストを家族全員で見ながら、皆でどのように助け合っていけば、それらの必要を満たすことができるでしょうか。

- あなたが派遣団体サイドの働きをしている場合、送り出されている家族が必要としているもののリストを見ながら、その中で満たされていないものはどれか、さらには、どのような方法によってそれらを満たすことが可能か、考えてみましょう。
- その親や家族が、生活上の問題を不健全な方法で処理しようとしていることにもしあなたが気づいたら、その原因としては彼らの何らかの必要が満たされていないためではないか、もしそうであれば、どのようにしてそれが満たされるようにできるか、考えましょう。

- もしあなたが子どもの TCK であるならば、自分のリストを見ながら考えましょう。その中のどれが満たされていないと感じますか。
- もしあなたが大人の TCK であるならば、以下のことを考えましょう。

- 子どもの頃、どのような必要が満たされなかったと思いますか。
- それはあなたにどのような影響を及ぼしたと思いますか。
- いまなお満たされてないものがありますか。
- それを今からでも満たすために、助けを求めることのできる人がいますか。
- そのために自分自身でできることがありますか。

＊＊＊

【できることを考えよう】

1. 親として
   - あなたは自分の子どもの必要（ニーズ）と同様、あなた自身の必要が満たされているかどうかについても意識していましょう。家族のそれぞれの必要がどの程度満たされているか、そのようなチェックを習慣的に行ないましょう（移行期間中であれば月に一回くらい）。親は、それぞれの子どもの必要にどのように応えていくことができるか、話し合いましょう。
2. 派遣団体として
   - 親が子どもの必要に応えることができるように、時間とスペースを提供しましょう。
   - 親自身の必要に応えるために何ができるか考えてみましょう。
3. TCK 自身として

- 「私の必要（ニーズ）」リストのすべてに目を通し、あなたの現在の生活でどの必要が満たされていないか、考えましょう。それを満たすためにあなた自身にできることは何ですか。
- 今までのあなたの人生を振り返ってみて、あなたが必要としていたことの中で、手に入れるのが一番困難だったことは何ですか。そういった困難を何度も経験したのはどのようなことでしたか。満たされるのが難しかったそのような必要を今満たすとすれば、あなたはどのようなことができますか。

第9章　感情

感情は人間生活の一部です。移行期には、そして自分に馴染みのない文化や国にやって来たときには、感情がその人を圧倒し苦しめることがあります。感情についての知識を持ち、自覚しておくことは、自分が感じていることを処理（プロセス）していく過程で大きな助けになります。

感情とは、基本的に身体の感覚を受けとめることから生じます。生活の中で様々な出来事が起きたとき、身体はいろいろな反応をします。緊張したり、リラックスしたりすることもあれば、お腹や頭に何らかの違和感を持つこともあります。顔の表情や姿勢も変わります。このような反応の主な目的は、自分にとって良いものには近づき、悪いものや危険なものは避けるようにするためです。これは主として、私たちの「反応脳」で起こります。それは過去の経験を思い起させ、「情動脳」における様々な感情をかき立てます。感情は、「理性脳」の中で形作られた思考や信念につながっていきます。このようにして感情には、身体の感覚、感情、思考が含まれます（詳しくは19章の「脳の三層構造」の箇所を読んでください）。

人は感情に圧倒されることがあります。しかし、自分の身体で起こっていることと、自分が感じたり考えたりしていることを切り離すことができれば、それは軽減されます。「背中が凝っている。それがストレスになっている。そう考えると、私はもうダメだと思えてしまう。」そこで、まず身体の感覚をケアすることから始めて、マッサージをしてもらいましょう。そして、感情をケアするために誰かにこのことを話します。そして、思考をケアするために自分に言います。「私はもうダメだというのは嘘だ。そんなことはない。ただ何らかの助けが必要なのだ」と。

感情は人を動かします。人を動かしたいのです。感情をケアするための一つの良い方法は、実際に自分の身体を動かすことです。例えば、歩く、ダンスをする、自転車に乗るなど、その他何か楽しいことをしてみます。感情は、発散させるべきエネルギーを人の身体の中に蓄積します。実際、身体の姿勢、歩き方、顔の表情などを変えることによって、自分の感情を変えることができます。私はある人たちに、歯と歯の間に鉛筆を挟むように勧めることがあります。そうすると、笑うときに動くのと同じ顔の筋肉が動くのです。そしてしばらく後に、「自分はハッピーだ」と身体が感じるようになるのです。

感情を訪問客と思いましょう。感情は、ある大切なメッセージを携えて私を訪ねて来ます。例えば、「さあ、もっと近づいて」、「そこから離れて」、「別の方法を探して」、「自分のことをケアして」、などのメッセージを持ってやって来ます。感情は私のところに来て、私の心の戸を叩きます。ある時は、叩かずにただ入って来ようとすることもあります。その時、私たちはそれを訪問客のように招き入れましょう。「今すぐにお茶を入れますので、どうぞお座りになってメッセージをお話しください」と言って。そうすれば、しばらく後に客は帰って行きます。しかし、もし私が心の戸を開けず、招き入れようとしなければ、訪問客は戸が開くまで押し続けるのです。そうこうしているうちに、さらに多くの訪問客が押し寄せて来て、ついに私は圧倒され、打ちのめされてしまいます。これがいわゆる不安障害やパニック障害と呼ばれるものです。しかし、その訪問客、つまり感情の一つひとつを招き入れるならば、もっと容易に対処できるのです。

感情を取り扱うということは、実際まずそれに耳を傾け、認め、誰かと感情について話し、そのメッセージに対処することを意味します。ある感情を抱いた時に、自分一人だけでそれに対処するのは怖いものです。そのような場合、人は誰か他の人にも何とかして自分が抱いている感情を共感してほしいと思います。親としての重要な役割とは、子どもが抱いている感情を敏感に感じ取り、子どもが感じていることを自分も同じように感じていることを伝えることです。子どもは多くの場合、自分が抱いている感情に気づき、それにピッタリする言葉を見つけるための助けが必要です。感情を表現する様々な言葉の選択肢を与えると、子どもには大きな助けになります。子どもが自分の感情を表せるように、絵を描かせることも役立ちます。あるいは、いろいろな感情の顔のイラストが描かれたチャートを用いて、その中から自分の気持ちとピッタリ合うものを選ばせるのもいいでしょう。感情が発しているメッセージに対応して何らかの行動を起こすというのは、誰かに近寄って行ってその人を殴りつけるというような事とは違います。まずすべきことは、そのメッセージが偽りを装って来ているのか、あるいは真実なのかということを見極めることです。「自分はもうダメだ」というのは多くの場合、偽りのメッセージであって、真実は、「自分は今本当に大変なので、助けがほしい」ということかもしれません。そうして、誰か助けてくれる人を探そうというステップに進むのです。

子どもは自分だけで感情を整理（プロセス）していくことはできません。脳がまだそこまで十分発達していないからです。だからこそ、子どもが新しい環境に適応していくときに、安全な大人が周りにいて「脳の助け役」となって機能することが、非常に大切です（詳しくは19章を読んでください）。この感情を整理するプロセスで何も助けがないと、子どもの感情はたくさん溜まっていき、後に心痛、不安、うつなど、その他慢性的な問題を引き起こしていく可能性があります。

子どもが自分の感情を整理していくのを助ける良い方法として、私が名付けるところの「バブル」（訳注：マンガにある「吹き出し」）言葉を投げかけるという方法があります。それは、大人が子どもからの返事や反応を期待することなく、子どもに投げかける言葉のことです。子どもには、自分が感じていることを認識し、それを表現する言葉を探し出すことはとても難しいことです。たとえ大人が子どもに、今どう感じているかと聞いても、ほとんどの場合何も答えられません。でも、その時、親が自分の仕事をしながら、何気なくバブル言葉（例えば、「お友だちが行ってしまうのは悲しいね」など）を、子どもに投げかけます。そうすると、子どもがしばらく思い巡らし、「そうか、それが、今自分が感じていることかな」と考えます。もし本当にそうであれば、3日後に子どもがあなたのところにやって来て、「お友だちが行ってしまって悲しいの」と言うかもしれません。反対にもしそうでなかったならば、子どもはあなたのバブル言葉など忘れてしまうので、あなたは別のバブル言葉を投げかけてみれば良いのです。

【まとめ】

移行期には、様々な感情が巡ってきて、しかもそれは強烈です。子どもはそのような感情を自分一人では処理しきれません。親の助けが必要です。特に、

子どもが新しい環境に適応しようとしている時期、
親はその必要に応えられるようにいつも心掛けてい
なければなりません。子どもが本当に新しい生活に
落ち着くまでそのようにしている必要があります。

【アクティビティ：私の感情】

感情を互いにシェアすることは、家庭生活において欠かすことのできない大切なことです。しかし、時に家族皆の感情があまりにも速いスピードで変化して行き、それに追い付かないことがあります！自分の感情を絵（イラスト）に描いて表現することが一つの助けになります。

- 紙の上に自分の感情を表現する絵（イラスト）や色を自由に描いてみましょう。
- 時間を取って皆で集まり、自分が描いた物やそこに塗られた色が何を意味しているか、互いにシェアします。
- 互いの話に耳を傾け、それぞれが感じていることに心を留めましょう。どんな感情も、「それは間違っている」ということはありません。私たちはほかの人の感情を理解していないことがよくあります。でも、互いにそれに気づくことによって、より安心して共に生活することができます。

* * *

【できることを考えよう】

1. 親として

- 自分が抱いている感情を理解しましょう。同様に子どもの感情についても理解しましょう。
- 自分の感情を処理（プロセス）する方法を身に着けましょう。そしてまた、子どもも同じように自分の感情を処理できるようにサポートしましょう。
- 感情のエネルギーを身体から発散させるために、家族で集まって体を動かす（エクササイズする）時を持ちましょう。
- 十分な睡眠を取るように心掛けましょう。睡眠は感情の処理のために有益です。

2. 派遣団体として
   - 親が子どものための時間を持つことができるように気を配りましょう。
3. TCK 自身として
   - 自分が抱いている感情を理解しましょう。自分の感情を安心してシェアできる大人を見つけましょう。そして、その感情があなたに発していることは何かを探ってみましょう。
   - 感情をあなたの体内から健康的な方法で発散させましょう。
   - 自分の感情を表現するための創造的な方法を見つけましょう。
   - あなたが大人の TCK である場合。小さい頃、周囲に安心して話せる大人がいなかったために、子どもなりの自分の感情をありのまま持つことができずにいたかもしれません。そのような幼かった頃の自分を振り返る時、今になって感情がよみがえって来ることがあります。今こそ、その感情を感じてください。そしてその感情を表現するための創造的な方法を見つけましょう。

第10章　自分の居場所

ここまで私たちは、自分には居場所があるということがいかに重要であるかについて見てきました。居場所があるということは以下のことを意味します。

- 自分が愛されていると感じる。
- ありのままの自分でいられる場所があると知っている。
- 安全を感じられる。
- 自分がどのように感じ、また何をしていても私は愛されていることを知っている。

居場所があるかどうかは、人間にとって最も大切なニーズの一つです。居場所を感じられる所がどこにもないと、その人には喪失感しかありません。それは非常に大きなストレスをもたらし、それによってうつ病や様々な依存症が引き起こされることがあります。居場所があるとき、愛を感じることができます。「私を愛してくれますか」という問いは、「あなたのうちに私の居場所がありますか。私たちはお互いのうちに居場所を持っていますか」と聞くのとほとんど同じ意味を持っています。自分の居場所を感じることができればできるほど、人生のストレスに対処するための精神的な備えも増します。

自分には居場所があると感じるとき、私は

- そこで協力し、ルールに従っていきたい。
- 他の人を尊敬したい。
- 他の人を顧み、その人の持っているものを大切にする。
- 人のために役に立ちたい。

自分に居場所があるとき、以下のように感じます。

- 安全である。
- 自分が必要とされ、愛されている。
- 自分は他者を理解し、自分も理解されている。
- 人生には意味がある。
- 自分の人生をどのように生きていったらいいか分かる。

自分には居場所がないと感じると、私は

- そこで協力し、ルールに従っていこうとは思わない。
- 他の人を尊敬できない。
- 他の人を顧みることなく、その人の持っているものを大切にする気もない。
- 人のために役立ちたいとは思わない。

自分に居場所がないとき、以下のように感じます。

- 恐れ
- 孤独
- 脅迫されている
- 混乱
- 喪失
- 誤解されている

• 人生には意味がない

自分には居場所があると感じるためには、周りの人の中に自分と共通した何かを見出すことが必要です。それは鏡に映る自分を見るのと似ています。外面的な容姿（肌の色、目の形など）が自分と同じということだけではありません。自分と同じような生い立ち、経験、興味、物の考え方や見方などを、他者のうちにも見出す場合です。言い換えれば、周囲の人々が、私が本当に居場所を感じられるように私を助けたいと願うならば、彼らは私のことを理解し、関心を持ち、私のありのままを鏡のように映し返す必要があります。それには、少なくとも私の一部分にでも興味を持ち、理解することが求められます。もし私が、愛をもって鏡のように映し返してくれる人を誰も見つけることができないと、私は簡単によそ者（アウトサイダー）だと感じてしまいます。

TCK である私たちは、自分の居場所がないという経験を何度もしています。移動とは、それを繰り返す毎に自分の居場所が崩壊することを意味します。そしてそれを再び建て直していくのには時間がかかります。周りの人が私のことを理解してはじめて、私には居場所があると感じられます。ですから、それには時間がかかるのです。それはまた、私がその土地と文化を知るようになり、同時にその土地と文化に生きる人々が私のことを知ることでもあります。異なる国に移動していくということは、それまでの自分の居場所のほとんどを失っていくことを意味します。それによって、自分のアイデンティティも同時に失われてしまった気持になります。しかも、実にわずか数時間のうちにそれは起こります。

自分の居場所を見出すためには少なくとも２人が必要です。

自分自身ともう一人の人です。私のうちにその人の居場所があり、その人のうちにも私の居場所があります。新しい土地で自分の居場所を見出す用意があったとしても、実際どのようにしてそれが実現可能となるでしょうか。それは、私の側からロープを投げかけて、「私は自分の居場所としての人や場所を求めています」と、人に知らせることです。自分からまず、人との関係作りと接触の機会を持つために、能動的に働きかけるのです。自分のストーリーをシェアし、親しくなりたいと思う人たちを招きます。ただしその際に注意すべきことは、自分にとって安全な人を探さなければならないということです。私たちは時に、あたりかまわず自分の居場所を性急に求めるあまり、結果的に安全でない人たちとつながってしまうということも起こり得ます。

移り住んで来た土地で新たな居場所をなかなか見出すことができないと、「居場所など無くても良い」と開き直り、その状態が心地よくなってしまうことがあります。自分の居場所がないのは本当につらいことであり、その結果逆に、「居場所なんて必要ない。欲しくもない」などと、自らに言い聞かせるようになるかもしれません。また、かつて住んでいたところの人たちとの関係のロープを手離そうとせず、自分はまだ「以前の」世界とソーシャルメディアを利用してつながっているから、この「新しい」世界での居場所は要らない、と敢えて見せかけの振る舞いをすることもあるでしょう。しばらくはそれも上手くいくかもしれません。また、「以前の」世界とのつながりを堅く保っていくことは、必ずしもすべてが悪いというのではありません。しかし、実際、私たちは自分の「居場所」をどれだけ多くの人々との間で維持できるかという点では、感情面でも時間的にも限界があります。新しい人間関係を築いていくためには、多くの場合、以前のものを手離していく必要があります。

【まとめ】

自分の居場所があるということは、おそらく人間にとって最も大切な必要にちがいありません。私たちTCKはしばしば、自分の居場所がなかったこと、そして今もないことに気づきます。それはその人の生き方に深く影響します。ですから、「自分には居場所がある」という意識をTCKが持てるように、何らかの助けが必要です。それは多くの場合、私たちTCKの周りに誰か安全な人々がいることによって可能となります。その人たちはTCKを鏡のように映し出す役割をしてくれます。彼らの存在によって、TCKは自分のありのままの姿を知り、錨を降ろすことのできる安全な絆をそこに見出すことができるのです。

【アクティビティ：私の世界】

- 一枚の大きな紙の中央に自分の絵（イラスト）を描きます。あなたは世界の中心にある､いわば太陽と思ってください。
- あなたの周りにはほかにもたくさんの「銀河系」があり、それぞれがあなたにとって重要な人たちのグループです。家族、親戚、異なる国々からの友人、学校の先生、その他の専門職の人々､同じ団体に属する人々､等。その各グループの人たちのイラストや名前を、グループ毎に書き込みます。複数のグループに重なっている人たちがいる場合もあります。

- 描き終わったらそれをしばらく眺めます。以下のことを考えましょう。
- その中で、あなたが自分の居場所を感じられるような、大切な人がいますか。その人はあなたと同じパスポート国の人ですか。別の国の人ですか。
- もっと親しくなりたいと思っている人はいますか。そのためにはどうしたら良いでしょうか。あなたは、その人が自分にとってどんなに大切な人であるか、その人に伝えられますか。
- できればその人からはもう少し距離を置きたいと思う人がいますか。そのためにあなたはどうすべきだと思いますか。

もしあなたが親であれば、子どもが絵（イラスト）を描くのを手伝ってあげましょう。そして、子どもがさらに多くの人々との関係とのつながりを持っていけるように励ますことも大切です。

＊＊＊

【できることを考えよう】

1. 親として

- あなたの家族がどこに移り住んだとしても、子どもが自分の居場所があると本当に感じているかどうかに注意していましょう。パスポート国においても同様です。
- 大人としてのあなた自身が、そして家族皆が、それぞれ居場所があると感じているかどうかに気を配りましょう。

- もし子どもに何か不可解な行動が見られた時には、それは自分の居場所がないという感情の表れではないかという可能性も探ってみましょう。

2. 派遣団体として

- 「自分には居場所がある」という感覚を子どもたちが持てるように、親は彼らを助ける必要があります。また、親自身にも同様の必要があります。そのためには、団体内において、または団体の支援を通して、どのようなサポートが提供できるでしょうか。

3. TCK 自身として

- 自分の生活の中で、「自分には居場所がある」という感覚を持てるように、あなたにできることは何でしょうか。その土地において、また周囲の人々との間ではどうですか。
- あなたが「そこに自分の居場所がある」と感じられるような人は誰ですか。あなたにとってその人がとても大切な存在であることを、その人は知っていますか。
- あなたが大人の TCK である場合、過去において「自分の居場所がある」と感じることができた経験がありますか。反対に、そう感じられなかった経験がありますか。そのような経験は、今のあなたにどのような影響をもたらしていると思いますか。今現在、どのような時にあなたは「自分には居場所がある」と感じられますか。どのような時にそう感じられないですか。
- 人間関係を新たに築いていく上で、あなた自身から投げかけなければならないロープがありますか。また、手離さなければならないロープがありますか。

第11章　居場所があること ― 私のストーリー

「ここが本当の自分の居場所なんだと、私は人生ではじめて感じたの。」[1] ある60代の女性が涙を目に浮かべて私のところにやって来ました。彼女は私の手を取って固く握り、「この集まりを企画してくれて本当にありがとう」と言いました。それは、大人の宣教師子女（Adult Missionary Kids）たちの3日間の再会の集い（reunion）の最終日でした。みんなスウェーデン人で、みんなコンゴで育った者たち。私が入手した名簿には約200人の名前がありました。彼らの両親は皆同じ一つの宣教団体のメンバーたちです。ふたを開けてみれば、その集会に50名の人たちがやって来ました。このような集まりは、私たちの団体が80年前にコンゴに宣教師を送り出して以来初めてのことでした。21歳の若者から84歳の方までが参加し、ほとんどが初対面の人たちでした。にもかかわらず私たちは皆それを「再会」のように感じました。皆で笑い、皆で泣きました。自分たちが育った村々のたくさんの写真をいっしょに見ました。同じ家に住み、同じメイドたちがいたという人たちも大勢いました。もちろんその時期は互いに何十年という時の隔たりがあります。私たちは小さなスウェーデン学校に通いました。ただし、最も初期の人たちは別でした。彼らは、当時親が働きのためにコンゴに行っていた期間、学校での勉強のためにスウェーデンに残されたのです。私たちは一緒にフーフー（foufou）や、ピーナッツソース付きのチキンを食べました。私

1　著者による Among Worlds 誌への数年前の投稿文。

たちの中にアフリカの音楽とダンスに人生を捧げてきた人がひとりいて、歌と踊りで私たちをリードしてくれました。私たちは皆知っているアフリカの一言語、リンガラ（Lingala）語を話しました。皆同じことを感じていました。自分たちはある「特別な家族（very special tribe)」。そして皆が「互いのうちに居場所を持つ者たち（we belong to each other)」ということです。

互いに大きな年齢差があり、しかも一度も会ったことのない者たちさえいるのに、なぜこんなにも互いに親しく感じたのでしょうか。どうして皆が「互いのうちに居場所を持つ者たち」と感じたのでしょうか。それは、たぶん次のような理由だろうと思います。私たちは、同じ一つのストーリーを共有しています。同じ一つの歴史（生い立ち）を共有しています。同じ一つの経験を共有しています。スウェーデンとコンゴが入り混じったコミュニティで育ったという、同じ一つの経験を共有する者たちとして、皆の脳細胞が結ばれています。同じ物を食べ、同じ匂いを嗅ぎました。真夜中にはドラムの鳴り響く音を聞き、熱帯の雨が屋根を打つ音を聞きました。そしてまた、このはるか北の国スウェーデンの森で、春の初めには渡り鳥の歌声を聞いています。こういった自分の体験や思いや感情が、他の人にも同じく共鳴していることを感じるとき、「互いのうちに居場所を見出した」と感じるのです。私の人生の音の振動（vibration）が、あなたの人生の音の振動と、ぴったり同じ振動数で共鳴している。そのとき私たちはつながる。説明など何もなくても理解し合えるのです。

私のところにやってきたあの一人の女性は、今までの生涯ずっとこのような経験、すなわち、ここが本当の自分の居場所と感じることなど一度もなく、ずっと生きてきました。自分は他の人とは違っている、といつも感じていました。自分と同じ経験や歴史

（生い立ち）を持っている人に一度も出会うことがありませんでした。私はこの集まりのために、実に多くの時間を費やして一人ひとりを探し出し、会場を設定し、食事の計画、いろいろなふさわしいプログラムを準備してきました。しかしそれを通して、あの一人の女性が、いや私たち皆が、自分の居場所をついに見出す機会を持つことができたのです。これに気づいたとき私は涙が溢れてきました。

私が40歳の時、初めて宣教師子弟（MK）のキャンプに参加する機会がありました。10歳から25歳までの子どものキャンプでした。私の子どもたちもMKなので、そのキャンプに何度も参加していました。私が子どもの頃はそのようなキャンプはありませんでした。私はその年初めてこのようなMKキャンプに、リーダーチームの一人として参加することができました。リーダーは皆、自らもMKとして宣教地で育った経験のある者たちでした。最初のキャンプの記憶は、丸一週間感情が高ぶっていたことです。私は、笑い、泣き、踊りました。そしてその独特の雰囲気に驚き、息をのんだのです。皆が、「どこにも属さない者」であると同時に「どこにも属している」、そのような仲間たちの中にいました。私は子どもたちやほとんどのリーダーよりもずっと年上でした。私たちは世界のさまざまな場所で育ちました。ある人は都会で、ある人は村で、ある人は寄宿学校で、ある人は親元で。ある人はインターナショナル・スクールで、ある人はスウェーデン学校で、ある人はその土地の学校で学んでいました。

しかし、キャンプのいきなり初日から私はここが「自分の居場所だ」と感じたのです。この場所こそは「自分は他人と違っている」と感じない場所だと。こここそ、「自分がまったく正常」と感じられる場所。ここでは誰からも、「あなた、どこの出身？」

と聞かれることもない。そんなこと、簡単に答えられないことは皆が知っている。それ自体はあまり重要なことではない。皆、自分が世界を旅する「Global Nomads（遊牧民）」であることを知っている。必ずしもどこか特定の地域とつながっているのではない。むしろ自分の旅の途中で出会う仲間たちとつながっているのです。

その時以来、私はそのキャンプに毎年参加するようになりました。そういう人たちがほかにもたくさんいます。多くの子どもは10歳の時に初めてそのキャンプに参加し、それ以来毎年夏になるとそこにやってきます。スウェーデンからも来ます。20代になっても。そして、リーダーとなってやって来る人もいます。私たちは一つの家族（family）なのです。皆、長年互いに連絡を取り合っています。笑いも涙も分かち合っています。世界中に散っていてもフェイスブックでつながっています。「ここが自分の居場所」とは感じられない場所にいる時、互いに励まし合い、支え合います。皆が、自分たちは「互いのうちに居場所を持つ者たち」であることを知っているからです。

何年か前のこと、私は親類に会うことができました。と言っても、従妹とかその親たちのことではありません。私がコンゴで子ども時代を過ごしたときの「おばさん」や「おじさん」たちのことです。彼ら元宣教師たちは今でも年に一度集まり、互いの様子を分かち合っています。そのような集まりに私自身は一度も参加したことがありませんでした。どういう理由か分からないのですが、私と同世代のMKたちもそこには参加していません。でもその年、私は当時のおばさんやおじさんたちにどうしても会ってみたい気持ちになったのです。彼らは、かつて私と一緒に遊んだり、励ましてくれたり、誕生日を祝ってくれ、話を聞いてくれ、当時の学校でのいろいろな発表会を見てくれた人たちでした。その集会に出て行くと、彼らは両手をいっぱい広げて私のところにやって来て挨拶してくれました。その後私の人生がどうなっていったのか、とても関心を持ち、根掘り葉掘り聞きたがりました。あれから何と長い月日が経ったか、彼らのしわと白髪がはっきりと語っていました。しかし、それでも私は、今も彼らが私のことを愛し、心にかけていてくれることをしみじみ感じたのです。それは、子どもの頃の私が、あのアフリカのジャングルの村にいたときとまったく同じでした。私はそこに自分の居場所を感じたのです。自分の属する「特別な家族」に会えたのだと。

人生は続いています。今まで何年にもわたり、私は「自分の居場所を見出せる」様々なグループに加わるという幸いにあずかっています。もし、そのような「自分の居場所を見出せる」グループが見つからないときは、自分でそれを作ってきました。私には気づいたことがあります。それは、私たちの周りには、自分の居場所を見出せない人々がいつもいる。多くの場合、一人ひとりに貴重なストーリーがあるのに、他の人にそれをどうやってシェアしたらいいのか分からないのだということです。しかし、その事自体が、私たちは「互いのうちに居場所を持つ者たち」であることをいよいよ気づかせてくれるのです。あの60代の女性は、あの集会に初めて参加してようやくそこに自分の居場所を見出すことができました。でも、誰も皆、60歳になるまで待つ必要はないのです。あなたを待っている人たちがいます。あなたがその集まりとネットワークを作る人になるのです。彼らがそこに自分の居場所を感じることができるために。そのような人々やグループをぜひ探し出していただきたいのです。もし見つからなければ、自分で新しくグループを作ってください。誰でも必ず自分の居場所を見出すことはできるのです！

【まとめ】

以上が、「私の居場所のストーリー」です。ほかにもたくさんありますが、その一部です。それは、私と同じ団体から派遣されてきた人々が、自分にとってどんなに大切な存在であるかを物語っています。そしてまた、私の人生の旅路で出会ったTCK仲間たちの存在も同じように大切です。さて、あなた自身の、「私の居場所のストーリー」はどのようなものでしょうか。あなたにとって、とても大切な存在とは誰のことでしょうか。また、どのような人たちとつながっていることで、あなたは「ここが自分の居場所」と感じることができますか。

【アクティビティ：私の居場所のストーリー】

「私の居場所のストーリー」について書いてみましょう。または、それをタイムライン（時間軸）にして描きましょう。

- あなたのいままでの人生のそれぞれの時期において、自分の居場所と感じることができた人々の名前をあげましょう。
- その人たちと今でも連絡を取り合っていますか。
- 彼らの中で、あなたが再びコンタクトしてみたいと思う人がいますか。どのようにすればそれが可能ですか。

* * *

【できることを考えよう】

1. 親として
   - 子どもが、友人たちとつながり続けることができるように励まし、手助けしましょう。
   - 子どもたちの再会の機会をリードしましょう。
2. 派遣団体として
   - TCK たちの再会の集いを定期的に企画し、彼らを招いてみましょう。
3. TCK 自身として
   - かつて自分と一緒に同じ国に住んでいた友人たち、または通っていた同じ学校の友人たちを探しましょう。多くの場合、フェイスブック上に卒業生たちのグループがあります。あるいは、その学校に問い合わせてコンタクト情報をもらいましょう。あなたの親が所属している（いた）団体もサポートしてくれるでしょう。
   - もしかしたら、その再会の集いを企画し、仲間を招くことができるのは、あなた自身かもしれません。

III.
「アイデンティティ」と「信じていること」

第12章　人と違うということ

人と違うと感じることは、子どもにとって大きなストレスになります。周りと違うという感覚は、「自分は何か間違っているのではないか」というのと同じです。子どもは、人と同じように見えて、同じような服装をして、同じような話をしたいと思います。子どもは、周りの人の中に自分の姿を映し出します。もし皆が自分と異なる肌の色や鼻の形をしていると、自分は皆と違うということを常に意識します。自分が人と違うアクセントで話していることも、つらい経験になります。私たち大人は子どもとは異なり、互いのアクセントが違っていてもかなり寛容に対応しますが、子どもたちの場合はそうではありません。英語を母語とする子どもが、アメリカ式のインターナショナル・スクールからイギリスやシンガポールに移って来たとき、それがどんなにつらいことか、多くの子どもたちがそういった経験談を語るのをよく聞きます。同じ英語でもアクセントが異なります。単語は同じでもその使い方やスペリングが違うこともあります。それによって、自分は人と違っている、受け入れられていないと感じるのです。

私たち大人が考える以上に子どもとって大きなストレスとなっているものがもう一つあります。それは身体の大きさです。インターナショナル・スクールにおいては、東南アジアの生徒たちは、欧米から来た多くの生徒たちの中で、いつも一番背が低い部類に属します。反対に、体格の良い欧米の女子生徒が、アジアの生徒たちを見おろすように背が高いことでストレスを感じます。これによって誤ったセルフ・イメージを持ったり、摂食障害になったりすることがあります。

私たちは外見だけでなく、内面も違った感じがします。実はこの方がもっと難しいものです。というのも、周りの人はその違いにほとんど気づかず、捕らえにくいからです。TCKはこのようなことについて話すことで、自分がどんな人間なのか、周りの人とどのように似ているのか、どのような点で異なっているのかを探ることができます。あるTCKはこれを次のように上手に表現しています。「私は卵のようなもので、内側は黄色で外側は白い」または「ココナッツのようで、内側は白く、外側は茶色」などです。

自分が周りと違っているという感覚は、子どもの自己理解や周囲の人々に対する理解の仕方に影響を及ぼします。多くの子どもたちが、「私はこの国が嫌いだ」、「この土地の人々は好きじゃない」などと言うのをよく聞きます。しかし、それが本当に意味していことは、「私は周りの人たちと、とても違っていて受け入れられていない。こんなに違うことに我慢できない」ということなのです。

子どもたちが自分と同じような人々の中に一緒にいる機会を持つことはとても大切です。大人はもちろん、子どもは大人以上に、自分を鏡のように映し出してくれる人々、つまり自分と似たような人たちの存在を必要としています。それによって健全なセルフ・イメージが育っていきます。自分と同じ母語を話し、容姿も似ていて、同じジョークで一緒に笑い、互いに理解できるボディ・ランゲージ（身体言語）でコミュニケーションできる、そのような人たちと一緒に過ごす機会を持つことが必要です。そうするとリラックスできます。

【まとめ】

自分が人と違っていると感じることは、子どもにとっては大きなストレスとなります。このような課題に対する子どもたちのストレス反応を検証してみる必要があります。それと共に子どもたちは時に、外側も内側も自分と似たような人たちと一緒に過ごす機会を持つことが大切です。

【アクティビティ：私と周りの人々】

- 自分自身のイラストを描きます。
- 自分が他の人とは違うと感じることをいくつか挙げてみてください。それはおもに外面的なことですか。それとも内面的なことですか。
- あるいは、自分が周りと違っているとは特に感じていないかもしれません。どのような点で、他の人と似ていると思いますか。
- 外面的または内面的にほかの人と似ているかどうかは、あなたにとって最も重要なことだと思いますか。あるいは、それはあまり重要ではないですか。
- 人と違うことを楽しんでいますか。どのような方法でそうしていますか。

＊＊＊

【できることを考えよう】

1. 親として

- あなたの子どもが、周りの人と違っていること、またはそう見られていることについてどう感じているか、聞いてみましょう。子どもがそう感じることでセルフ・イメージや自分の価値が揺れ動くことは何も不思議なことではないと話しましょう。
- ある意味でその子と似ているような友だちと一緒に過ごせる機会を、できれば定期的に用意しましょう。
- あなたの子がもし、「ここの人たちは大嫌いだ」とか、「この土地に住むのはいやだ」と言うことがあれば、その言葉の背後に何があるのかを考えてみましょう。

2. 派遣団体として

- 子どもたちが、周りに違和感がなく溶け込みやすい学校を選択できるように、十分な予算があるか確かめましょう。
- その家族が、自分たちと似た状況にある家族と時々会えるようにしましょう。

3. TCK 自身として

- どのような場面であなたは自分が人と違っていると感じますか。そう感じたとき、あなたはどのような反応をしますか。
- かつて子どもの頃、そのような時、あなたはどんな反応をしましたか。今現在は、どうですか。
- 今もなお、自分は人と違っていると感じる時がありますか。
- あなたは自分自身のことをどう表現しますか。

第13章　いろいろな文化に属していること

いろいろな文化の中で成長していく際には、それに対処する様々なアプローチの型（スタイル）があります。その一つひとつの型に特徴があり、互いに優劣の差はありません。それぞれが異なる状況に役立っています。したがって、TCKは多くの場合、複数の文化的背景を持ちつつ、これらの型のいくつかを取り混ぜながら人生に対処しています。以下、それぞれの型について説明します。[1]

雄牛型

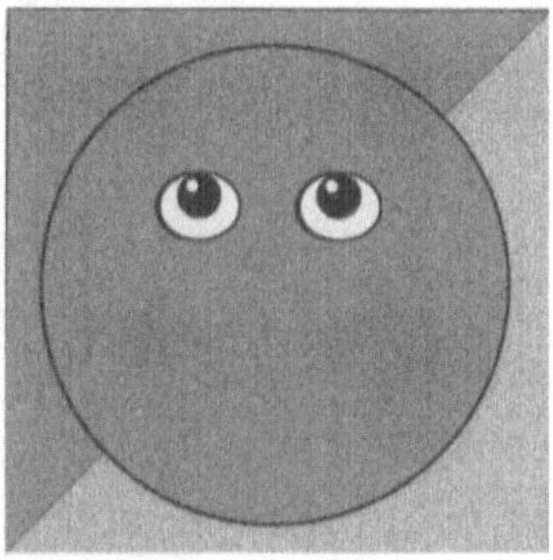

図13.1　雄牛型

これはTCKが周囲の環境に敢えて順応しようとしない場合の型です。この型の人は、何らかの摩擦が生じると、攻撃的になる傾向があります。自分が以前から持っていた文化を修正することなく、押し通していきます。

1　*Among Worlds*、2010年、作者不詳

（利点）自分を変えることがないので、いずれやってくる帰国時の移動が容易となります。また、滞在地の文化の中で、別の物の見方を堅持することができます。

（欠点）滞在地の文化の中でいろいろな摩擦を起こし、多くの場合そこでの新しい生活において疎外感と孤立感を抱くようになります。

蝶々型

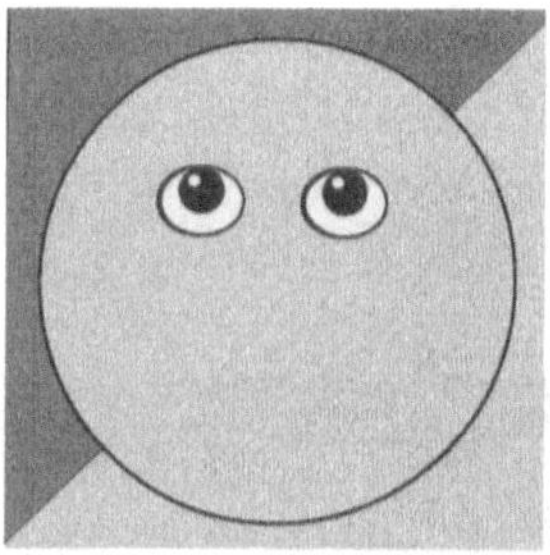

図 13.2 蝶々型

この型を用いるTCKは、蝶々の幼虫のようになって生活し始め、いずれ全く異なる姿に変化したままになります。そこでの新しい文化に順応し、元々のパスポート国の文化は捨て去ります。その地の人々と「完全に同化」することを選び取ります。その結果、このような人はその地に長く住む（またはいつか戻って来る）ことを決断する場合があります。さらには、その土地の人と結婚することもあります。

（利点）この型をとる人は、滞在地の文化に容易に溶け込むことができます。しかし、外見的な容姿の違いによって、そこに完全に同化するまでにはならないこともあります。またこの TCK がパスポート国に戻った場合には､外からの別の物の見方（文化）を持ち込むことになります。

（欠点）この型の人は、パスポート国に戻った際には人々との文化的な摩擦を起こす可能性があります。したがって、その人がもし何らかの理由で滞在地に長く住めなくなると、長年にわたって不幸な経験をすることになるでしょう。

カメレオン型

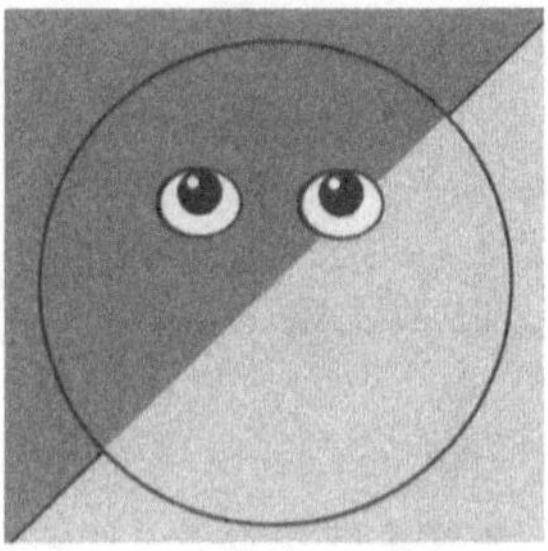

図 13.3 カメレオン型

この型を用いる TCK は、周囲に自然に溶け込むように「身体の色を変化」させます。どのような文化の中にいたとしてもそれに順応します。それがその人の性分に合っているのです。

（利点）この型を用いる人は、その場に順応し、溶け込むことのできる能力を身に着けています。その人は異なる二つの世界の仲介役を容易に担うことができます。自分のTCKとしての経験を頼みとして生き延び、しかも広範な世界観を人々と共有することができます。

（欠点）カメレオン型の人は一貫性がない人物のように見られがちです。ある日はこんな人で、別の日はあんな人。「いったいこの人は、本当はどういう人なのか」と、人々は疑問に思うかもしれません。

タスマニアデビル（フクロアナグマ）型

図 13.4 タスマニアデビル（フクロアナグマ）型

この型のTCKは、大きく騒ぎ立てることで人からの関心を惹こうとします。時に攻撃的にもなります。その時どのような文化にいたとしても、自分が周りの人々とは異なった存在であることを強調します。滞在国にいるときは、自分のパスポート国の文化を披露し、反対にパスポート国にいるときは、滞在していた国の文化を披露します。一種の競争主義とも言えます。カメレオン型の逆です。おそらくその人は、自分の文化的アイデンティティを抑圧されたり、周囲の文化に同化されたりするのを避けたいのです。

(利点) この型の人はどこにあっても別の物の見方を持ち込みます。

(欠点) 通常、この型はどこにいても人との摩擦をよく起こします。疎外されることもあります。あまりにも極端で、周囲から浮いてしまいがちです。

ミュール(らば)型

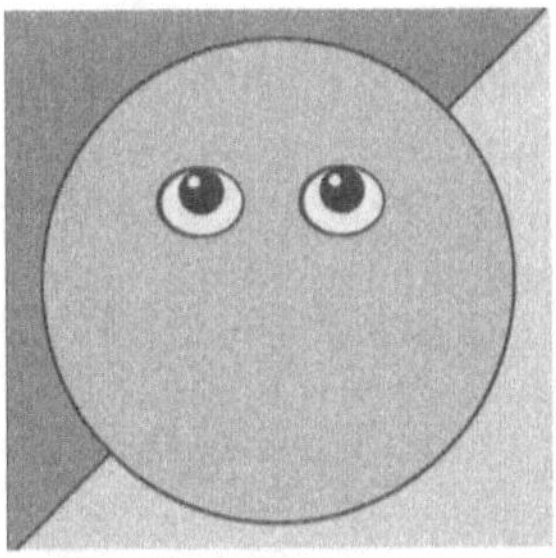

図 13.5 ミュール(らば)型

この型の TCK は、パスポート国の文化と滞在国の文化を妥協して融合させます。両者の文化と非常に良好な接点を持つことができた TCK にとっては、これは自然なことです。また、そのいずれの土地の生活においても好感を持つことができた場合には、特にそうなります。

(利点) この型を用いる TCK は、どちらの文化圏においても特に大きな文化的摩擦を経験していないので、極端にネガティブな印象を持つことがありません。この場合には、TCK はどちらの文化圏にあっても新しい物の見方を導入することができます。このような「第三の文化」は、ある種の二つの文化間の「中間的」なものと言えます。

（欠点）この型の TCK は、両者を懸命に融合させようとするあまり、結果的にそれぞれの文化特有の強みを避ける傾向があります。その結果、彼のアイデンティティは中立的、あるいは当たり障りのないものに見えるかもしれません。

カモノハシ型

図 13.6 カモノハシ型

カモノハシは哺乳類のような毛皮とアヒルのようなくちばしがあります。魚のように電流感知能力を持っています。爬（は）虫類のように卵を産みます。この型のスキルを習得している TCK は、双方の文化的特徴を意識的に高く評価し、そこから自分にとって益となるものを選別します。このスキルは基本的には合作（コラボレーション）です。カモノハシ型はミュール型とよく似てはいますが、それよりもっと複雑です。カモノハシ型が携えてくる新しいカルチャーは、単に双方のカルチャーを足して２で割った「平均的」なものではありません。むしろ、それはそれぞれの文化に元々存在している不変でユニークな特色をそのまま保持しています。

（利点）カモノハシ型のTCKが示すこの新たな「第三の文化」の中に、人々は異なる二つの文化的特徴が織りなされた傑作を見出します。それは双方の元々の文化よりも卓越したものです。一方の文化の人々はそのTCKがあらわすものを目にすることで、他方の文化のポジティブな特色を見出します。こうして、一方の文化の人々は豊かにされ、それをもたらしたTCKとの文化的摩擦を持つことはほとんどありません。

（欠点）この型のTCKのアイデンティティは、ほかの人と比べると、一種のパッチワークのようにユニークだけどまとまりがなく、奇妙で普通の人とは違うように見られることがあります。

亀型

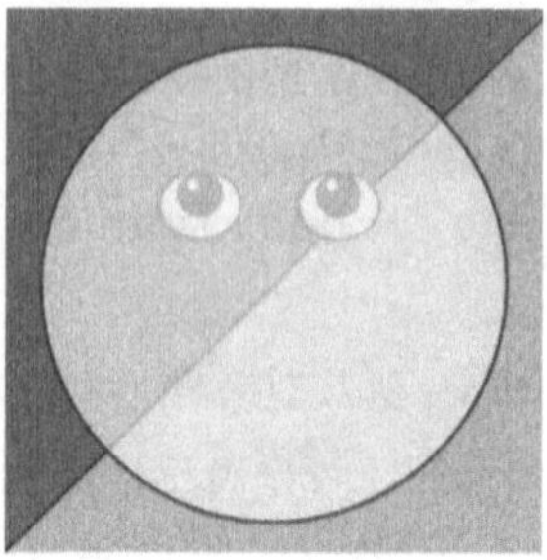

図 13.7 亀型

亀は争いが起きると、甲羅（こうら）の中に隠れて外界との接触を避けます。そのように、亀型の TCK は周囲の文化との深い交流を避けます。この型の人はおそらく、文化的な間違いや摩擦を起こしはしないかと恐れているのでしょう。あるいは、人間関係のしがらみが怖いのかもしれません。そして、このように思っていることでしょう。「どうせ私はここに馴染めないし、居場所もないのだから、わざわざ関わりを持つ必要はないのではないか。」

（利点）この型の TCK は、多くの心痛む経験を回避することができます。人との争いや文化的な過ちもあまり起こすことがないでしょう。

（欠点）この型の TCK は孤立し、孤独を感じる傾向があります。そこの文化に生きる人々との相互の関わりを必要とする仕事や活動に難しさを覚えます。

【まとめ】

「自分はたくさんの文化が入り混じった混合体でしかない」と思うと、私たち TCK は心が混乱してしまいます。むしろ、「様々な状況の中で、現実的にふさわしい対処の仕方ができる」と考えることで、より肯定的に自分を理解することができます。

【アクティビティ：私と文化】

- 自分の体の輪郭を紙に描きます。
- あなたが今まで住んだことのある国や文化圏のそれぞれに対して、それを表わす色を一つずつ決めていきます。
- 選んだそれらの色を使って、身体の各部分にそれぞれの色を一つずつ塗っていきます。このとき、自分の身体のどの部分がどの国や文化圏のものと感じるか、しばらく考えながら塗ってください。例えば、「耳はアメリカ人だ」、「胃はロシア人だ」など。
- ある国の色よりも別の国の色を、もっと多くの部分に塗りたいと思う場合もあるでしょう。
- 自分の身体が、どの色でどのくらいたくさん塗られたかを見てみましょう。

【アクティビティ：私の中の文化の融合】

- 上で紹介した七つの型（スタイル）を表す顔のイラストを一枚ずつプリントするか、似たような顔を描きます。それらを全部床の上に置きます。
- あなたが主にどのように異なる文化を融合させているかを振り返ります。亀型ですか。蝶々型ですか。それとも他の型ですか。
- あなたが最もよく用いるタイプのところに行ってください。
- もしあなたが、例えば「蝶々型」のところに行ったなら、他の人たちに自分がどのような反応をするか説明します。
- また、何か別の状況に置かれたときは、あなたは別の型を用いるかもしれません。その場合に用いる型のところに行ってください。
- 次に、あなたが普段使うことのない型があることでしょう。その型のところに行ってください。その型を使ったらどうなるかを思い巡らします。そのことについて他の人たちと話し合ってください。

＊＊＊

【できることを考えよう】

1. 親として
- あなたの子どもは、異なる文化を融合する際に、あなたとは違う型（スタイル）であることを忘れないでください。その子自身が好んで用いるのはどの型なのか気づかせましょう。また、他の型も臨機応変に使う方法を見つけられるように励ましましょう。もし子どもが、特定の文化的アイデンティティを人には見せたいと思わず、別のアイデンティティで存分に生きたいのであれば、それを尊重しましょう。今その子は自分探しをしながら、周りの世界の中で自分らしく生きるために模索している過程にあるからです。

2. 派遣団体として
   - 親が子どものさまざまな文化的アイデンティティを見て、それを受け入れ喜ぶようにサポートします。子どもの自分探しのプロセスを手助けするためにも、その家族がかつて住んでいた場所へ再訪問するチャンスを可能にしましょう。

3. TCK 自身として
   - あなたのうちにある様々な文化的側面を喜びましょう。それらをどのように活かし、それらがあなたの人生に何をもたらしてくれるかを探求してください。それらをどのような場面でどのように用いたいか考えてみましょう。
   - あなたが持っている文化的側面の中で、ある種のものはあまり人には見せたくないと思うかもしれません。それはそれで良いのです。自分に優しくしましょう。そういったものを、いつでもすべて人に見せる必要はありません。
   - 反対にもし、あなたがそうしたいと思うのであれば、あなたが持っているその文化的側面を大胆に人々にシェアしましょう。敢えて大げさにやって楽しんでみるのもいいでしょう。

第14章 システムの一部であるということ

TCKであるということがもたらす重要な一面は、彼らがほとんどの場合システム（組織・団体）の一部になっているということです。この現実はTCKの人生にとって極めて大きな意味を持っています。彼らの親はだいたい、ある団体、会社、軍隊、あるいは政府機関の被雇用者として働きに従事(employed)しています。彼らが新たに外国勤務に送り出されると、同伴する家族もそのシステムの一部になります。これが、国内で勤務している人たちの場合と著しく異なる点です。

被雇用者の働き方に何かの変化が生じると、家族全体に大きな影響を及ぼします。もしその人が解雇（fired）されれば、家族全員、そこでの生活すべてが焼失（fired）することを意味します。もしその人が別の国での勤務を命じられれば、家族皆が荷物を全部まとめて旅立ち、別の土地での生活を一から始めなければなりません。

どのようなシステムにおいても、そこには揺るぎない信条（確固としたルール）がしばしば暗黙のうちに存在しています。そのシステムに属している者はどのように考え、振る舞うべきか、時にはどう感じるべきかについてさえも、ある種の期待や要求があります。例えば、勤務時間外もすべき仕事がある、週末中であってもメール返信が求められ、毎月一定程度の出張があり、あるいは電話には常に応答できるようにしていることが期待されているかもしれません。このような海外勤務の被雇用者は家族を伴って来ているため、家族の者たちにもある種の要求が及んできます。子どものしつけ、教育システムの選択、（厳密には配偶者は被雇用者でないにもかかわらず）配偶者の一定の役割、住居はどこにすべきか、などその他多くのことが含まれることがあります。被雇用者とその家族が、このような自分たちに関わる多くの強制力の伴った信条や要求が存在していることに、後になって気づくこともあります。

興味深いことに、そのような信条や期待に対して疑問を投げかけることは非常に困難です。というのも、それが誰から出てきたものなのか分からないからです。議論したくてもその相手が見つからないのです。皆がその期待に沿って行動しているので、誰もその責任を取るつもりがないのかもしれません。システム内のほとんどの人にとって、それらがつかみどころがなく、常にそこにあるため、その存在自体にさえ気づかないのでしょう。そのような益にもならず不健全で、もしかすると危険でさえある信条や期待が存在していることに一旦気づくと、その人はストレスを感じ、心が疲れます。そのような期待に対しては多くの「戦い」が求められます。時にそれはどうしても必要な戦いになることがあります。ある場合には、被雇用者は、自分の家族を守るためにそのシステムを去るしかないという決断に至ることもあります。

システムというものは、多くのTCKの人生に大きな影響を及ぼすため、彼らの人生に対して力を持った権威ともなります。もしそのシステムが、TCKに対して絶え間なく悪影響をもたらすような決断を下していると、TCKはその後の人生において権威を信頼するということに、はなはだ難しさを覚えるようになります。

システムはまた、TCKが独り立ちしていくプロセスにおいても重要な役割を担っています。子どもが親から自立していく時期になると、同時にそのシステムからも、すなわち団体のシステム自体とそれに付随する信条システムの両方から、自立していくのだという意識を持ち始めます。若者が自らの人生を歩み始め大人への仲間入りをしていくときは、信念と愛を持った両親の存在が必要です。それと同様にその若者には、確かで安全な「港」を提供できるシステムも必要です。私は今日までそのような大切な役割を真剣に果たそうとしているシステムを見たことがありません。子どもに対して両親がするのと同じように、彼らを祝福し、かつある種の実際的サポートを持って送り出そうとするシステムが出てくることを願うものです。

たとえば、もしTCKが23歳に到達する頃まで、派遣団体（組織）が何らかの形で彼らをサポートしていくならば、それは多くのTCKにとって非常に大きな意味を持つことになります。私たちの脳が十分発達し大人になっていくのはその年頃からです。あるシステム（組織・団体）が大人のTCKをサポートできるすばらしい方法の一つは、彼らがかつて育った場所にもう一度旅する機会を提供することでしょう。そのような旅は彼らにとって大きな意味を持ち、癒しの時となります。大人になった彼らは、子どもの頃とは別の方法で過去の思い出や喪失を処理（プロセス）していくことができます。そのような再訪の旅は、彼らTCKが自分の経験してきたことを一つのストーリーに統合していくという過程において重要な要素となっていきます。

もし親が引き続き派遣地での働きに従事している場合、システム（組織・団体）としてTCKの若者の大人への自立をサポートできるもう一つの方法は、彼らが親を定期的に訪問できるための経済的支援をすることです。もしTCKが、18歳頃から23歳頃までの間に家族と別れて生活しているのであれば、少なくとも年に一回は子どもが親を訪問し、そして親も子どもを年に一回は訪問することができるなら、どんなに素晴らしいことでしょう。このような支援は、親子の関係において、そして子どもとシステム（組織・団体）との関係において、若いTCKが自立していくための大きなサポートになります。

さらには、団体を代表する者としてふさわしい人が、TCKの子どもの頃から青年期、そして大人になった後もコンタクトを継続していくならば、それはとても意味あることです。挨拶や小さな便り、または人生の節目における祝福の「贈る言葉」でも良いでしょう。TCKたちのネットワークについての情報も添えることもできます。Among Worldsという雑誌の定期購読の申込みをするのはどうでしょうか。それは大人のTCKによる、大人のTCKのためのとても良い雑誌です！また、近況について尋ねてみるのも良いでしょう。

20～25歳のTCK、例えば12人程度を集めてセミナーを企画し提供することができれば、それも素晴らしいことです。その時、TCKについて経験豊かなカウンセラーも一緒に招きます。自分の子ども時代をじっくり振り返る時となるでしょう。必要であれば、経験したことをプロセスし、統合していくために追加のセッションも提供します。

一つの家族がたくさんのシステム（組織・団体）に所属している場合があります。両親が二つ以上の組織に所属することがあり、派遣側と現地受け入れ側双方の団体もあります。子どもが通う学校も一つのシステムであり、そこに一緒に滞在している外国人コミュニティも一つのシステムと言えます。それぞれのシステムには異なる期待があり、異なるメッセージを発信する可能性があります。そのような場合は、親たち、そして特に子どもたちは、非常に混乱してしまうものです。

システム（組織・団体）に関してさらに深めたい方は、Lois J. Bushong 著 “Belonging Everywhere & Nowhere”（2013 年）に掲載されている Ruth E. Van Reken & Lois J. Bushong の補遺を一読されることをお薦めします。

【まとめ】

多くの TCK はシステムとの関わりの中で、非常に特殊な環境下で成長期を過ごしています。そのシステムとは彼らの親をその外国の地に派遣している団体・組織のことです。システムは TCK の人生に対する大きな影響力を持っており、それゆえに TCK の成長を継続的に見届けていく責任もあります。具体的には、例えば、以前彼らが育った地を再び訪問する旅の機会を提供することなどがあります。また、もし彼らの親が今なお現地での働きを続けている場合には、TCK が大人になってからも、システムとして彼らとのコンタクトを続け、また彼らが定期的に親を訪ねることができるように支援することなどが考えられます。

【アクティビティ：私と私が属しているシステム】

あなたが属している数々のシステム（組織・団体）について考えてみましょう。どのようなシステムがあなたの人生に大きな影響を及ぼしているでしょうか。もしこのアクティビティを家族で行なう場合には、家族全員で一緒に考えましょう。派遣団体、現地団体、学校、近隣の人々、親戚など、それらすべての人々や組織が、あなたの家族に対してどのような生活をすることを求めているかについて考えてみましょう。

- 家族のイラストを一枚の紙の中央に描きます。その周りに、あなたが属している様々なシステムを表す図やシンボルを一つひとつ描きます。
- それぞれのシステムからあなたに発せられている、または発せられてきたメッセージ（求められていること）を書き出してみましょう。（例：タトゥーはしてはいけない。母国語をマスターすることが重要である。子どもは現地校に通うべきである。等々）
- それらのメッセージについて振り返ってみましょう。あなたの人生にどのような影響を及ぼしてきましたか。
- それらのメッセージの中で、あなたが同意できること、できないことについて話し合いましょう。
- 別の紙をもう一枚用意します。そこに、あなたの家族として譲ることのできない大切なメッセージ、つまりあなた自らが持っていて、他の人々にも知っておいてほしいメッセージ、を書き出します。
- あなたの家族としてのメッセージと、周囲からの様々なメッセージの両者を見比べてみましょう。
- いろいろなシステムから発せられてくる多くのメッセージのただ中にあって、自分たちが家族として大切にしている価値観をどのように守っていくことができるかについて、話し合ってみましょう。

＊＊＊

【できることを考えよう】

1. 親として
- あなたが属しているシステム（組織・団体）が、家族の生活にどのような影響をもたらしているかについて振り返ってみましょう。また、そのことがあなたの子どもたちにどう影響しているかについても思い巡らしてみましょう。
- システムの中で、あなたの家族にとって不健全な期待をされていることがありますか。そのようなことから自分の家族を守るためにしなければならないことがありますか。
- もしシステムの中で、あなたにも家族にとっても不健全な期待があるならば、そのことに関してリーダー（指導者）と話し合ってみましょう。できれば、他の家族と一緒にそうするのも良いでしょう。
- 現在、あなたの子どもとシステムとの関係はどのようなものになっていますか。
- あなたが属する団体・組織にはあなたの子どもの人生に関する一定の役割（責任）があることを認識してもらえるように、話してみましょう。

2. 派遣団体として
- 団体が被雇用者とその家族に対して発しているメッセージに中には、仕事とは異なる領域に関することも含まれていることに気づいていますか（例として、配偶者の役割、子どもの養育、教育方法の選択、家族を守るために必要なバウンダリーをどう設定するか、などその他）。リーダー間でこの点について時間をとって話し合いましょう。被雇用者である親たちがどのようなメッセージを受け取っているか尋ねてみましょう。

- システムの中で、被雇用者家族にとって不健全な期待や信条が存在していないかどうか、振り返ってみましょう。団体がメッセージとして発することのできる、健全な期待や信条とはどういうものでしょうか。
- 被雇用者に対する団体の期待と信条が、子どもの成長に関する科学的な知見に基づいているかどうか、振り返ってみましょう。
- 団体内で、それぞれのTCKとコンタクトする代表者を任命しましょう。
- 任命された人は、定期的にそれぞれのTCKのフォローアップを続けていく役割（責任）があります。
- TCKが20～25歳の間に、かつての「彼らの故郷」を再訪する機会を提供しましょう。
- 大人になっていくTCKたちをフォローアップすると同時に、彼らが過去を振り返りプロセスしていけるように、ふさわしい機会と援助を提供しましょう。もし必要であれば、TCKについて経験豊かなカウンセラーも紹介します。

3. TCK自身として

- あなたの家族が属しているシステム（組織・団体）が発しているメッセージの中で、あなたはどのようなことを「聞いて」いますか。それらのメッセージについてあなたはどう思いますか。あなたにとってそれらは健全な助けになっていますか。それとも、あなたの人生にとって不健全なかたちで影響していますか。

- システムが発しているメッセージについて、両親と時間をとって話し合ってみましょう。
- あなたの成長過程で関わってきている（きた）システムと、あなたはどのような関係を持っていますか。
- あなたがこれからの人生を歩んでいくために、そのシステムと再びコンタクトする必要があると思いますか。どのようにすればそれは可能になりますか。そのシステムのリーダーたちにどのようなことを話したいと思いますか。あなたが彼らに求めたいことはどのようなことですか。

第15章　自分について信じていること

子どもの頃、私たちの心は周りの世界からたくさんのメッセージを拾い上げます。たとえば、人々が言うコメントを聞いたり、何気ないしぐさや態度を通して送られてくる非言語メッセージを受け取ります。その時はまだ子どもで脳が十分に発達していないため、そのようなメッセージをプロセスして理解することは困難です。したがって、誰かが私たちを傷つけようとしていることがあり、また私たちが言われたことを単に誤解したり、起こったことについて勘違いしたりすることもあります。

私たちTCKは、しばしば心が非常に弱く、傷つきやすい状況に置かれます。例えば、新しい土地に引っ越して来たばかりの時、自分が周囲とは異なって見られる時、人々に別れを告げて旅立つ時など。このような脆い状況にある場合は特に、人から伝えられたことが心にいつまでも残りやすく、それに囚われてしまうことがあります。そしてそのような自分に対する言葉が心に残り、それからなかなか離れられなくなります。そのうちのあるものは真実であり、自分自身の成長のために益となります。しかしあるものは偽りや嘘であり、自分をダメにしてしまいます。これらのコメントや行動はすべて私たちに影響を与えます。このような私についての人からの見方をそのまま信じてしまうと、それは自分自身のものの感じ方、考え方、行動に大きな影響をもたらします。

私たちは移動の時期、これらの嘘が強い力で立ちのぼって来るように見えることがあります。繰り返しますが、移行期には私たちは本当に弱く脆い者となり、特にそのさ中では自分のアイデンティティを一部失います。今まで住んでいた土地で、自分に真実を語ってくれた周囲の親しい人々はもういません。そのような現実は、嘘が自分の中に入り込む隙を与えます。したがって移行期には、自分の心をとらえて離さない嘘や偽りに対してよくよく注意し、自分についての真実を繰り返し思い出すようにすることが助けになります。

喪失という出来事が繰り返し起こると、私たちに何らかの影響をもたらします。まして子どもの場合には影響はいっそう大きくなります。愛する人や物を喪失する経験が繰り返されるならば、私たちは人生についてどのようなことを学んでいくでしょうか。「私が信頼できるものは何もないし、誰もいない。みんなが私から離れていく。きっと私に何か問題があるにちがいない。」喪失を絶え間なく経験すると、その子どもの心には、自分自身やこの世について何らかの確信が形成されていきます。それはその子が将来にわたってどのように人との関係を築くか、また繰り返される移動にどう対処するかということに、影響をもたらしていきます。

TCK が自分自身について共通して抱く、嘘や偽りには以下のようなものがあります。

- 私には自分の居場所がなく、これからも決して見出すことはない。
- 自分は人と何か違っている。だから自分は何か間違っているに違いない。
- 自分は見た目が違う。醜い存在なのだ。
- 自分は何をやっても上手くできない。だから私が何をしようがかまわない。

- 私は自分でしたいようにできない。すべてが怖い。
- これこそは自分の居場所だといえる場所が私にはない。絶望しかない。
- 私にはどうしても理解できないことがある。すべてが混乱している。
- 自分は無力だ。私が何も理解していないのに、他の人がすべてを決定している。
- 私は自分がどんな人間なのか分からない。混乱そのものだ。

これらの嘘の多くは、かつては真実であった、あるいは一部分真実だったかもしれない。それはある程度理解できます。しかし、それが強い信念になるにつれて、どんな時にも、どんな場所においても、いつか最後にはそこから抜け出せなくなっていきます。しかし、もしこれらが嘘であることに気づけば、それがどこから来たのかを突きとめることができます。そして、わたしたちはそれを真実と入れ替え始めることができます。そのためにも、私たちは自分について真実を語ってくれる人を見出すことが必要です。親は子どもの人生に真実を語る必要があります。

【まとめ】

私たちは成長過程で、他の人が自分に返してきた言葉をそれなりに信じ始めます。私たち TCK はしばしば、「自分は人とは違う」と感じ、自分がどのような人間かについての他人からの言葉を、それが必ずしも正しくなかったとしても、容易に信じてしまいがちです。そのようにして形成された信念は自分自身について真実を語ってはいません。移動の時期になると、私たちは非常に脆く傷つき易くなり、そのような信念が不健全な形でまとわりつき、そういった自分についての嘘、偽りを後々まで信じてしまいます。

【アクティビティ：偽りから真実へ】

しばらくの時間、あなたが自分のことに関して、他の人に関して、周囲の世界に関して持っている信念（考え方）について振り返ってみましょう。（親は子どもと一緒にこれをやってみることもできます。）そのような様々な信念が、どのように自分の感情や行動に影響しているか話してみましょう。自分についてのそのような信念を、いつ頃から持つようになったか覚えていますか。それらのうちのいくつかは、以前はその通りだったかもしれませんが、今はもはやそうではないかもしれません。あるものは勘違いだったか、まったく真実でなかったかもしれません。

- A4の紙を数枚用意します。
- あなたが前からずっと持っていた信念（考え方）のうちで、実はそれが嘘や偽りであり、自分に何の助けにもなっていないと分かったものがあれば、それらを書き出してみましょう。一枚に一つずつ書きます。
- 次に、別の紙を何枚か用意します。そこにあなた自身についての真実を一枚に一つずつ書きます。もしかするとあなたは例えば、「自分は絶対に上手くやっていけない」と思っているかもしれません。あなたが確信できる真実とは何でしょうか。本当は、あなたは「絶対に上手くやっていけないと思うことも時々はあるけれど、でも実際には上手くやっている」のではないでしょうか。自分の心の思いによく耳を傾けながら、真実のことばを書いてみましょう。

- 真実が書かれた紙を一枚ずつ部屋の片方の側のフロアーに並べて置きます。
- 次に、嘘や偽りが書かれた紙を部屋の反対側に持って行きます。
- それらの嘘や偽りの紙を一枚ずつ取って、それをバラバラに切り裂きます。あるいは、何か別の方法で処分します。
- そして、もう一度部屋の反対側に行って、真実が書かれた紙を一枚ずつ拾い上げて高く掲げます。もし、このアクティビティを家族またはグループで行なっているのであれば、誰か別の人が部屋の真実の側に立ち、あなたをそこまで呼び寄せて、「もうあなたは嘘や偽りを捨て去って、真実の側に来るように招かれたのよ」と言います。
- あなたはその真実を大きな声で読み上げます。その真実の紙を自分で忘れないように取っておきます。

＊＊＊

【できることを考えよう】

1. 親として

- あなたの子どもが自分自身について、また周囲の世界についてどのような信念（考え方）を持っているか、注意して見ていましょう。

- もし子どもが自分自身について嘘、偽りを信じていることに気づいたら、真実を見出すことができるように助けましょう。子どもの人生に対して真実を語りましょう。

2. 派遣団体として

- 団体の働きに従事している人々に嘘、偽りのない話をしましょう。そして、彼らが自分自身について真実を知ることができるように心掛けましょう。

3. TCK 自身として

- あなたは自分自身に関してどのような信念(考え方)を持っていますか。それらは真実ですか、それとも嘘、偽りですか。
- あなたは真実と入れ替えなければならない嘘や偽りを心に持ち続けていませんか。もしそうであるなら、それが可能となるために必要なことは何ですか。そのために助けてくれる人が誰かいますか。

IV.
人間関係とグローバリゼーション

第16章　人間関係

しばしばTCKは他の人との関わりを持つ際に、独特の方法を持っています。彼らの多くは頻繁な移動に慣れているので、短い間に友人を作る上手なスキルを身に着けています。何気ない話などをする時間的余裕などありません。早い時期から直ぐに深い人間関係に入っていこうとします。TCKでない人はちょっと恐ろしくて、たじろいでしまうことがあります。でもTCKは時間を無駄にしたくありません。「さあ、友だちになろうよ」と思います。自分の居場所を見出したいという願望で、待ちきれないのです。

一方、逆に、どんな人間関係であってもそれを築くまで十分時間をとってじっくり観察するTCKもいます。ある場合には、観察するだけで次の段階には決して入っていこうとしない人もいます。

多くのTCKは、「やはり自分には居場所がないのだ」という感情に陥らないように、初めからどんなグループにも加わらないことで自分を守ろうとします。そのため、「自分はどこにも加わりたくないので」と言います。あるいは、少なくとも、「この人たち、何かヘンだよ」と言って、ある特定のグループには加わろうとしないかもしれません。もし「特定のグループ」、または「特定の人」と親しい関係になったら、以前の土地で親しかった人たちを裏切ることになってしまう、と感じるのかもしれません。また、あるTCKは非常に多くの移動を繰り返してきて、心が深く傷ついているために、「もう絶対に誰かと親しくなったりはしない」と決心していることもあります。また、自分の居場所（心地よい関係）を見つけるなんて不可能だ、ありえないという強い確信に行き着いたTCKもいます。

多くのTCKは友人関係に関して強い期待を抱いています。彼らは愛着を感じることのできる友を必要としています。たとえ引っ越して遠く離れても、関係が退屈になってきたということはほとんどないような親密な関係を欲しています。いい加減な友人関係はありえない。今、ここで、それにすべてをささげるのです！

TCKは、友人との親しい関係に終わりが来るとき、それはとても奇妙な形になることがあります。ほとんどのTCKは、自分が引っ越しでその地を去って行くという理由以外では、友人関係が終わることなど経験したことがないからです。もし友人関係に何らかのトラブルが生じた場合には、TCKは「自分はいずれここを去って行くのだ」と思いつつ、適当に対処しながらその時を待ちます。トラブルを解決しようとしたり、あるいはきちんと関係を終わらせようとしたりするためにエネルギーを使うことはしません。これは異性との友人関係においても同様です。このような傾向によって、TCKは自分の弱さにあまり気づかないことがよくあります。友人関係がなぜ続かなかったのかについて振り返ったり、その理由をよく考えたりすることがないからです。

多くのTCKにとって非常に大きなチャレンジの一つは、親しくなった異性（ボーイフレンドやガールフレンド）との関係を失いたくないのに、引っ越して行かなければならないという状況になった時です。TCKが異性と親しくなり交際（デート）している場合、それは彼らにとってとても真剣なことです。TCKが持っている友人関係は通常とても深いレベルのものですから、異性との関係についても同じことが言えます。もしあるTCKが全寮制の学校で学んでいるなど何らかの理由で、地理的にも精神的にも両親と遠く離れて生活している場合は、特に難しい状況になります。異性と交際しているティーンのTCKは、自分が両親から大切にされサポートされていると感じることができなければ、その異性との関係を続けていくことは難しく、ただ孤独を感じるものです。ある青年が遠く離れた異性と親しい関係を数年間続けていくことなども、両親の手厚いサポートなくしてはほとんど不可能に近いのです。

自分が両親と一緒に引っ越して行かなければならないために、別れて来たボーイフレンドやガールフレンドのことを思って嘆き悲しんでいるTCKたちと出会ったことがあります。そのうちのある男女は、それぞれが別々に結婚し数年経っても結婚生活に幸せを感じられず、かつて付き合っていた彼／彼女をお互いに探し出そうとしました。二人がとうとう再会したとき、彼らは遂に自分の「ホーム」を見つけることができたと感じました。それゆえ、もしティーンの男女が交際している場合には、その親たちは引っ越す際には彼らのことに関して極めて真剣に考える必要があります。これからその交際をどうしたらいいかを考えるために、二人はサポートを必要としているかもしれません。もし彼らが少なくとももうしばらく交際を続けることを願っているのであれば、そのためのサポートが要ります。あるいは、その交際を上手に終わりにするためのサポートを必要としている場合もあるでしょう。ある男女は、もう1年遠隔で交際を続けた後に、再び会ってどうするかを決めることにしました。ティーンの交際は、それを終わりにするにしても続けるにしても、上手に扱っていかないと、それぞれの後々の人生にまで由々しき影響を及ぼすことになり兼ねないのです。

もしあるティーンの男女が交際を続けたいと願っている場合には、それぞれが互いの異なる国の文化での生活が可能かどうか、まず試してみる必要があるでしょう。二人が共に、互いの異なる国での長期生活と言語習得ができ、しかもそれを喜んでできることが求められます。また、今日他国への入国ビザを取得することがますます難しい時代になっていることを認識することも大切です。相手国のビザを取ることがほとんど不可能な場合には、そのパートナーとの関係を続けていくことは賢明ではありません。

TCKはまた、「東洋」と「西洋」の文化、すなわち集団文化と個人文化における、人との関わり方の違いからも影響を受けます。それぞれの文化には、人との付き合い方において固有のものがあります。複数の文化間を行き来しながら育ってきたTCKは、人との付き合い方に関して混在した曖昧な知識を持っているために、どの文化ではどのような仕方が適切であるかをよく分かっていない場合があります。彼らが異文化での生活を始めた時、自分たちの従来の関わり方が、その文化のコンテキストではまったく不適切なものであるのに、それを知らないまま続けていることがあります。それゆえにTCKは、人との関わり方においても異文化では異なった仕方があることを、ある程度知っていることが大切です。

私たちの多くがいわゆる「東国（または南国）」、また「常夏の国」と呼んでいる地域では、「集団（グループ）文化」が非常に重要であり、根強いものとなっています。「私はあるグループに属している」、「私はあるグループに従っている」、「私がそのグループから出ることはありえない」といった考え方です。グループの調和ということがそれ自体の目標であって、そのグループにおける自分の地位を危険に晒すような行動はけっして誰もしません。

「西の国」の文化では、「個人」が最も大切なものとされています。個々人がそれぞれ自分で決断することができ、リーダーとなることができ、他の人と異なる考え方を持つことができ、自分自身を大切にすることを学びます。もしTCKが、東の文化にやって来たときに西の文化の関わり方をしたり、逆に、西の文化にやって来たときに東の文化の関わり方をしたりすると、それは極めて場違いなことになります。

ほとんどのTCKは複数の入り混じった文化を身に着けているので、周りの人々は困惑してしまうことがあります。TCKがある時にはとても西洋的な対応の仕方をし、別の時にはとても東洋的な対応の仕方をするからです。特に、TCKがそのことに自分自身でも気づかず、どうしてそうするのか説明できない時などは、周りの人々はますます混乱します。

東洋と西洋の文化の違いについて、さらにいくつかの見解があります。このような一般化は、必ずしも真実のすべてを語っているわけではありません。しかし、これらを知っていることで、自分がもし困惑してしまった時、それを理解するための助けにはなります。

東の文化

1. あるグループに属することは重要である。
2. 私はそのグループの人たちと同じような考えを持っている。
3. 自己意識はそれほど強くないかもしれない。
4. 相互依存の意識が強い。
5. 他人と違っていたくない。
6. 誰かほかの人に決断してほしい。

7. 私たちはいつも一緒にいる。
8. グループの周りには強い境界線がある。
9. あなたの持っている物は私の物である。
10. ノーとは言わない。
11. 気持ちは間接的に伝える。
12. 調和とバランスが大切である。
13. 休む時間を取る。
14. あるがままを受け入れる。
15. 私たちはじっと考えている。しかし人はそれを消極性の表れと見ることがある。
16. 私たちは誰かの後についていく。
17. 私たちは物事を全体的に見る。
18. 私たちは周囲と背後にあるものをよく見ている。
19. 私たちのうちでは誰も動揺しないように気をつけている。
20. 私たちは、コミットメントには親密さが伴うと信じている。

西の文化

1. あるグループに属することはそれほど重要ではない。
2. 私は自分の考えと判断を持っており、自分が考えていることを話す。
3. 自己意識は強い。
4. 自立心が強い。
5. 他人と違っていたい。
6. 自分で決断したい。
7. 私は時々一人でいたい。
8. 個人の周りには強い境界線がある。

9.他人から物を借りるときは許可をもらう。
10.私は自分の持っている物に責任がある。
11.イエスはイエスであり、ノーはノーである。
12.一人ひとりの心地よさと満足が大切である。
13.活発に行動し、機会を逃さない。
14.真実を証明する。
15.私たちは目標を達成する者である。
16.私たちは行動する者である。
17.私たちは人をリードする。
18.私たちは詳細をよく見ていく。
19.私たちはもし誰かが一人でいたいのであれば、それを理解し尊重する。
20.私たちはすぐに親密になれるが、コミットメントはしていないかもしれない。

文化の違いについてさらに詳しく知りたい方は、Sarah Lenier著 “Foreign to Familiar”（2000年）をお薦めします。

【まとめ】

TCKは多くの場合、周りの人とは異なる種類の関わり方をします。彼らの持つ人間関係は濃厚なものになることもあります。彼らはしばしば、ある人と一緒にいる間にそこから最大限のものを得ようとするからです。逆に、彼らは人々の仲間に入って行くことをやめてしまい、よそ者のようにしていることもあります。また、人間関係で生じる摩擦や決裂に対処することが不得手です。そのような問題が起こっても、いずれその土地を去って行くことで解消してしまうことに慣れているからです。さらにTCKは、周囲の人々が時に困惑してしまうような人との接し方をすることがあります。人との関わり方において西洋的なものと東洋的なものが入り混じっているからです。

【アクティビティ：私の大切なブレスレット】

- ビーズをいくつかとゴムひもを用意します。
- しばらくの時間、あなたにとって大切な友人とは誰かについて思い巡らします。
- その友人たちの一人ひとりを指し示すものとして、それぞれの人に対して一つのビーズを選びます。
- そのようにして8個から12個のビーズを寄せ集めます。私たちは普通それくらいの人数を親しい友人として持っています。もしブレスレットの長さを調整したいなら、関係ないビーズをいくつか加えてもいいです。
- あなたの友人を思い出すものとして、それをブレスレットやキーホルダーとして持っていましょう。それらの友人があなたの人生にとって大切な存在であり、いつもそのブレスレットを大事にしていたいと思うでしょう。
- それらの友人たちのことを忘れないために、あなたがそのようなブレスレットをいつも持っていることを、その友人たちに伝えることもできます。

＊＊＊

【できることを考えよう】

1. 親として

- 人間関係は子どもにとって、難しい場合があることに注意してください。人との関わり方について、特に、住んでいる国が違うと関わり方も違う場合があることを話します。子どもの友人関係、またボーイフレンドやガールフレンドのことも含め、真剣に受けとめましょう
- あなたの子どもはいくつかの文化が混ざり合っており、あなたと同じ文化的遺産を持ってはいません。そのことが子どもの人との関わり方にも影響していることを覚えておきましょう。

2. 派遣団体として

- それぞれの家族が移動する時は、そのための十分な準備期間が必要であることに配慮しましょう。移動の時期はいつも、それまでの人間関係を終わりにする時でもあるからです。
- 文化の違いによって人との関わり方も異なることを、それぞれの家族が理解しているかどうか確認しましょう。

3. TCK 自身として

- 人との関わり方において、あなたのタイプはどのようなものか思い巡らしましょう。どのようなことに気づきますか。人間関係を築いていく際にあなたはどのような手法を用いますか。現在あなたが住んでいる地域の文化において、その手法を調整する必要がありますか。

- あなたの人との関わり方のことで誰かが困惑してしまったという経験がありますか。そのような場合、その人に対してその理由を説明したいと思いますか。
- あなたが関わっている人々はおもに東洋系の人々ですか。それとも西洋系の人々ですか。
- 人との関係を上手に終わりにする方法を、あなたは知っていますか。もし知らないのであれば、どのようなことをする必要があると思いますか。ある人との関係を終わりにしたいと思いながらもなかなかできないでいたが、今こそそれを上手に実行する時だと感じている、そのような人間関係がありますか。
- あなたは自分と異なる文化の出身の異性と付き合って（デートして）いますか。あるいは、もしあなたが大人の場合には、そのような人と結婚していますか。そのことは、あなたの持っている人間関係、日常生活、将来計画などに、どのような影響を及ぼしていますか。

第17章　愛着

子どもはだれでも、一人か二人の「アンカー・パーソン」（錨を下ろせる人）、いわゆる「アタッチメント・パーソン」（愛情や絆を感じられる人）を必要としています。停泊中の船は嵐の時に押し流されないように、海底に錨を下ろさなければなりません。同じように私たちも自分の錨を下ろせる人が必要です。私の「アンカー・パーソン」とは、私のことをいつも大切に思い、愛してくれる人のことです。

アンカー・パーソンとは次のような人です。

- 安全な基地。私が錨を下ろし、自分をつなぎ止め、休むことのできる安全な港。
- ガソリンスタンドのように愛を「給油」してくれる。私を知り、私が何をしようとも愛してくれる。
- 私に関心を持ち、私の必要を理解しようとし、何とかしてそれを満たそうとしてくれる。
- 私の感情に耳を傾け、私が自分の感情を理解できるように助け、私の心が落ち着くまで私の感情を受け止めてくれる。
- 私を助け、支えてくれて、私が必要としているものを見出せたかどうか確認してくれる。
- 私が私のままでいられる自由を与えてくれる。同時に、私には居場所があることにも気づかせてくれる。
- 私を守り、私が安全かどうかを確かめてくれる。

- いつも私がそこに戻って来ることができ、そこに安心を見出せる。

アンカー・パーソンの存在は、特に移行期には、ますます重要なものとなります。その人は、近くにいても、海の向こうにいても、あなたにとって安全な人となります。あなたが孤独を感じたり、道に迷ったり、途方に暮れたりしたとき、あなたはその人に会いに行くとか、または電話をかけるとかするでしょう。子どもだけでなく、大人であっても、特に移行期にはアンカーになってくれる人が必要です。あなたにとってのアンカー・パーソンは誰なのかを確認しましょう。移行期を過ごしているときはその人の存在が自分にとって大きな支えであることを、その人に直接伝えておくことは良いことです。

ほとんどの場合、子どもにとってのアタッチメント・パーソンは両親です。どの子どもでもそうですが TCK の場合にも、両親が「二人で共に」その役割を担うことが大切です。父親と母親の役割は相互に異なり、それぞれ違ったかたちで子どもをサポートします。また、TCK が、両親に加えて、あるいは両親の代わりに、アタッチメント・パーソンがいることは決して稀なことではありません TCK の中にはナニー(子守をする人)に育てられて、ナニーがアタッチメント・パーソンになった人もいます。また、特に小さい頃から全寮制の学校に通っていた TCK は、寮父母など別の大人に愛着（アタッチメント）を感じていることもあります。

アンカー・パーソンから引き離されたままでいるのは非常につらいものです。このようなことは TCK にも起こります。どちらかの親が仕事で遠くへ行ってしまった時、自分が全寮制の学校に入学する時、また 18 才になって親元を離れて行く時などです。

TCK はやがて自分のパートナーを見つけ、その人との間に親密な関係を築いていくようになります。それが健全なかたちで実現するときまでは、やはり両親が子どもにとっての「安全な港」の役割を担います。

子どもの周りに、アンカー・パーソンになってくれて愛着を感じられる安全な人がもし誰もいない場合、その子がもし一度でも危険な愛着を経験するとそれをきっかけに、不健全な人間関係の深みに陥っていくことがあります。人間関係において粘着的になったり、回避的になったりします。また、「無秩序型アタッチメント（愛着不安）(disorganized attachment)」と呼ばれるパターンに進行していくことがあります。人間関係において苦悩し、そこに安心感を持てず、また他の人に対しても安心感を与えることができなくなります。

幼少期に身についた愛着のパターンはその後の人生に長く影響を及ぼします。安全な愛着を持つことができた人は、その後の人生においても安全な人を見つけ、その人と安全な関係を築いていくことができます。反対に、危険な愛着を身につけた場合（親が安全でなかったり、不在だったりした場合）には、親や友人との関係においても回避的になったり、粘着的になったりします。（自分の親や大切な人から虐待を受けたことが原因で）「無秩序型アタッチメント（愛着不安）」のパターンが進行していくと、自分も同じように虐待関係を持ってしまう傾向があります。大人である私たちが大切な家族との関係において、安全な愛着を相互に経験していくと、子どもが大人になっても、より安全な愛着のパターンがその人のうちに形成されていきます。

TCK を持つ家族はしばしば孤立しやすい状況にあり、友人や親戚などからのサポートも得られず、しかも頻繁な移動に伴う多くのストレスを経験します。だからこそますます、子どもに安全な愛情を注ぐことのできる親であることが、とても重要になります。もし両親が、自らの幼い頃の経験やストレスなどが原因で、そういったことに難しさを感じる場合には、カウンセラーの支援を受けるなどして、自分が持っている安全とはいえない愛着のパターン、または「無秩序型アタッチメント（愛着不安)」のパターンを、良いものに変えていくことが極めて重要なこととなります。

【まとめ】

子どもが成長していくためには、幼少期にあってもその後の人生においても、周りに安全な大人がいて、その中で安全な親密さが築かれていることがとても大切です。それによって、その子が自分自身に安心でき、大人になっても安全な人間関係を見出し、築き上げていくことができます。ほとんどの場合、子どものためにアタッチメント・パーソンとして求められるのは両親、父親と母親です。両親がその子のアンカー・パーソンであり、港となります。人生の嵐や混沌に遭遇した時も、その港に停泊し、安全と愛情を見出すことができます。もし両親が子どものためにそのような安全な愛情を注ぎ出すことに難しさを覚える場合には、両親は家庭に安全な愛情のパターンを築いていくための、何らかのサポートを受けることが重要です。

【アクティビティ：私のアンカー・パーソン】

あなたにはアンカー・パーソンとしてどのような人がいるか、思い巡らしましょう。

- 悲しい時、喜びの時、慰めや力強い励ましを必要としている時、あなたは誰のところに行きますか。
- 心配事がある時、怖くなった時、支えや助けが欲しい時、あなたは誰のところに行きますか。
- 何か尋ねたいことがある時、誰のところに行きますか。
- 上手くいった事や嬉しい出来事についてシェアしたいとき、誰のところに行って話しますか。

今から一週間、頭の中で次のような地図を描いてください。あなたの家族の中で、誰かが大変なことになった時、例えば、疲れ果てた時、ストレスを感じた時、怒り、悲しみ、喜びを感じた時に、その人が家族の中の誰のところに近寄って行くかじっと観察しましょう。

その後で、もしできれば家族皆で互いに話し合ってみましょう。

- あなたは夫婦として、お互いに進んでアンカー・パーソンとなっていますか。
- あなたは親として、子どもがいつでも安心してあなたのところにやって来てどんな事でも話せるような存在となる用意がありますか。
- 子どもたちが互いに兄弟姉妹として何でも話せますか。これはとても良いことですが、しかし彼らがそれによってあまり負担を感じてしまうことがないように、親として気をつけていましょう。そして、子どもたち皆に、いつも親が近くに一緒にいることを気づかせましょう。

＊＊＊

【できることを考えよう】

1. 親として

- あなたがたは二人とも、子どもの成長過程に寄り添う時間を持っているかどうか、振り返ってみましょう。子どもと一緒に過ごす時を持ちましょう。子どもがやっていることに関心を持ちましょう（あまり多くの質問はせずに）。一緒に遊びましょう。いろいろなことに挑戦しましょう。一緒に笑い、一緒に泣きましょう。子どもが何かを必要としている時は、近くにいて助けましょう。
- あなた自身の愛着のパターンについて振り返ってみましょう。子ども時代にあなたはどのような愛情のパターンの中で育ってきましたか。それは今、親としてあなたにどのような影響を及ぼしていると思いますか。あなたは子どもに安全な愛情を差し出そうとする時、難しいと感じることがありますか。そのような子どもへの対応に関して、あなたは何らかのサポートを必要としていると思いますか。
- あなたがた二人は、どのようにしたら夫婦として互いに安全なアタッチメント・パーソンになれるでしょうか。
- あなたがたはそれぞれ、夫と妻以外にも誰かほかの安全なアンカー・パーソンを必要としていますか。誰かそれにふさわしい人がいますか。

2. 派遣団体として

- 親が子どもの生活に寄り添うことができる場を与えましょう。
- 派遣団体もまたアンカー・プレイス（大切に思い、愛してくれる人々がいる場所）となることが可能であることを心得ておきましょう。どのようにしたら、団体としてそれぞれの家族のための安全なアンカー・プレイスとなることができるでしょうか。
- あなたの団体に属している家族の中で、子どもに安全な愛情を差し出すことに難しさを感じている親がいますか。そのような親のために、例えばカウンセリングなども含め、どのような種類のサポートを提供することができますか。

3. TCK 自身として

- あなたにとってのアンカー・パーソンとは誰でしょうか。振り返って考えてください。悲しい時、怒っている時、疲れている時、ストレスを感じている時、あなたは誰に会いに行きますか。あなたの両親はあなたにとってアンカー・パーソンですか。あなたが安全とサポートを必要としている時、両親はそれを提供してくれることができますか。両親以外にそのような人を必要としていますか。
- 小さな子どもでもティーンの場合でも、助けを求めて行くことのできる安全な大人がいることがとても大切です。もしあなたにはそのような人がいるように感じられないのであれば、誰かそのような助けを求められる、安全な大人を見つけましょう。もしかするとあなたの両親は、あなたにとって安全な港となるために、何らかのサポートが必要なのかもしれません。あなたの両親のために、家族皆のために、そしてあなた自身のためにも、そのようなサポートを提供できるほかの大人が、きっといることでしょう。その人からのサポートを受けることによって、あなたの家族皆が安全を感じられるようになるでしょう。

- もしあなたが家族と別れて旅立つ時が近づいているのであれば、次の新しい土地であなたのアンカー・パーソンになってくれそうな人々を探してみましょう。
- もしあなたが大人の TCK であれば、かつて子ども時代にあなたのアンカー・パーソンは誰であったか、思い出してみましょう。もしそれがあなたの両親以外の人だったとするなら、あなたは今もその人とのコンタクトがありますか。もしコンタクトしてなければ、したいと思いますか。
- もしあなたがすでに大人の TCK であれば、あなたが築いている人間関係において愛着のパターンはどのようなものだと思いますか。そこに安全を感じられますか。粘着的または回避的な傾向があると思いますか。あるいは、そもそも人間関係に恐れを感じていますか。もしそうなら、安全な愛着についてもう少し学びたいと思いませんか。カウンセラーを探すこと、あるいは良い友人と話すことなどを考えてみてください。そのようにして、人との関係を築いていく上で、今まで知らなかった方法を探し求める旅をしてみませんか。それは決して不可能ではありません。

第18章　グローバリゼーション

TCK は大きくなっても、なお世界のどこかに転々と移動し続ける傾向があります。TCK の親は、気がつくと子どもは地球の裏側に住んでいた、ということがよく起こります。子どもが大学入学でパスポート国に戻って生活しているのに、親は依然として海外に住んだままという場合。あるいは反対に、親がパスポート国に帰って来たのに、子どもは別の国の TCK と結婚するなどの理由でその国にはいないといった場合です。ある時には、家族の誰一人パスポート国には住んでおらず、子どもたち兄弟姉妹も親も皆、世界中に散らばって生活しているということもあります。

家族の皆が互いにはるか遠く離れて住んでいるというだけでなく、友人たちもまた世界中に散り散りになっているのです。私の場合でも、だいたいの友人が様々に異なる国出身の TCK なので、あちこちに移動することが多く、一人ひとりどこにいるのかを把握するのが大変です。しかし、最近では有難いことに所在地の住所を記録しておく必要がなくなりました。フェイスブックなどのソーシャル・メディアを使えば、彼らがどこに住んでいても簡単につながるのです！

しかしながら、大切な家族が世界中に離れ離れになっているという現実は、自分の人生にとってどのような意味を持っているのでしょうか。私が今まで多くの TCK たちと関わってきて分かったことの一つは、もし彼らの両親が身近にいない場合、彼らは人生において非常に困難な時期に直面することになるということです。TCK が大人として自立していくまでには、非常に複雑なプロセスがあります。TCK が親離れしていくためには、「バトル（闘い）」をするための親が近くにいなければなりません。そのプロセスにおいては、親を蹴飛ばして飛び立って行くためにこそ、親との近い関係が必要なのです。ところが現実には、TCK は大学進学のために自分一人でパスポート国に戻って生活しますが、両親は地球の裏側に残ったままということが多いのです。TCK にとって 18 歳から 25 歳まではとても重要な時期です。彼らはその期間に、親から最後の巣立ちをします。いずれ将来そこにまた戻って来るためでもあり、また自分の人生を切り開いていくためでもあります。たとえ TCK が実際に両親と同居していなくても、両親との十分親密な関係が、ジャンプのための飛び板（跳躍台）として必要なのです。しかも、大人の世界に突入するそのジャンプは高さの大きいものだからです。私はこの点で TCK たちがパスポート国においてとても苦悩しているのを何度も見てきました。ついに親は「もうだめだ」と気づき、帰国して子どもとしばらく一緒にいることを決断します。ところが両親が帰国するやいなや青年 TCK は、両親の手をあまり煩わすことなく、成熟に向かって大人への道を一歩一歩進んでいくのです。

すでに大人になった TCK でも両親を必要とします。特に成長期に親があまり一緒に過ごすことがなかった場合には、その必要はさらに大きいかもしれません。子どもが必要としているときには、両親は必ず自分のところに来てくれる、と知っていることは子どもにとって極めて重要なことです。また、子どもが住んでいる同じ国の中で、いざとなれば自分の親代わりになってくれる人がいる、と知っていることもとても大切です。学校の休暇中にその人のところに滞在させてもらったり、入院した時にはその人に連絡したり、大学の保護者訪問日に親に代わってその人が来てくれたりするなら、なんとすばらしいことでしょう。そのような親の代役を引き受けてくれる家族との親しい関係を築いておくこともまた、長期プランの一つとして非常に重要なことです。

世界のあちこちに家族や友人が住んでいるということは、実際費用がかかるものです。幸いなことに、話をするだけであれば一昔前ほどには高額ではなくなりました。でも、実際に会いに行くために旅をするということであれば、安いチケットをなんとか探せば見つかるかもしれませんが、それでもけっして安くはありません。両親は、子どもが親や兄弟姉妹や親戚を訪問できるように、費用を積み立てて用意しておく必要があります。さらに親は、子どもが海外にいる友人に会いに行くための経済的なサポートができるならば、実にすばらしいことです。友人とのつながりを大切に持ち続けていくことは、TCK が健全な生活を送っていくためにも欠かせないことです。多くの TCK たちが、国を越えて住んでいる友だちと互いに訪問し合うことはとても重要だと言うのを、私は数多く聞いています。地球上どこに住んでいても会いにやって来る。なんとすばらしい TCK たちでしょうか。

【まとめ】

家族や友人など、自分にとって大切な人たちが世界中に散らされている。それは、あたかも自分の身体の各部分があちこちに散らされている、そんな気持ちでもあります。そのような大切な人たちとの関係を持ち続け、あるときは実際に会いに行く。それはとても重要なことです。大人の TCK として生きることは、実際お金がかかるものです。

【アクティビティ：空飛ぶじゅうたん】

- 大きな世界地図または地球儀を用意します。紙に世界地図を描いてもいいです。
- 自分の大切な人々がいる所に印を付けましょう。
- それぞれの人たちとどのようにしたらコンタクトを続けられるか考えてみましょう。

自分がその人たちを訪問している姿を想像してみましょう。毎晩あなたがベッドに入って眠りに落ちる頃、あなたが再び会いたいと思っている人々の所どこへでも、あなたを乗せて行ってくれる「空飛ぶじゅうたん」が、世界中を縦横に駆け巡っていると想像しましょう。じゅうたんの操縦士があなたの家の窓をたたき、迎えに来ます。彼はあなたがどこに行きたいか尋ね、そこへ連れて行ってくれます。すごい！あなたは、もう長い間会っていなかった祖父母や学校の友人たちと再会できるのです。その人たちが今住んでいる所を訪ねることができ、かつて彼らと一緒に住んでいた場所に行くこともできます。夜明けが近づくと、空飛ぶじゅうたんは再びあなたを乗せ、あなたの家の寝室に送り届けるのです。（Heidi Olsson 作『冒険好きの両親のエアバスに乗った子どもたち』より）

そう、これは一つのお話にすぎません。でも驚くことに私たちの頭脳は、こういったお話しや想像を、まるで本当の事のように信じることができるのです。このような想像力を働かせることが、時に切なさや悲しみの心を優しく包んでくれます。

＊＊＊

【できることを考えよう】

1. 親として

- あなたがいつでも子どもたちに会いに行けるように、また子どもたちが会いに来ることができるように、そのための蓄えを用意しておきましょう。
- 子どもたちも互いに訪問し合えるようにしましょう。
- もしできれば、子どもが友人の結婚式に、それが地球上どこの国であったとしても、出席できるように支援しましょう。またそのほか何かの理由で子どもが友人を訪ねたい時も同様です。
- しばらくの間でも自分の近くにいてほしいと子どもが両親に願っていないかどうか、慎重に考えましょう。親が近くにいることで、子どもは親を押しやって自立の旅を初めます。

2. 派遣団体として

- 23 歳以下の子どもがいる家族のためには、両親と子どもが年に二回は互いに訪問できるように、団体としてその経費を負担することを、可能であれば契約の中に含めておくようにします。
- 子どもが家族と別れてパスポート国に戻っていく時は、両親も一緒にしばらく帰国できるように配慮しましょう。

3. TCK 自身として

- あなたは、もう一度会って話したいと願っている人がいますか。それは両親ですか。兄弟姉妹ですか。友人ですか。どのようにしたらそれが可能となるでしょうか。

V.
ストレスと生活スケジュール

第19章　ラブ・タンクとストレス・タンク

“子どもに必要なものは愛、愛、そしてさらなる愛です”

これは著名なスウェーデン作家、アストリッド・リンドグレーンのことばです。まさに真実を言い当てています。子どもはだれも皆、愛がいっぱい注がれなければならない「ラブ・タンク」というものを持っています。もしそれが愛で満たされないと、子どもは言うことを聞きません。子どもは自分が愛されていることを知り、それを経験する必要があります。子どもはいろいろな形の愛を必要としています。「愛の言語」には多くのものがありますが、そのうちの五つは、承認のことばを聞くこと、何かを喜んですること、贈りものをもらうこと、楽しい（良質な）時間、そして身体の触れ合いというものです。[1]子どもがどのように愛を「与え」ているかを観察することで、その子がどのような愛を「受け」たいかを知ることができます。

さて、もう一つ別のタンクがあります。ストレス、非難（小言、叱責）、否定的な眼（まな）差しによって急速に溜まっていく「ストレス・タンク」というものです。これは、子どもが言うことを聞かない時、私たちが真っ先に満たしてしまいがちなタンクのことです。問題は、非難でタンクをいっぱいにしても人を変えることはできないということです。人が変わっていくのを助けられるのは、ただその人のラブ・タンクを満たすことによってだけです。

1　Chapman, 2015.

子どもは非難よりも少なくともその5倍多くの愛を必要としています。

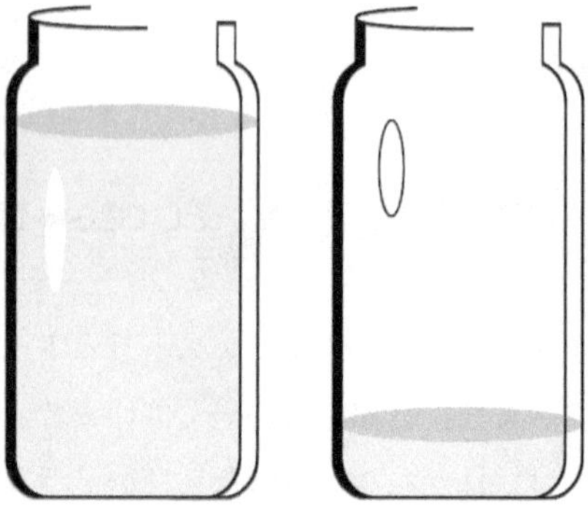

図 19.1　ラブ・タンクとストレス・タンク

人が移行期に、またそれまでとは違った文化や環境下に住んでいる時に、ストレス・タンクは一気にいっぱいになってしまうことがあります。それは大人にも子どもにも起こります。これによって家族の中に、つまり夫と妻の間、兄弟姉妹の間、親子の間に数多くの緊張がもたらされることがあります。家族の中に緊張が増しているのを感じたならば、それは今移行期にあるからかもしれない、と意識しておくのは良いことです。

私たちは、抱えるストレスが多ければ多いほど、さらに多くの愛を交換し合う必要があることを覚えておくのが良いでしょう。ただ、もし私たち皆のラブ・タンクが枯渇してしまった場合には難しいことになります。ラブ・タンクを満たす方法と同時に、日常生活でストレスの原因となるものを減らす方法も考えておくことが必要です。ラブ・タンクとストレス・タンクの比率は5対1、つまりストレスや非難に対してその5倍の量の愛が求められます。言い換えれば、一つのストレスの時間に対してはその5倍の愛の時間を、一つの非難に対してはその5倍の愛のことばが必要です。

自分自身の生活においても子どもの生活においても、私たちは間違っていることや変えなければならないことばかりに目を向けてしまいがちです。しかし、私たちはだれも皆、ラブ・タンクが欠乏していては、何も変えることはできません。移行期の中にある時、子どもに必要なものは愛、愛、そしてさらなる愛です。その子のラブ・タンクが十分満たされていなければ、訓練などしても意味がありません。私はここで、「訓練」ということの意味を明確にしたいと思います。私は、いかなる体罰（スパンク）や、恥をかかせることや、罰を与えることの効能については信用していません。このような方法はラブ・タンクを瞬時に空っぽにするだけです。ラブ・タンクが空になっていたら、子どもは何も学ぶことができません。子どもはラブ・タンクがいっぱいになっている時にこそ、何かを学ぶのです。したがって、もし子どもが何か間違ったことをした時、私が第一にすべきことはまず子どものラブ・タンクを満たすことです。その後ではじめて、子どもが知らなければならないことを、言って聞かせて、見せて、その子と一緒にすることを通して教えることができます。これが私の信じるところの「訓練」の仕方です。

もしラブ・タンクが減少し、ストレス・タンクが増加すると、子どもは大抵言うことを聞かなくなくなります。その主な理由は脳の中で断絶が生じるからです。脳を理解するためには、そこに三層構造があることを知る必要があります。すなわち、反応に関わる部分（反応脳）、感情に関わる部分（情動脳）、そして思考に関わる部分（理性脳）です。ダニエル・シーゲルはこれを分かり易く理解するために上手な説明をしています[2]。親指が他の４本の

2 Siegel, 2012.

指の中に隠れるように手のひらを握ってください。手首の部分が「反応脳」の部分だと思ってください。この部分には脳幹があり、脊椎につながっています。ここは脳の最も古い部分で、脅威を感じた時自分を守るために反応するところです。親指の部分、すなわち脳の奥に隠れているところは「情動脳」で、ここには大脳辺縁系があります。ここは感情が処理される部分で、人との関わり方にも関係します。四つの指先の爪に相当する部分には視床があり、その裏側には「理性脳」である前頭前皮質があって、ここで人は思考し、過去を振り返ります。

物事がスムーズに進み、ストレスもなく、自分が愛されていると感じている時、これらの脳の三つの部分は相互に連携しながら適切に機能しています。自分の感情と思考を上手に処理（プロセス）し、周りの物事にどう対応していくかを決められる、そのような意識を外からも内からも持つことができます。しかし、ストレスや恐怖、恥辱を感じると、手のひらが開いたような状態になり、脳の内部に断絶が生じます。自分が受け取った感覚は処理されることなく、思考することなしに反応します。もし突然の脅威を感じた時には、脳が断絶することで自己防衛のために即座に対応することを可能にします。しかしその場合は脳の中では処理(プロセス)機能が何も働いていません。たくさんの感情が沸き起こっていますが、それをことばで表すことができません。人が何を言っても聞こえず、自分が今どんなことに遭遇しているかを説明することばが見つからず、人からの愛やケアを受け取ることも難しい状態になります。安全を感じられないので、人に聞き従うことができず、むしろ逆らうようになります。脳の三つの部分が互いに断絶した状態では、他の人が矯正や罰を与えても、ほとんどの場合何も効果はありません。脳の内部はそのまま断絶しています。

断絶した脳に必要なものは愛です。脳のための安全で穏やかな助けを提供するためには、安心と愛をもたらす大人の存在が求められます。子どものところにやって来て、しばらくいっしょに座り、優しい声で少しだけ話しかけます。あまり多くのことを聞いてはいけません。さもないと、かえって脳にさらなるストレスを与えてしまいます。このとき愛が伝わる表情とまなざしが大切です。極度に混乱した脳に、安全な大人の脳を通して安心と平穏が伝わっていきます。恐怖とストレスに襲われた脳が落ち着きを取り戻したとき、話すことや聞くことが回復していきます。

子どもの脳はまだ十分に発達を遂げていません。したがって子どもが自分の感情を処理（プロセス）して気持ちを落ち着かせるためには、しばしば助けが必要です。これを大人はよく理解していなければなりません。こういったことが、子どもが従おうとしない時に必要なことです。子どもは脳が落ち着いてはじめて、大人からのアドバイスや、教えや励ましのことばを受け止めることができるようになります。その逆の順番はありえません。私たち大人は、様々な感情やストレス、新しい環境、緊張の伴う経験などに対処しなければならない時、あまりにも多くのことを子どもに期待してしまいがちです。子どもが日常生活の中でストレスの元になるものに上手に対応できるためには、安全で落ち着いた大人からの、絶え間ないサポートを必要としています。

【まとめ】

私たちが人生を生きていくためには、人からの非難（小言、叱責）などストレスの原因となるものに対して、その５倍多くの愛を必要としています。移行期には、私たちのストレス・タンクは容易に満杯になります。子どものラブ・タンクを満たすのは親の責任です。特に移動期間中は、親はこのことを決して忘れてはいけません。

【アクティビティ：私のラブとストレス】

あなた自身の、または家族一人ひとりの、ラブ・タンクとストレス・タンクの絵を描いてください。

以下のことについて考えてみましょう。

- あなたのラブ・タンクは今どのくらい満たされていますか。
- あなたのストレス・タンクはどのくらい入っていますか。
- もしあなたが親であれば、子どものラブ・タンクとストレス・タンクにはどのくらい入っていると推測しますか。直接子どもに聞いてもいいです。

さて、以下のことを自らに問いかけましょう。

- 何によってあなたのラブ・タンクが満たされますか。
- 何によってあなたのストレス・タンクはいっぱいになりますか。
- あなたのラブ・タンクの量を増やし、ストレス・タンクの量を減らすためには、どうすると良いと思いますか。そのためにほかの人からどのような助けが必要だと思いますか。

その後で、上と同じ質問を家族の人たち皆に聞いてみましょう。あるいは、一人ひとりに聞きましょう。

どのようにしたらラブ・タンクの量を増やし、ストレス・タンクの量をなるべく減らすことができるか考えてみましょう。

＊＊＊

【できることを考えよう】

1. 親として
   - あなたの子どもがどのような「愛の言語」を持っているか、気をつけて見ていましょう。
   - その子の「愛の言語」を用いて愛を伝え、そのようにして毎日できる限りその子のラブ・タンクを満たしましょう。
   - 毎日の生活の中で、どのようにしたら子どものストレス・タンクの量を減らすことができるか考えてみましょう。そうすることで、叱ることよりもラブ・タンクを満たすことにもっと心を向けるようになるでしょう。
2. 派遣団体として
   - 派遣している親たちのラブ・タンクを満たし、ストレスの元を減らすために、できることを実行する責任が団体にはあります。その家族は現在どのような生活状況にあるか、またどのような事がストレスの原因になっているかについても、きちんと把握していましょう。
3. TCK 自身として
   - あなたのラブ・タンクを満たすためには、どのようなことが必要ですか。それを可能にしてくれるのは誰ですか。

- あなたのストレス・タンクの量が増していくのは、どのようなことによってですか。日々の生活の中で、ストレスの元になるものを減らしていくために、何かあなたにできることがありますか。

第20章　非現実的な生活

私はTCKやその家族からいろいろなストーリーを聞く時、また自分の今までの人生のストーリーを見つめ直す時、「そもそも人はこのような移動生活をする者として造られてはいないのではないか」と思います。とは言っても、人は実際この地上に生を受けた者として今に至るまでずっと、一つの場所から別の場所へと移動する民であり続けて来ました。きっと別の土地に行けばもっと良い生活ができるに違いないという望みを抱いて。または、ある種の使命感を持って。あるいは、その土地から強制的に移動させられて。いずれにせよ、人は個人としても集団としても移動して来ました。でも、実のところ、人はそのような移動生活をすることで、かえって人生をより複雑なものにしてしまっただけではないでしょうか。

移動生活を通してたくさんの恩恵を受けられることを私自身よく知っており、だからこそそれを愛してもいます。しかし、同時にけっして忘れてはならないことがあります。それは、私たち移動生活をする者には、子どもたちも含めて、通常の人間の一般的行動レベルよりはるかに難しい課題を様々なかたちで負わされるということです。例えば以下のようなことです。

- 移動にはかなりのエネルギーが費やされる。
- 多くの時間を要する。
- 新しい土地に移り住み、そこでの生活を立ち上げるためには、相当の適応力と創造力と忍耐力が求められる。

- 気候、文化、行動様式などの違いによる負担は決して小さくない。
- これら多くの物事への適応の難しさは、人としての生物学的なことにも関係している。私たちの脳は新しい状況に適応するために、文字通り配線をし直す必要があり、また身体機能も、新たな気候、ライフスタイル、感触に順応するために再設定されなければならない。
- また、脳と身体の両方が、初めて目にするあらゆるものに対して、疑いと怖れをもって対応することになる。それは万一の危険から自分の身を守るための助けとなるが、しかし環境に適応する上でストレスにもなり得る。
- 新しいことを学び、また自分が変わっていくためには、自覚的に、目的意識を持ち、柔軟に対応し、心をオープンにしていく必要がある。

私たちは、しなければならないことがあってもそのための元気が出ない、そういった日があります。人生の歩みにおいて自分の内面に集中したい時期があるかもしれません。最近学んだ新しいスキルをもっと磨きたい時があります。家族の絆や友人との関係をもっと深めたいと思う時もあるでしょう。新たな挑戦に立ち向かうことはせずに、ただこのままの自分でしばらくいたいと感じ、すでに学んだことや成し遂げたことのすべてを静かに味わっていたい、と思う時があるかもしれません。私たちはこのような現実を知っていることで、移行期が近づいてTCKたちが時に表すフラストレーションを目にしても、それを理解できるでしょう。

今まで私は何年にもわたり、私が「非現実的」と呼ぶ生活をしている家族を数多く見てきました。もっとも、その国で生まれ育った人であれば、そういったライフスタイルはそれほど非現実的ではないかもしれません。しかし、ヨーロッパの森のすぐ近くにある小さな町に住んでいた人が、中国にやって来て、大気汚染のために年に 2、3 週間しか空が見えないような、巨大都市の小さなアパートの 23 階に住んでいるのであれば、それは私にすれば「非現実的」な生活と言わざるを得ません。現実的なことではありますが、しかし実際そこには非常に多くのことが要求されます。また別の例としては、2 人のティーンの子どもたちを連れて初めて海外に渡り、外国人がほかには誰もいないアフリカの村で生活している、そのような家族がいました。ティーンとしての健全な成長のためにふさわしいライフスタイルを必要としている子どもたちにとって、それは非常に困難な状況となります。

自らをストレス度の高い状況に敢えて追い込んでいく親たちが数多くいます。彼らは実際そこでの生活適応のために、たいへんな苦労をしなければなりません。親がストレスを感じていると、それは必ず子どもの生活にも影響を及ぼします。父親と母親が 2 人共にストレスを感じている場合にはなおさらです。また、子ども自身がすでにストレス度の高い状態に置かれ、親からのサポートを本当に必要としているのであれば、親のストレスは子どもにとってまさに危険なものとなります。その子が自分でストレスに対処していくために、手助けする人が誰もいない状態になるからです。子どもがストレスに上手に適応していくためには、是が非でも親の手助けが必要なのです。

だからこそ、親はまず自分自身のストレスに上手に対処するための手立てを、あらかじめ考えておくことが何より重要です。そのためにも、親は「極めて」非現実的な結果に終わる可能性が高い状況には、はじめから自分の身を置かないようにすべきです。（ここで私は敢えて「極めて」という言葉を添えました。というのも、移動ということそれ自体、常に非現実的な期待と状況をすでに含んでいるからです）。父親と母親の両方が一緒になっても対処できないような状況が生じることを許してはなりません。また、団体の側においても、派遣された家族に対して過度の要求をする以前に、まず彼らが生活適応していけるための、ゆとり（スペース）を提供していくことが非常に重要です。

【まとめ】

地球上を移動し続ける生活は、私たちが考えるよりもはるかに莫大なエネルギーとスキルを必要としています。異文化の中に移り住み、今までとはまったく違った生活を営むことは大きなストレスをもたらします。実際、自ら健全に対応することができないほど過重なストレスの伴う状況に、自らを追い込んでいる家族が多くいます。TCK の親たちには、自分のストレスに上手に対処できるためのスキルが求められます。それによって、困難な状況に置かれた子どもたちを支えていくことが可能となるのです。

【アクティビティ：私のタイムライン】

私たちは、今まで通って来た道について、実は自分自身でもよく分かっていないことがあります。自分の歩んできた道を振り返り、他の人とそれについて語り合うための良い方法の一つとして、タイムラインを描くということがあります。また、それを家族皆で行なうとさらに良い機会となります。家族の中でストーリーをシェアすることで、それは「私たち家族のストーリー」と呼べるものになります。

- 大きな紙(または数枚の小さな紙をテープでつないだもの)の上に、50cm くらいの長さの直線を 5cm 間隔で平行に二本引きます。その 2 本線の間の帯状のところに色を塗るようにします。
- その帯をだいたい 4cm ごとに区切って、それぞれをあなたの人生の 1 年分の長さとします。
- 年を追いながら、住んだ国または場所が変わるごとに、異なる色を塗っていきます。
- 次に、あなたの人生で起きた大きな出来事を書き込んでいきます。例えば、子どもの誕生、病気、死別、事故、引っ越し、転校、喪失やトラウマの出来事、長期休暇、再会など、あなたが重要と思うどのような出来事でも記します。
- 自分が今まで住んだ家、ペット、友だち、好きだった場所などのイラストを描いたり、写真を貼り付けたりします。
- その後で、家族の一人ひとりが自分自身の歩みの浮き沈みを表すライフ・カーブ（曲線）を、タイムラインの図に重ねて描いていきます。皆でそれを見ながら、それぞれの高調期と低調期が、互いにどのような関係にあるかに気づくことがあります。家族の誰かが低調だった時期に、他の人たちは高調と感じていた、またその逆だったということがあるかもしれません。

このようなタイムラインを家族で一緒に作る作業を通して、思い出を共有し、お互いを理解する絶好の機会となります。それぞれの思い出を皆でシェアすることで、「私たち家族のストーリー」を作ることができます。皆で一緒に笑ったり、泣いたりする時となります。親が子どものことを本当に理解する機会ともなります。親にとって忘れられなかった出来事を、子どもたちは全然覚えていなかったとか、逆に親がすっかり忘れてしまっていた出来事を、子どもたちは鮮明に覚えていた、などということがあります。ある時期にどんなことが起こったか、家族の一部の人だけが具体的に覚えていることもあります。家族のタイムラインを一緒に描くことで、過去に起こった映像を皆で再生していくことにより、家族の絆が一層深まっていきます。このタイムラインを一緒に描いていくだけで、その家族に大きな癒しを与えている光景を、私は今まで何度も見て来ました。

でき上がったタイムラインをその後も保管しておき、続く人生の節目となる出来事を付け加えていきましょう。このアクティビティのために家族が初めて集まった時、もしそこに参加できなかった人がいたなら、あとでもう一度招き、彼らの数々の思い出やライフ・カーブをそこに書き加えてもらいましょう。

＊＊＊

【できることを考えよう】

1. 親として

- あなたは、時間的にも、精神的にも、経済的にも、ある程度の余白があるように心掛けましょう。

- パスポート国及び現在住んでいる国の両方に、あなたがたのためのネットワークとサポート・システムを築いていくように意識的に努力しましょう。そのネットワークの中には、あなたの子どもたちのことをよく知っていて、ケアできる人たちも含まれるようにします。
- ディブリーフィング（家族の心身のチェックと言っても構いません。訳注：詳しくは 43 章を参照されたい）を年に 2 回は行なってもらいましょう。あなた自身とあなたの家族がどのような状態にあるかについて、チェックしてくれる方が絶対に必要です。

2. 派遣団体として
   - 派遣されようとする家族がこれから直面する生活形態が、本当に現実的なものであるかどうかをよく確認しましょう。
   - 家族のためにディブリーフィングの時を定期的に提供します。できれば最低でも年に 2 回は行いましょう。
3. TCK 自身として
   - あなたが子どもの場合、今の生活の中で「もう限界だ！」と感じていることが何かありますか。
   - あなたが自分の子ども時代を振り返ったときに、あなたにとって、または家族にとって、「もう限界だ」と感じたことがありましたか。
   - あなたの両親とそのことについて語り合ってみましょう。もしかしたら両親はあなたと同じ見方、あるいは違う見方を持っていたかもしれません。
   - 今大人としてあなたは、自分でも気づかないまま、あまりにも負担の大きな状況に自らを追い込んでいる危険性がないでしょうか。

第21章　適応ストレス

国を越えて移動する際に強く感じるのは､「自分ではコントロールできない」という感覚です。このことは大人と同様、子どもにも言えることです。子どもは、自分ではコントロールできないということだけでなく、親たちさえもコントロールできないことを知って苦しむのです。これは子どもにとって恐ろしいことにもなり得ます。「ボクの親でさえここでの新しい生活にどう対処していったらいいか分からないのなら、一体だれがボクのことを心配してくれるんだろう。」状況をコントロールできないことによって、ますます恐れや心配が増していきます。これが引き金となってうつになっていくこともあります。

周りがすべて新しくなると、私たちの偏桃体（amygdala）は活発に働きます。扁桃体は､危険を察知して目を光らせてくれる、私たちの脳の中の小さな「お友だち」です。それが何かを脅威として感知すると、即座に体の恐怖反応や防御反応が始まります。私たちの偏桃体は、孤独を感じたり、行き詰まったり、対処できない(またそうなる可能性がある)ものに直面するサインを見張っているのです。

偏桃体は新しいものに敏感に反応します。音、におい、味、温度など､自分にとって慣れていないものに対してです。偏桃体は、人が怒った時の表情や身体の動きにも反応します。その人が立ち去って行くとか、立ち向かって来るかもしれないと気づかせてくれます。異なる文化に入って来たとき、私たちは人の顔の表現やボディ・ランゲージ（身体言語）を簡単に誤解してしまうことがあります。そのことが分かっているので、新しい土地に来たときは偏桃体が著しく警戒するようになることを私たちは知っています。偏桃体は、新しい状況が自分にとって良いものか悪いものかを見極めるのを手伝おうとしています。

その状況が良いものか、悪いものか、危険なものかを識別するために、偏桃体は、海馬（hippocampus）に情報を伝えます。海馬とは、脳内のもう一つ別のお友だちで、過去の経験を記憶しているところです。偏桃体は、今経験しているのは前に経験したものと似たものか、またそれは良い経験だったか、悪い経験だったかを海馬に尋ねます。もしそれが良いものであれば、偏桃体は沈静します。もし悪いものであれば、扁桃体が「ストレスと恐怖の反応」を起動させます。すべてが新しくなった状況において、海馬は答えを提供しないので、偏桃体がたくさんの決断を自ら下さなければなりません。偏桃体は、たとえその状況が危険ではないかもしれない場合でも、安全のために危険信号を送ります。

ストレスと恐怖の反応は、身体のすべてのプロセスを起動させます。第一の反応は安全を探し求めることです。「自分にとって安全で、自分を守ってくれる人はどこにいるのか」と。もしそのような人が見つからないと、身体のエネルギーが腕や足にまで行き渡り、「戦いか逃走」のどちらかの行動を起こす用意をします。このエネルギーが消費されないと、私たちは不安で落ち着かない気持ちになります。もし戦いか逃走のどちらの行動を起こすこともできないと、「凍りつき（フリーズ）反応」や「虚脱反応」に移行することもあります。その場合には、はっきりした思考ができず、健全な対応の仕方を見出すことができない状態となります。このストレスと恐怖の反応こそが、「適応ストレス」というものにつながっていきます。脳は、安全なものとそうでないものを見分けるために、常に警戒を怠らず、体をいつでも動き出せる状態にします。この現象を「カルチャーショック」と呼ぶこともあります。

偏桃体は、身体の内部で起きている変化にも反応します。新しい気候、新しい食物など、初体験の様々な感覚が、私たちの体の中で物理的な反応を引き起こします。このような反応は偏桃体にとっても真新しく怖しいものであり、偏桃体にストレスと恐怖の反応を開始するように促します。

これらすべてのことは大人にも子どもにも起こり得ることであり、まったく抗し難いものともなります。身体内部にエネルギーが蓄積されたままになると、いずれ癇癪や爆発を起こすことがあります。また、身体内部だけでなく人間関係においても、苦痛と緊張をもたらすことがあります。このような状況になった時、人は精神的に閉じこもり、引きこもり、何も受け入れない、感じないという対処法を取ります。私たちがこの適応ストレスに引き込まれると、（パソコンやスマートフォンなどの）画面の前であまりにも長い時間を過ごしてしまうことがあります。そこが偏桃体にとって安全な場所と感じるからです。しかし、それよりももっと健全な何か別の方法を見つけることが重要になります。

もしある人が凍りつき（フリーズ）状態や虚脱状態から抜け出せなくなると、トラウマに陥ります。このような場合、彼女はどうやってそこから動き出したらいいのか分からなくなります。ここで必要とされるのは、彼女に寄り添い、一緒に息をし、彼女の神経系を再び生き返らせてくれる、安全な人の存在です。もし彼女が凍りつき状態や虚脱状態から抜け出すことができれば、身体の中のエネルギーが再びよみがえり、戦いたい、あるいは逃走したいという衝動を感じることになるでしょう。このエネルギーを使い切ることで、彼女は再び人々との関わりを持つことができる状態に戻って来ます。繰り返しになりますが、まさにこのような理由によって、移動してきた家族が新たな地に着いた時、その子どもには安全な大人が近くにいることがとても大切なのです。

私は一人の医師から次のようなことを聞いたことがあります。新しい文化や気候の中に移動して来た時、私たちは通常の身体機能の約60%以上のレベルを自分に期待してはならないということです。私たちの脳と身体は、探査と調整で精一杯なのです。もしこれが真実だとすれば、私自身の経験からも言えることですが、その60%をどのように使うか注意深くなければなりません。この間、もし親が仕事に全力投球できると思っていたら、子どもには何も残らないのです。ある期間、実際自分が育った文化とは異なる文化の中にいる間、私たちの身体は60%以上のレベルには機能しないことがある、という認識が必要です。そして、それはそれで良いのです。

【まとめ】

私たちの脳には、安全なものとそうでないものを見分ける手助けをする偏桃体という素晴らしい小さなお友だちが備わっています。人が未知の環境に移って来た時、偏桃体は多くのものを安全でないものと解釈し、私たちの体の恐怖反応を起動させるために懸命に働きます。その結果、体に大きなエネルギーが蓄積され、適応ストレスが発生します。これを「カルチャーショック」と呼ぶこともあります。今何が

起きているのかを理解し、偏桃体の声に耳を傾け、
それと静かに「対話」し、蓄積されたエネルギーを
上手に発散し、安全な人と共に安全を見出すことで、
適応ストレスを健康的に乗り越えていくことができ
るのです。

【アクティビティ：四つの感情】

私たちの生活の中で何が起こっているのかを探る一つの方法は、どのような時に強い感情がかき立てられるかを認識することです。強い感情とは、喜び、悲しみ、怒り、恐れの四つです。

- 一人に一枚ずつ紙を用意します。
- 長方形が四つできるように紙を四つ折りにして、再度開きます。
- さあ、四つの長方形それぞれに絵を一つずつ自由に描いてください。それぞれ 1 分以内で描きます。
- 一つ目の長方形には、あなたに喜びを与えるものを描きます。
- 二つ目の長方形には、あなたに悲しみを与えるものを描きます。
- 三つ目の長方形には、あなたに怒りを与えるものを描きます。
- 四つ目の長方形には、あなたに恐れを与えるものを描きます。
- すべて描き終わったら、それをほかの人とシェアしましょう。

- その後、紙を裏返しにして、そこに大きな絵を一つ描いてください。あなたが心に願っていること、きっといつか実現すると願っていること（夢、ビジョンなど）を表わすものです。そしてそれもほかの人とシェアします。

この小さなアクティビティを通して、子どもと親が共に互いのことを理解し合うことができます。自分の生活とほかの人の生活の中で、どのようなことがそれぞれに起こっているのか、なぜそのような反応をするのか、何を必要としているのか、そして、どのようにしたら互いに支え合うことができるか、について理解することができます。

＊＊＊

【できることを考えよう】

1. 親として

- これから経験していくだろう適応ストレスのことを理解し、互いに話し合います。扁桃体はあなたを助けてくれる友だちですが、それを通過する過程で（偏桃体によって）、体内にストレスを引き起こす反応が生じる可能性があることを承知しておきましょう。
- 自分が持っている受容力（キャパシティ）やエネルギーを、あなたはどのように使っているか振り返ってみましょう。子どもたちのために使える肉体的、精神的なエネルギーがまだ残されているでしょうか。
- ストレスで溜まったエネルギーを発散できるように、家族全員で、楽しく健康的な方法で身体を動かすことのできる時間を持ちましょう。

2. 派遣団体として

- これから派遣されようとしている人たちは、通常のレベルの60%以上の働きはできない可能性があることを把握しておきましょう。したがって、それ以上のことを彼らに求めてはいけません。少なくとも派遣初期の頃は特にそうです。彼らが自分のエネルギーを家族のために使えるように配慮しましょう。

3. TCK自身として

- あなたは自分の偏桃体がどのようなものかを理解しましょう。偏桃体にストレスをもたらしているものは何かを探し出しましょう。実際、あなたは偏桃体に話しかけ、静めることができるのです。
- 偏桃体と身体の反応を落ち着かせる方法を、自分で見つけましょう。最善の方法は、あなたが一緒にいて安全と感じられる人（なるべく大人が良い）と共に時間を過ごすことです。
- 身体を動かしましょう。スポーツ、ジョギング、サイクリング、スイミングなど。身体の中のストレスで溜まったエネルギーを発散させましょう。
- （パソコンやスマートフォンなど）画面を見る時間を制限しましょう。インターネットを利用すれば、あなたが安全と感じられる人たちとコンタクトできます。それによって、生活の中でのストレスに対処することも可能でしょう。しかし、あまりにも長い時間画面に向かうことは不健全な逃避にもつながり兼ねません。画面の前に座っているのは気持ちよく安心かもしれませんが、長い目で見るとあまり気分転換にはならないでしょう。

- あなたがすでに大人になっているとして、かつて子ども時代に適応ストレスでつらかったことがありますか。それはあなたにどのように影響しましたか。

第22章　サインと理由

これまで見てきたように、TCK であることはかなりのストレスが伴います。彼らは多くの感情、信念、満たされないニーズを抱え、それが彼らの行動に影響していることがよくあります。私は､子どもは決して楽しいからそのような行動をするのではない、と強く思っています。外に現れる彼らの行動がどのようであれ、その背後には必ず何らかの理由があります。子どもはその行動を通して、自分がどのように感じ、何を必要としているかを伝えようとしています。でも、私たちは多くの場合、その行動をやめさせようとするだけで、長続きしないことが多いのです。本当の問題の解決を見つけるためには、その背後にある理由を探っていかなければなりません。

ニンジンのことを例に挙げましょう。ニンジン畑を歩くと、私たちには緑色の葉が見えるだけです。ニンジンそのものを見つけるためには土を掘らなければなりません。人の行動もニンジンの緑の葉の部分と似ており、それを見ることはできても、それは私たちが本当に捜し求めているものではありません。でもその土を掘り始めると、探し求めているもの、すなわち行動の現れの背後にある理由を見出すことができます。それこそが子どもたちが真に必要としているものなのです。それを知るために掘る道具として最良のものは､「なぜ？」と自問することです。「なぜこの子はこのような行動をするのだろう？」と。よく分からなければいろいろと推測してみます。もしかしたら、子どもが何かそのヒントをくれるかもしれません。でも多くの場合、子ども自身もよく分からないのです。

考えられる理由（「なぜなら…だからかもしれない」）がいくつか見つかったら、「その行動が現れたとき、子どもはどんな気持ちなのだろう」と自問自答してみましょう。子どもの感情はどうなっているのだろうか。彼女は身体で何を感じ取っているのだろうか。それを知ることで、彼女も私たちも、何が彼女のうちに起こっているのかを理解する助けになるだろうか。彼女は自分の感情についてどう感じているだろうか。このような状況の中で、彼女は自分自身、ほかの人々、周りの世界について何を考え、何を信じているのだろうか。彼女は何を強く願い、何を恐れているのだろうか。私たちが感じていることや信じていることは、私たちの行動に影響を与えます。

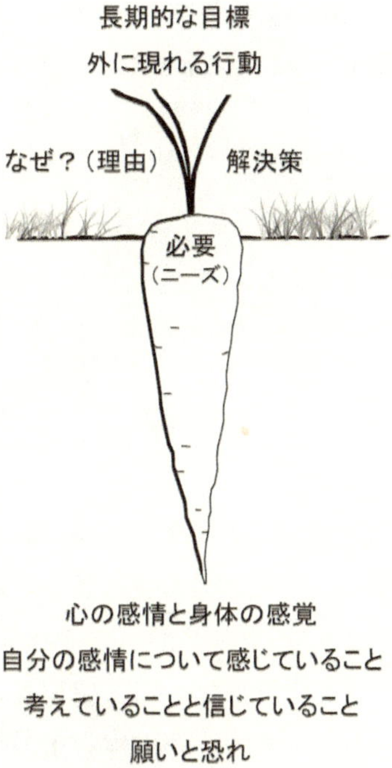

図 22.1　長期的な目標

子どもが何を感じ、何を信じているのかをより正しく理解できると、子どもの必要（ニーズ）がより明確になるでしょう。ここまで来れば、私たちは解決策にぐっと近づくことになります。子どもが感じ、信じ、願っていることは何なのかを知ることで、子どもの必要を満たすために何をすべきか理解できます。そして、その子の必要が満たされれば、きっと問題行動は止むでしょう。

最善の解決策を見つけるために、自分自身に問いかけてみるのが良いでしょう。「親としての長期的な目標は何だろう」と。「私たちが子どもに与えたいものは何なのか」。「私たちは、子どもが何を学び、生涯何を持ち続けてほしいと願っているのか」。このような長期的目標を持つことによって、最善の解決策を見出すことができます。

この「ニンジン」モデルは、私が数年前に開発した問題解決法ですが、実際あらゆる場面で使うことができます。これを使うことで、新しい解決策を見出しながら、自分の人生を力強く歩むことができます。

【まとめ】

TCK であることはストレスが伴い、様々な反応や行動を引き起こす可能性があります。親は、TCK としての子どもの生活に何が起こっているのかを理解し、子どもが自分でそのストレスに対処できるようにサポートすることが重要です。そのための一つの方法としては、親が子どもの満たされていないニーズを探るのに役立つ「ニンジン」モデルを使うことです。

【アクティビティ："ニンジン" モデル】

"ニンジン"モデルを使って、あなた自身が持っていると思われる反応や行動の理由やニーズを発見し、また、あなたの家族の誰かのニーズを見つけてみてください。

- なぜ私（私たち、彼、彼女）はこのような反応をするのだろうか。

- 心にどのような感情があり、身体にどのような感覚が生じているだろうか。
- そのような感情についてどう感じているだろうか。
- 何を考え、何を信じているだろうか。
- 何を願い、何を恐れているだろうか。
- どのようなニーズがあるだろうか。そのようなニーズのための解決策は何だろうか。
- それらの解決策は、長期的な目標に沿ったものだろうか。

＊＊＊

【できることを考えよう】

1. 親として
   - 子どもはその行動を通していつも何かを伝えようとしているということを覚えていましょう。
   - 子どもに対して反応する前に、その行動の背後にある理由を見つけましょう。
2. 派遣団体として
   - 親が子どものことで悩んでいる場合は、子どもが何を必要としているのかを理解するために、ペアレント・コーチやファミリー・セラピストを探すためのサポートをしましょう。
3. TCK 自身として
   - 「ニンジン」モデルは、自分自身を理解するためにも、また友人、さらには両親を理解するためにも使えます。
   - 幼少期を振り返ったとき、親に何かを伝えるためにとった行動らしきものが何かありますか。あなたは今、そのことについて親と話すことができますか。

- あなたには今、あるメッセージを親に伝えるためにしている振る舞いや行動が、何かありますか。それを親が受け止め、理解するためにはどうしたらよいでしょうか。

第23章　感受性の強い人

ほかの人よりも感受性の強い人がいます。私たちは、音、視覚、感情、匂い、触覚など、外から入ってくるあらゆるものに敏感になることがあります。また、自分の身体内部で起こっていることにも敏感になることがあります。そのように感じやすい人にとって、新しい環境に移って来ることは大変なストレスとなります。なぜなら、その人の脳は新しく受け取る感覚をすべて分類して処理しようとするからです。また、このような人は、ほかの人の感情を深刻に受け止めてしまうことがしばしばあります。家族が移動する時は、一人ひとりが皆とても感情的になるかもしれません。そのような場合、感受性が強い子ども（どの家族にもそのような子が少なくとも一人はいる）が、家族全員のそれぞれの感情に対処しようとして非常なストレスを感じることがあります。

優れた才能を持った人もいます。主として、物事を別の視点から見ることのできる人たちという意味です。彼らは、より広い視野を持ち、新しい方法で知識を組み合わせていきます。多くの場合、彼らは複雑な事柄を易しく説明することが得意です。このような特徴を持つ性格の人は、強い感受性も合わせ持っていることが多々あります。強い感受性も優れた才能も、危険を察知したり、新しい重要な知識を創り出したりするのに役立つ性格的特性のように思われます。しかしながら、私が今まで見て来たところでは、このような性格的特性を持つ多くの人々にとって、ノマド（頻繁に移動する）生活は大きなストレスとなっているようです。彼らはほかの人々よりもはるかに多くのことを見たり感じたりするので、それらを処理していく必要があるからです。

感受性の強い子どもは、家族全員に起こっていることを生き写しにして行動する家族の一人と言えるかもしれません。その子は「問題児」のように見られることがあります。しかし、その子がしようとしていることは、家族全員のストレスや感情をケアするよう促すことで、家族の皆を助けようとしているのです。家族がゆっくりとした時間を過ごし､処理（プロセス）する時間を持ち、新しい場所でのライフスタイルを現実的なものにするための手助けをしようとします。こうした努力はほとんどの場合、非常に無意識のうちに行われています。しかし、もし親が、感受性の強い子が何を表現し、何を伝えようとしているかに気づくなら、家族のストレスを減らし、お互いの、そして新しい場所への帰属意識を高めることができます。

強い感受性と優れた才能ということについてさらに詳しく学びたい方は、High Sensitivity Personality (HSP), and Giftedness について調べることをお勧めします。

【まとめ】

適応ストレスに関してもう一つ考慮すべきことは、大人でも子どもでも感受性の強い人がいるという事実です。このような性質を持つ彼らは、移行期にはより傷つき易くなります。親がそれを意識することで、彼らは自分のライフスタイルを調整し、未知のものすべてから身を守り、新しい印象や感情を処理するための時間とスペースを持つことができます。

【アクティビティ：私の身体の感覚】

身体の感覚を意識することで、自分がストレスを感じ始めるタイミングが分かり易くなります。

- 紙にジンジャー・ブレッドマン / ウーマン（訳注：人の体形をした生姜スパイス入りクッキー）の形を描くか、大きな紙に等身大の体の絵を描きます。
- ストレスを感じ始めたとき、体のどこに何を感じるかを記入します。異なる感覚ごとに違う色を塗ってもいいです。
- ストレスに対処し自分自身をケアするために、それがどんな感覚なのか、その感覚が現れたらどうすればいいか話してみてください。何らかの形で身体を動かす必要を感じることがあるかもしれません。または、どこかに隠れていたいと感じるかもしれません。ある時には、ほかの人とのつながりを持ちたいという必要を感じるかもしれません。

＊＊＊

【できることを考えよう】

1. 親として
   - 家族の中で、感受性が強い人、または優れた才能を持っている人、またはその両方を合わせ持っている人がいるかどうか振り返ってみましょう。
   - その人に必要なものは何だと思いますか。その人は、他の家族に、自分自身を大切にする方法について、どのようなことを教えてくれていると思いますか。

2. 派遣団体として

- 大人でも子どもでも、感受性が強い人、または優れた才能を持っている人、またはその両方を合わせ持っている人がいるという事実を心に留めておきましょう。また、それが彼らの適応プロセスにどのように影響するか、注意して見ていましょう。

3. TCK 自身として

- もしあなたが、自分は感受性が強く、または優れた才能を持っていると感じるなら、そのことについてさらに深く調べ、自分にはどのような必要があるかについても学んでみましょう。自分が枯渇してしまうのではなく、その才能が生かされるためには、（ほかの人の助けも受けながら）どのように自分のライフスタイルを変えていくことができるか、考えてみましょう。

第24章　代価

地球上を移動して回ることについては、大人の場合と子どもの場合とでは大きな違いがあります。たいていの大人は自分で決断して移動します。ある場合には、何かの大きな圧力によってそうすることもありますが、それでも大人は、その代価（コスト）を計算しながら、やはり出発することがベストの選択だろうという結論を出します。しかし、子どもは代価を考えることはしません。第一に、子どもにはそういったことを考えることができません。子どもの能力では、ほかにどんな選択肢があって、将来に向けてどんな計画を立てていくかなどと見通して考えることはまったく不可能です。第二に、子どもはそういったことについて親から尋ねられることさえありません。理由が何であれ親は「とにかく今は移動する時だ」と決断し、子どもはただついて行くしかないのです。

広い視野で考えることのできない子どもたちにとって、「さあ、引っ越す時が来たよ」と告げられるのは、かなりつらいものです。今の生活のことは分かっていても、次に来る生活がどうなるかについてはまったく分からないのです。（中には、冒険好きで引っ越しを楽しみにしている子どももたまにいます。あるいは、2、3年毎に引っ越しを繰り返し、すっかりそのパターンを体得している子どももいます。そういった子どもはかえって引っ越しをしないと、身体がむずむずしたりします。）しかし、たいていの子どもは、引っ越しなどせずに今の場所にもっと住んでいたい、と感じるものです。

移動（引っ越し）には常に代価と喪失が伴うことを忘れてはなりません。確かに多くの場合、それによって得られる良いこともあります。しかし、大人でさえそれを前もって知るのは難しいことです。まして子どもはそんなことが分かるはずがありません。子どもにとっての代価と喪失は、大人の場合とは大きな違いがあります。ペットの犬とお別れしなければならない。あるいは、来年は大好きな先生と会えなくなる。それは子どもには決して小さなことではありません。親は大きな決断をする前には、子どもが背負うことになる代価もあわせて考えることが重要です。子どもが経験する代価と喪失を、真剣に受け止める必要があります。

【まとめ】

移動する時は、必ず何かを失っていきます。それに伴う代価が常にあります。子どもはその代価を前もって計算することはできません。また、どのような計算をしたら良いかも分かりません。それは親の責任です。親は子どもの必要や心配事に関して敏感になる必要があります。

【アクティビティ：三つの椅子】

家族あるいはグループで代価について語り合う際に、あまりプレッシャーにならない方法として、「三つの椅子」を使って行なうアクティビティがあります。

- 三つの椅子を、互いに背が向かい合う形で、座る部分が花びらのように外に開くように置きます。
- それぞれの椅子は、「良いこと」、「悪いこと」、「望むこと/変えたいこと」を意味するものとします。
- 次に質問を一つ決めます。質問のテーマはいろいろ考えられますが、例えば移行期を通過中の家族の場合、「新しくここにやって来たことについてどう感じますか」という質問などが良いでしょう。
- さて、全員が三つの椅子に向かって行き、一回につきどれか一つの椅子を選んで座り、自分の思っていることを話します。例えば、「良いこと」の椅子に座った人は、自分が発見した何か良いことについて話します。
- 全員がもとに戻り、再びやって来てどれかの椅子に座ります。これを何度か繰り返してどれかの椅子に座ります。同じ一つの椅子に何度も座ってもいいし、またこれを繰り返しながら三つの椅子全部に座ることもできます。また、そばに立ったまま、椅子に座って話す人の話をじっと聞いていてもいいです。
- これを続けて、全員が終わるまでは互いに質問したり、議論したりしてはいけません。全員終わった後で、誰かが話したことについてさらに詳しく話し合ってみてもいいでしょう。

このようなアクティビティを通して互いの話に耳を傾けながら、親は子どもがどのような代価を払っているかについて知ることができます。また、子どもがどのようなサポートを必要としているか、あるいは、子どもにとってその代価があまりにも大きすぎないか、確かめることができます。

＊＊＊

【できることを考えよう】

1. 親として
   - まもなく家族で引っ越すことについて、どのような代価と喪失を経験すると予想されるか、みんなでじっくり話し合いましょう。または、前回の引っ越しのときにどのような代価と喪失を経験したかについて語り合いましょう。皆が話すことを互いに注意深く聞きましょう。そして、それぞれにとっての代価と喪失はどのようなものか、よく理解しましょう。
2. 派遣団体として
   - 親の働きを実現するために子どもはその代価を払っているということをしっかり認識しましょう。その代価をできるだけ小さくするためにはどうしたらいいか、また、その家族と子どもたちが代価と喪失を経験していく過程において、団体としてどのようにサポートしていけるか考えましょう。
3. TCK 自身として
   - 今現在、あなたは何らかの代価を払っていると思いますか。そのことについて親と話したことがありますか。
   - あなたがすでに大人である場合、過去においてあなたは、どのような代価を払ったと思いますか。そのことについて親と話してみましょう。もしかしたら親はそのことに今もまったく気づいていないかもしれません。過去に起きたことは変えられません。しかし、それをはっきり知ること自体が、悲しみをきちんとプロセス（消化）していくことにつながっていきます。さらにはそれによって、自分が得てきた良いものについてもより明確に知ることになるかもしれません。

第25章　落ち着いた生活のスケジュール

移行期及び新しい地での生活を始める際、それが安定したものとなる最適な方法の一つは、生活のスケジュールを作ることです。それは、家族みんなが適切な睡眠とリラックスした時間、十分な食事と運動の時間を持てるような、一日のスケジュールのことです。これらは健康的な生活を送るために、欠くことのできない基本的な要素です。それを、以前の生活とほぼ同じようなスケジュールにすることができれば、心に安定感がもたらされます。

一日のスケジュールを作ることによって、いつ、だれが、何をするのかが明確になります。また、一週間のスケジュールも作り、そこには毎週のイベントなども加えていきます。例えば、家族団らんの夜、家族で出掛ける時、友だちと過ごす時間、買い物など。一日のスケジュールにおいては、学校や仕事の時間、家族の中での役割を実行する時間だけでなく、自分自身の健康のためにリラックスして過ごす時間も加えるべきです。

ダニエル・シーゲルは、私たちの脳の成長のために必要とされるいくつかのことを明示しています。[1]

- 「一人だけの時間」：自分の内側で起こっていることに思いを向け、自分自身と交わる時。
- 「睡眠の時間」：必要な睡眠時間とは、大人は7～9時間。ティーンは9～10時間。児童は10～11時間。それよ

1　Daniel Siegel, 2014.

り下の子は 11 ～ 12 時間。

- 「集中する時間」：（コンピューターやスマートフォンなどの画面を見て過ごすことではなく）あることに夢中になる時間。楽しい活動や創造的なアクティビティに集中する時。
- 「休止の時間」：まったく何もしない時。人から何も頼まれてはいけない。ただ自分がしたいと感じる事だけをする時。
- 「お楽しみの時間」：楽しいことをする時間。何かを探究したり、創造したり、ただ楽しく時間を過ごすこと。
- 「運動の時間」：健康のために身体を動かす時。これは外に出掛ける時に合わせて行なってもよい。
- 「人と交わる時間」：家族や友人と一緒に過ごす時。

これらのことは毎日必要です。学校においても仕事においても、私たちがたくましく成長するためにはこれらのことが求められます。そして移行期においても必要です。親は家族としてこのような時間を作る責任があります。上記にあるように、シーゲル氏は画面を見て時間を過ごすことは勧めていません。多くの研究結果からますます明らかになっているように、画面を見て過ごすことは人間の脳にストレスをもたらします。インターネットは、世界中の友人たちとのコンタクトを保つための素晴らしい手段であり、TCK たちにとっては救いの手でもあります。しかし一方で、もし一日のほとんどの時間を画面の前に座って過ごしているのであれば、それはわざわいにもなり兼ねません。

多くの児童・生徒（ティーン）は毎日たくさんの宿題があることを、私たちは知っています。またその中の（英語を母語としない）多くの子たちは、学校での学習に加えて、家庭で話している言葉の学習もしなければなりません。親は、子どもがあまりにも多くの宿題が課せられることのないように気をつける必要があります。子どもは、休む時間、遊ぶ時間、そして何よりも十分な睡眠時間を必要としています。もし子どもが宿題が多すぎて、そのような時間を持つことができないのであれば、親は学校の担任教師や校長・副校長などと直接相談するべきです。児童・生徒（ティーン）は、勉強する時間は一日のうち、宿題の時間も併せて8時間を超えないようにしなければなりません（小学生であれば6時間以内にすべきであると私は提案します）。そして週末は宿題を無しにすべきです。子どもでも大人でも、バーン・アウト（燃え尽き）、心配症、うつ病などに陥る危険性を軽減するためにも、このような生活上のルールは極めて重要です。

【まとめ】

新しい土地に移動して来た時、毎日のスケジュールを設定することで、生活が落ち着きます。また、そうすることで以前の生活からの連続性がもたらされ、情緒的にも身体的にも健全な状態を維持できます。

【アクティビティ：スケジュールを作る】

家族みんなで毎日のスケジュール、そして毎週のスケジュールを作りましょう。それによって、みんながある程度先のことを見通せるようになります。スケジュールの中には、なすべき事だけではなく、休む時や人とゆっくり過ごす時など余暇の時間も、きちんと入れるようにしましょう。

＊＊＊

【できることを考えよう】

1. 親として
   - 健康的で実行可能な、生活のスケジュールを作りましょう。
   - あなた自身がそのスケジュールに沿って生活し、自らの健康維持に努めましょう。あなたが親としてその模範を示します。

2. 派遣団体として
   - 健康的な生活のためにスケジュールを作ることを勧め、それが実行できるように励ましましょう。

3. TCK 自身として
   - 毎日のスケジュールの中に加える必要があると思うものがもしあれば、それについて親と話しましょう。スケジュールにしたがって生活することは楽しくない、と感じることがありますが、実際には、スケジュールがあることで、生活の中により楽しい時間のスペースがさらにもたらされるものです。
   - もしあなたがすでに大人であれば、子ども時代の生活スケジュールについて振り返ってみましょう（決まったスケジュールがなかったという場合もあるかもしれません）。それが、今のあなたにどのような影響をもたらしていると思いますか。それによって受けた影響を、今自分で何とか変えたいと思いますか。今あなたは自分の健康を維持していくために、どのような生活スケジュールを必要としていますか。

VI.
悲しみと喜び

第26章　悲しむこと

悲しみは、TCKが生涯を通して味わう感情の一つです。何度も何度も、彼は愛するもの、慣れ親しんだものを捨てて行かなければなりません。何度も何度も、さよならを言わなければなりません。何度も何度も人が去って行くのを見ます。友人たちの多くは元々世界中から来ていたので、もう再び会うことはほとんどないかもしれません。TCKの人生は悲しみの人生です。しかし同時に、それは豊かな人生とも言えます。喜びがあったからこそ、悲しみがあるのです。素晴らしいギフトがあったからこそ、喪失を経験するのです。

喪失したものを悲しむことはとても大切です。それが見えるものであっても、見えないものであっても同じです。上手にその地を去って行くためには、しっかり悲しむ必要があります。以下のようなことが助けになるでしょう。

- 失ったもの（こと）を明確にし、それに名前をつける。
- 失ったもの（こと）を嘆き悲しむ。
- 失ったという事実を受け入れる。
- 締めくくりを見つける。
- 人生の次のステージに進む。

悲しむことは、終わりのない旅路のように感じることがあります。乗り越えられたと思ったのに、またしても悲しみが押し寄せてくることがあります。悲しみとは、まるで何層にも折り重なっている皮のようです。そのイメージは次の詩の中でみごとに表現されています。

悲しみは、タマネギに似ている
ひと皮むいても、また次の皮が現れてくる
もうすべてむき終わったかなと思っても、まだある
タマネギと同じで、泣いてしまうことがある。
また、思いがけない時に思いがけない場所で、いやな臭いが漂うこともある。

デボラ・カーセィザー　ATCK（大人のTCK）[1]

悲しみは、思いがけない時に、思いがけない場所で湧き出てきます。この現実が、私たちに悲しみに対する恐れを抱かせます。悲しみに押し潰されてしまうのではないかと感じ、避けようとします。それが自分を支配し、コントロールし、二度と喜ぶことができなくなることを恐れます。しかし、悲しみを押し込めれば押し込めるほど、それは私に対してもっと力を増します。悲しみは恐れの場合と同じです。それを追いやろうとすればするほど、それはもっと強くなるのです。

悲しみが恐怖と同じように感じられるなんて、誰も教えてくれなかった。

C．S．ルイス

唯一の解決法は悲しみと友だちになることです。悲しみは、私

1　許可を得て掲載

の人生の美しさを思い出させようとしてやってくる友だちです。私の心が痛むのは、失ったものの悲しみが、私の中に大きな穴を掘ってしまうからです。私たちはその穴を何か別のもので埋めようとしがちです。しかし、そうしたからといって、そこに「美」も「猷」も見出すことはありません。時として悲しみは恐ろしいものです。必要なことはそれを誰かと共に分かち合うことです。自分一人で悲しみに対処することはできません。悲しみを誰かとシェアするとき、それ自体が美しい経験となっていくのです。

私たちは悲しみにスペースを与える必要があります。悲しみを受け入れなければなりません。悲しむことは時間の要するプロセスです。その表し方は人によって大きな違いがあることも知っているべきです。そう、たしかに泣く人もいるでしょう。悲しさを別の方法で表わす人もいます。怒りを覚え、疲労に襲われるかもしれません。ひきこもる人もいます。食べられなくなる、あるいは過食になることもあります。子どもであれば暴れたり、突然かんしゃくを起こしたりすることもあるでしょう。

悲しみのためのスペースを設けないと、悲しみが自分の中にいつまでも留まってしまいます。そうなると、何年もの間、自分の日常生活、つまり身体機能、健康状態、人間関係、仕事の質や量にまでも様々な影響を及ぼし続けるかもしれません。

私たちは時々「悲しみのプロセス」について語ります。それは、エリザベス・キューブラー＝ロス（Elisabeth Kübler-Ross）によって提唱された概念で、悲しみのプロセスには以下の五つのステージがあると言われています。

- 「ショックと否認」　それについてはもう考えたくないと思う。

- 「怒り」 または恐怖、心痛、罪責感などの激しい感情。怒りは身体にエネルギーや力の感覚を与えてくれるものだが、そこに留まってしまうことのないように、前に進むことが大切である。
- 「取引」 こうすれば状況を変えられたかもしれない、そうすれば悲しみを避けられたかもしれない、と考えるようになる。
- 「抑うつ」 虚しさに襲われ、引きこもるようになる。一歩も前に進めなくなる。
- 「受容」 ありのままを受け入れる。好きというわけではない。しかし、それと共存する方法を見つける。その経験を自分の人生のストーリーに編み込んでいく。そして、ある種の希望が感じられるようになる。

あらゆるプロセスがそうであるように、私たちはこれらのステージの間をしばしば飛び越えたり、行ったり来たりするものです。TCK は、ある場所から繰り返し何度も引き抜かれたり、切り離されたりするので、悲しみのプロセスのどこかのステージにずっと留まったままでいることがあります。

子どもは多くの場合、「縞（しま）模様」のような悲しみ方をします。どういう意味かというと、彼らはしばらくの間とても悲しんでいますが、次の瞬間には外に走って行き、遊び始め、笑い、楽しくしています。その直後に再び悲しみに沈みます。悲しみのモードだけに長く留まっている力がないかのようです。彼らはしばらくの間、悲しむのを休みたいのです。そうすることで、再び悲しみのプロセスを続けていくことができるのです。これはとても賢いことです。私たち大人はよく知っている必要があります。

悲しみとは去ってはまたやって来るものだということを。

ある場所から別の場所に移動するとき、以前の移動で経験した未解決のままの悲しみが引き金になって出て来ることがあります。ある子どもは、小さな金魚とお別れすることになった時、ずっと泣き続けていました。前の引っ越しの時に、大好きだった犬とお別れしなければならなかった時のことを思い出したのです。悲しみは、今その時にきちんと取り扱われることがとても大切です。そのようにして、悲しみが山積みされていくことのないようにしなければなりません。

「全世界を失ってしまった」という感情を、他の全てにまさって最も良く表現している一つの言葉があります。ポルトガル語の「サウダージ（saudade）」という言葉です。それは、二度と戻ってこない、もとには戻らない何かへの絶え間ない願望（哀愁）を表します。多くの人々は、自分が最もくつろげる場所には二度と戻ることがないとはっきり認識しています。現実的にそれを受け入れています。しかし、そこにはサウダージという感情がまったくないのではありません。ほとんどのTCKは、自分の願望を言葉にすることがなかなかできません。彼らは、自分が育ってきた国の人間では本来ないことを自覚しながらも、そこが自分の故郷（ホーム）であることを証しするつながりや感情を持っています。彼らがそのような思いを人に語ろうとすると、聞いた人は目を丸くして彼をのぞき込みます。でも、そのような気持ちを雄弁に語っているのがサウダージという言葉なのです。私たちTCKの記憶は、実際に目で見たもの、耳で聞いたもの、鼻で嗅いだものによって形成されています。でも、そういったものは、今となっては短い旅行、映画やテレビなどでしか体験することができません。TCKがかつてその土地で肌身をもって経験した多くのことは、もうすべて別の世界のものなのです。それゆえに、私たちのサウダージの思いは決して消えることがないのです。

【まとめ】

人は喪失を悲しまなければなりません。悲しみの表現は人によって様々です。悲しむのにはスペースと時間が必要です。

【アクティビティ：マジック・トラック】

頻繁な移動を繰り返してきた子どもたちには、タイムライン（20章のアクティビティ）に付け加える形で、マジック・トラックで旅をするのがとても良い助けになります。マジック・トラックには、今まで住んだことのある場所の、人々、ペット、場所、臭い、景色、音などどんなものでも失って悲しかったものをトラックに積むことができます。

- 大きな紙の上に一台のトラックの絵を大きく描きます。その中に、今まで住んだ場所のどんなものでも、失って悲しかったものの名前や絵を描きます。
- マジック・トラックを自分のタイムラインの図のそれぞれの場所を順に通過させたり、または一つの場所にしばらく駐車させたりすることができます。
- 自分が失って悲しかったものについて皆に話し、その気持ちをシェアします。
- 次にもう一度、タイムラインの上で自分のマジック・トラックを走らせます。でも今度は、そこに置いてきて良かった、ほっとしたと思うものの絵や名前をトラックの外側に描きます。例えば、街の通りにいた猛犬、嫌なクラスメイト、故障ばかりしていた車などです。

マジック・トラックのアクティビティをしながら家族皆が一緒に旅することで、それぞれがどんなものを失って悲しかったかを知ることができます。このようにして皆で共に感謝したり、悲しんだりすることは、家族にとって良いことです。ここで最も大切なことは、かつて失って悲しかったものをもう一度取り戻したり、キープしたりすることではありません。むしろ、どのようなものを失って悲しかったのか、それを皆が互いに言葉にしてシェアすることです。そうして、私たちは人生の次のページに進むことがでるのです。

＊＊＊

【できることを考えよう】

1. 親として

- 移動に際して、親は、どんなものを失うことが子どもにとっては重大なことなのかをよく見極め、理解しましょう。親が考えていることとは違うかもしれません。
- 持って行くことのできないものをはっきり伝えます。そのことについて話します。その時、子どもからの返答がすぐに来ることを期待してはいけません。むしろ、こう言ってみましょう。「犬の○○を一緒に連れて行くことができないのは、あなたにとって本当に悲しいことと思うわ。」このように、あなたが子どもの様子を見て気づいたことを、まず言います。そして、しばらくそのことについて考える時間とスペースを子どもに与えます。もし、あなたの考えていたことが正しかったら、おそらく子どもはしばらく後に、あなたのところに再びやって来て、そのことについてもっと話すことでしょう。

- 子どもがどんなふうに悲しんでいるか、よく見ていましょう。子どもの行動の変化、癇癪、いつもと違った振る舞いなどがあれば、それは悲しみのサインかもしれません。その場合に必要なことは叱ることではなく、聞いて、理解することです。
- 親であるあなた自身も悲しいと思っていることを子どもにも話しましょう。そうすることで、子どもが「自分も悲しんでいいのだ」と分かるのです。
- あなた自身もまた悲しんでいることを認め、それをどのように表したらいいか考えましょう。悲しみにどう向き合っていくか、子どもに良い模範を示しましょう。それは、まず子どもにも悲しむためのスペースを与え、見守ることです。

2. 派遣団体として
    - 親たちと家族一人ひとりが、どのようなものを喪失することになるかについて、あらかじめ親と話し合っておきましょう。悲しみのためのスペースと時間を与えましょう。
3. TCK 自身として
    - あなたはどのように悲しみますか。泣きますか。怒りますか。引きこもりますか。行動において何かが変わるとか、その他どのようなことがあると思いますか。

- あなたが今まで喪失したものを振り返ってみましょう。その一つひとつについて悲しむ方法を見つけましょう。
- それらを悲しむために、あなたは何を必要としていますか。
- 過去に経験した喪失は、現在のあなたにどのような影響を及ぼしていますか。

第 27 章　隠れた喪失

TCK が経験する数々の喪失は、人生においてけっして小さなことではありません。TCK が移動するとき、ふつうそれは道の向こう側まで渡るのとは違います。文字通り、そして比喩的な意味でも、大海を越えて行くのです。そのとき、彼の人生と世界がすべて変わります。多くの場合、すべてのものを失います。例えば、住んでいた家（家具や家財も含む）、友人、休暇の訪問地、大切な食器など。次に行く場所では彼の運転免許証もおそらく使えません。気候も変わります。言葉が変わることで自分のアイデンティティの一部が失われ、自分の気持ちを人に伝えることも容易でなくなります。学校のシステムが変わることは大きなストレスとなります。前の学校で取得した単位も役に立たず、成績が落ちていくこともあります。普段どんな服を着るかということや、学校の服装ルールも違ってくるので、自分の好みの服やスタイルも変えなくてはならないかもしれません。今まで乗っていた自転車やバイクも持って行けない。新しい土地では、今まで楽しんでいた趣味や活動はもうできないかもしれません。友人たちとのつながりやサポートも得られなくなります。そして、最悪なのは多くの隠れた喪失が伴うということです。

隠れた喪失とは、目には見えないけれど自分のアイデンティティ全体に影響を及ぼすもののことを言います。例えば、

- 地位や立場を失う

- 自分の「鏡」を失う（後述参照）
- 自尊心を失う
- 自分一人でできること（コントロール）を失う
- 安心感を失う
- 自分で決められる自由を失う
- 違った人生を歩んでいる人々とのつながりを失う

私たちは隠れた喪失にすぐに気づくことはめったにありません。それは、旅立つ飛行機の中でそれを失って―少なくとも意識的に―嘆き悲しむようなものではありません。それは時が経つうちにしだいに心の内に忍び寄ってきます。そして引っ越し後、3、4ヵ月するとそれを意識するようになります。例えばこのような時です。かつて自分はサッカーチームのトップ・プレーヤーだったのに、今はどこのポジションにもつけないと気づいた時。自分は以前のクラスとは違って、もうトップの成績ではないと分かった時。前のように自分のジョークを聞いて笑ってくれる人がいなくて、エンターテイナーとしてどうやって生きていけば良いのか分からない時。道で出会っても誰もほほ笑みかけてくれない時。隣の家に行ってボール遊びすることもできない時。サインの文字がよく読めなくて、バスを三度も乗り間違えてしまった時。自分の言葉のアクセントのことで人に笑われてしまった時。そのアクセントとは、自分が前の場所に住み始めたとき、人から笑われないように一生懸命練習して、やっとマスターできたものだったのに。この町では私が通えるバレエ教室がないと分かった時。夕方暗くなったら車で迎えに来てもらわなければならない時。前の場所とはちがい夜は危険なので、一人で自転車に乗って町の中を走ることができないから。このような時、自分が隠れた喪失に捕えられていることに気づくのです。これは本人にとってかなりつらいことです。というのは、他の人はまったくそれに気づかないからです。自分でも普段あまり気づかないからです。にもかかわらず、これは自分の人格の核心部を襲ってくるからです。

最もつらいことの一つは、「鏡（ミラー）」を失うことです。ここで「鏡」とは、自分の周囲にいる人たちのことを指します。彼らは私にとって鏡のような存在です。私が微笑むと、微笑み返してくれます。私のことをどう思っているか、顔の表情やボディ・ランゲージ（身体言語）で伝えてくれます。それは私のアイデンティティ形成のための一役を担っています。特に子どもにとっては、鏡はとても重要な意味を持っています。友だちや大人の顔の表情を通して、受け入れられる行為とそうでない行為、また、自分のどういうところが好かれ、どういうところが好かれていないかを、見分けることができます。自分のことを知り、愛してくれている鏡に囲まれていると、私は自分が理解され、安全であると感じることができます。たとえ自分が彼らに注意されることがあったとしても、です。彼らはしばらく前から私のことも私のストーリーも知っているので、私は自分の心を開くことができます。

しかし、私が新しい土地に移り住むと、私にとっての新しい鏡である彼らは、私のことを知りません。私が発するサインも理解できないかもしれません。それをその人が勝手に解釈したり、誤解したりするかもしれないのです。反対に、私自身も彼らに対して同じことをしているかもしれません。私が何か誤ったことをしてしまった時、彼らが私にサインを送って気づかせようとしても、彼らのボディ・ランゲージが分からない私には、それが理解できません。「何か私、間違ったことをしたかな」と感じることがあっても、それが何かはよく分かりません。ただ、そう感じるだけです。こうして、鏡から私が受け取れるものは「あなたがしたことは間違っている」ということだけです。私の心は不安になってきます。以前住んでいたところで持っていた鏡からの安心感は失われました。それが私に、健全で確かなセルフ・イメージや自尊心を育ててくれていたのですが。

これらの隠れた喪失はTCKのアイデンティティに大きな影響をもたらします。もっともこのようなことは、大人であっても異なる文化の間を行き来する際には起こります。しかし大人の場合には、もうすでに一つの文化の中で自分のアイデンティティの核心部分は形成済みですから、新しい土地に移り住んで初めはいろいろ困惑することはあるかもしれませんが、おそらく安定したセルフ・イメージや健全な自尊心は失われることはないでしょう。しかし子どもの場合は違います。子どもはまだアイデンティティの形成期の真っ只中にあります。彼らのうちにある隠れた喪失というものがきちんと理解され、悲しみに正しく向き合い、処理していかない限り、それは彼らの歩みにおいて長い期間—そして生涯にわたり—影響をもたらすかもしれません。

【まとめ】

隠れた喪失とは、私たちには目には見えなくとも、心の内に確かに感じているものです。そのことについてあまり話さないので、それに気づいていないかもしれません。しかし、それは私たちTCKの人生に大きな影響をもたらし、しかも長期に及ぶことがあります。

【アクティビティ：私の隠れた喪失】

家族で時間を取って、隠れた喪失について話し合いましょう。どのようなものがありますか。また、それは自分たちにどんな影響を及ぼしているでしょうか。

- 全員が一人ずつ、自分の身体だけで表現して見せます。つまり、ジェスチャーを用いて自分の隠れた喪失を表わしてみます。
- 他の人たちはそれを見て、その人にとっての隠れた喪失とは何かを皆で推測し、話し合います。
- その隠れた喪失について、悲しみをどのようにプロセスできるか皆で話し合います。さらには、そのような悲しみの中にあっても何か新しいことを発見できないか話し合います。

＊＊＊

【できることを考えよう】

1. 親として

- 隠れた喪失があることを理解しましょう。子どもがそれに気づくように助けましょう。その一つは、「バブル」言葉を投げかけるという方法です（訳注：9 章参照）。例えば、「チームの中でなかなか上手くやっていけなくて、きっと大変じゃないかしら」と言います。ただ、親のあなたに見えたことや感じたことを言葉にして投げかけます。子どもからの答えを期待する必要はありません。子どものそばを通り過ぎる時や、何か別の仕事をしている途中、そのような言葉を何気なく投げかけます。そうすれば、子どもはどうしても何か答えなければならないというプレッシャーを感じなくてすみます。そのような言葉をかけることで、親のあなたが子どもに関心を持ち、愛しているよという気持ちが伝わります。しばらく後で、その子が話したい気持ちになったとき、あなたのところにやって来て、そのことについて話し始めることでしょう。

2. 派遣団体として

- ある家族の親や子どもが、隠れた喪失でつらい思いをしている可能性があることを意識していましょう。そういったことについて彼らと話してみてもいいでしょう。彼らの隠れた喪失が少しでも軽減されるように、彼らの仕事や置かれた状況のなかで、団体として何かサポートできることがないか考えましょう。

3. TCK 自身として

- あなたには隠れた喪失がありますか。
- もしあなたが大人の TCK であれば、子ども時代に経験した隠れた喪失とはどのようなものでしたか。
- あなたはどのようにして、その隠れた喪失による悲しみをプロセスしていますか。
- 隠れた喪失による心の空洞を、もし何か新しいものによって包み満たしていくことができるとすれば、それはどのように可能でしょうか。

第28章　大切な品物

私たちは、自分の持っている物が人生の中でどんなに大切なものであるかを認めたくないことがあります。でも、そういった物を私たちは必ずいくらか持っているのであり、それは当然です。そのことは認めなくてはなりません。多くのTCKは、自分が本当に持って来たかった物を、スーツケースに余裕がなくて一緒に持ってこれなかったという経験をしています。お気に入りのおもちゃを置いていかなければならなかった。たくさんの石のコレクションや動物のぬいぐるみを誰かにあげていかなければならなかった。これから引っ越して行く土地は気候が違うからというので、大好きだった服を持って行けなかった。安全な場所にしまっておかなかったために、あるいは船便に入れてしまったために、大事な物を失くしてしまったということを多くの家族がしばしば経験しています。緊急脱出だったので荷物をまとめる時間がなかったということもあります。また、きっと再び戻って来ると思って発ったのに、結局それは叶わなかったというケースもあります。引っ越しするたびに無くなってしまう物があります。移動を前に物を整理したり、セールに出したりするのも疲れ果ててしまい、最後には結局捨てていってしまうのです。

「持ち物」は自分の人生のストーリーの一部でもあります。私たちは、どうしても手離すことができない物があるものです。それらは、自分のアイデンティティの一部であり、自分がどこから来たのかを証しするものであり、どのような出来事を通ってきたのか、どのような人たちと共に生活して来たのか、そういったことを思い出させてくれる大切な品々だからです。それが具体的にどういった物であるかは人によって異なります。

もしそれが、どうしてもそこに置いていかなければならない物であるなら、それにふさわしいお別れの仕方をすべきです。私には４歳頃の写真があります。ナニー(子守をする人)も一緒に写っています。お人形のベッドを手に持って、お友だちの家にお出かけする時の写真です。私はそのお人形ベッドを、結局手離していかなければならなかったのですが、それがどんなに悲しかったか、今でもはっきり覚えています。とても可愛い小さなベッドでした。パパが私のために作ってくれました。蚊帳をセットするスタンドまでついていました。それはとても悲しい出来事でしたが、それでも私は喜んでそれをお友だちにプレゼントすることができました。私がお友だちにそれを手渡すところをパパは写真に残してくれました。今でもその写真は私にとってとても大切なものになっています。もしどうしてもある物を手離して行かなければならなかったとしても、少なくこともそれを写真に残しておくならば、それはきっと大いに役立つことでしょう。

自分の今までの人生の、異なる時代、異なる場所の品々を大切にとっておくことはとても素晴らしいことです。自分はいったい何者なのかということを視覚的に思い出させてくれるからです。私の家の中にはミュージック・コーナーという空間があります。そこには世界中から集めたいろいろな楽器が飾ってあります。その場にしばらくいると、「私はグローバル（地球規模）」、「私はミックス（混合物）」ということを繰り返し思い出し、幸せな気持ちになるのです。

私は親たちに、もし可能であれば、子どもが持って行きたいという物は持って行かせてあげてくださいと奨励しています。特別な思い出のある品々を持って行くことによって、次の土地での新しい生活に安定感がもたらされます。それは、私たちがさまざまな場所で経験した豊かさを思い起こさせるものであり、そのままの自分であることと喜びを感じることができます。前に慣れ親しんだものを次の場所に持っていくと、それが一つの場所から別の場所への橋渡しをしてくれるのです。

【まとめ】

大切な品物というものが誰にでもあります。それは決してヘンなことではありません。それは、かつて出会った人々や場所、人生の出来事や転換期を思い出させてくれます。喜びをもたらしてくれることもあります。他の人にとっては取るに足らない物が、自分にはかけがえのない価値をもった物である場合があります。それらは自分にとって貴重な品物です。移動の際にそのような物を持って行くことができれば、それは、次の新しい地での生活に落ち着きを見出すための大きな支えになります。過去と現在の双方にまたがる自分の心をつないでくれる物となるからです。

【アクティビティ：私の貴重品箱】

- すてきな箱を一つ用意します。一人一箱ずつ、または家族全体で一箱でも良い。

- 自分にとって大切な物、かけがえのない大切な品々を中に入れていきます。
- 今はもう無くなった物、あるいは、大きすぎて箱に入らない物の場合は、その絵やイラストを描く、または写真に撮るなどして中に入れておきます。
- あなたが世界のどこに移り住んでも、その箱はいつもあなたについて行く大切な箱となります。

＊＊＊

【できることを考えよう】

1. 親として
   - あなたの子どもが大切にしている品物について敏感でいましょう。可能な限り、子どもが持って行きたいという物は持っていかせましょう。そのためにも引っ越しの具体的な方法をよく検討しましょう。
   - 「子どもにとってこれは大事だ」と、親としてあなたが感じる物があるならば、移動の際にはそれを忘れずに持って行きましょう。子どもはその時は分からなくても、後になって「あれはどこにあるの」と尋ねることがあります。
2. 派遣団体として
   - 家族が移動する際には、自分が大切にしている物も親は忘れずに一緒に持って行ってくれると子どもたちが感じられるように、必要な引っ越しの予算を確保しましょう。
   - 家族の一人ひとりが自分の貴重品箱を作っておくことを、親たちに提案しましょう。

3. TCK 自身として

- あなたの大切な品物には、どのようなものがあります（ありました）か。
- あなたが親と一緒に住んでいる場合、それらの品物が自分にとってどんなに大切な物であるか、また次に引っ越しする際には、それらを一緒に持っていくことがどんなに大切かを、親に伝えることができますか。
- もしあなたがそうしたいと思うなら、自分が大切にしている物を入れておく箱や引き出しを作っておきましょう。
- あなたは大切だと思っているけれど、実際持って行くことはできないという物がありますか。それを写真に撮っておくことはできますか。また、過去にそのような物がありましたか。その写真はまだどこかに残っていますか。
- それがあなたにとって「大切な品物」であると思うなら、それはどうしてですか。

第29章　さよならと感謝のお祝い

TCKの人生はいつも「さよなら」の繰り返しです。自分がそこを去っていくか、あるいは友だちが去っていくか、必ずどちらかがやってきます。ほとんどの場合、TCKは多国籍コミュニティの中で生活しています。したがって、世界中の国々からの人たちと友だちになりますが、彼らは結局はやがて世界中に散って行くのです。

もう今までのように生活を共にすることができない、その日がいよいよ近づいて来たとき、「さよなら」とはっきり言うことはとても大切です。今日、世界中どこにいても「ネット空間」で簡単に会うことができる時代になり、「じゃあまたスナップチャットでね」などと言ったりします。しかし、ネット上での人間関係は、毎日顔と顔を合わせて生活をしているのとはけっして同じにはなりません。たとえ「またネットで会えるね」とは言っても、やはりその時まで日常的に持っていた親密な関係には、はっきりとお別れをしなければならないのです。そのような別れを良い仕方でする必要があります。良い別れの方法なんてあるのでしょうか。そうです。確かにあります。次のような仕方でお別れをすることです。今まで互いに培ってきた良い関係を共に喜び感謝し祝い、互いの存在をそのまま認め合い、互いに祝福をもってお別れすることです。

子どもたちがこのような良いお別れができるためには、助けが必要です。子どもたちにとって、もう二度と会うことができない、あるいは少なくともしばらくの間は会えないということが現実に何を意味するのか、それを理解することはなかなか難しいものです。子どもたちが良いお別れができるためには、前もって助けを差し伸べることが必要です。もし大人がちょっとした準備をするなら、互いにどのような仕方で「さよなら」をしたいか、そのための素敵なアイデアを子どもたちは思いつくものです。さよならをする時、子どもたちの心は激しく揺れ動き、真剣そのものです。私は今まで、たくさんの感動的なお別れをする子どもたちを見てきました。と同時に、さよならを言うチャンスもなく、ただあっけなく行ってしまった、そのような子どもたちも見てきました。そのような別れ方をしたことが、子ども自身にも、残された友だちにも、その後どんなに深い影響を及ぼしたかを私は見てきました。最後の締めくくりがきちんとなされないとき、その子にとって次のステップに向かっていくことはとても難しいものとなります。

締めくくりには驚くべき力があります。さよならをしっかり告げ、良い締めくくりをすることによって、次に行った先の人々や新しい友だちを、心に喜んで迎え入れるスペースができるのです。もし良い締めくくりの機会を逸してしまうと、自分の心は「古いもの」からなかなか離れられず、新しいものを受け入れる場所がないのです。きちんと締めくくりをするということは、以前の友人のことはすべて忘れるということでは全くありません。むしろその反対とも言えます。かつての友人たちを自分の心のある場所にきちんと収めておくことで、次の新しい友だちのためのスペースを設けることができるのです。

私は下の娘のストーリーをシェアすることがよくあります。彼女が 12 歳の時、引っ越しは本当に大変でした。娘は何としても友だちと別れたくなかったのです。その友だちは、娘が幼稚園の時からいつもずっと一緒に遊んできた仲良しグループでした。でも、親としては娘を引っ張ってでも連れて行かなくてはなりません。娘は嫌がりました。友だちも同じでした。旅立ちの日まであと２ヵ月になった時、お別れの行事が始まりました。娘と友だちはほとんど毎晩集まり皆で泣きました。娘の友だちは、幼い頃からのたくさんの思い出の写真をかき集めて、一つのパワーポイントを完成しました。そして学校の最終日に、全校集会でそれを上映して見せたのです。最後の旅立ちの日の朝６時頃、娘の友だちがバスのところに皆でやってきました。皆、大泣きしました。その時、私はまるで世界中で一番悪い母親になったような気持ちでした。

それから一週間後、引っ越して来た場所にある新しい学校に、娘が始めて登校する日の朝が来ました。校門を恐る恐る入っていく娘に、私は手を振って「行ってらっしゃい」と見送りました。その日の午後、私は車で娘を迎えに行きました。でも、娘の姿が見えません。上の娘に「あの娘はどこにいるの」と聞きました。すると「妹は友だちと一緒にアイスクリームを食べに行っちゃった」と答えました。私はびっくりして聞きました。「友だちって、だれのこと？」それから20分すると、下の娘がたくさんの友だちと一緒に、キャッキャと笑いながらやって来ました。そして、新しく友だちになった子たちを一人ずつ私に紹介し始めました。娘はキラキラ輝いていました。皆とても感じの良い子たちでした。私はその時、分かったのです。一週間前に大泣きしたことで、娘は新しい友だちを迎え入れる心のスペースがすっかり整えられていました。転校してきた最初の日、彼女の心はもう準備ができていたのです。娘は自分をためらわず歓迎してくれたたくさんの新しい友だちに囲まれて、幸せいっぱいでした。

お別れが必要なのは友だちだけではありません。ペットとのお別れもまた大切です。それは決して容易ではなく、痛みが伴います。多くの子どもはペットと親密な関係を持っています。子どもが大変な経験をした時、犬やネコだけは自分の気持ちを分かってくれる、と思っていることがあります。一緒に連れていけないペットを最後にどうするかについて決める時は、可能な限り子どもの言うことにも耳を傾け、良いお別れができる機会を設けましょう。同じように、住んでいた家に関しても良いお別れをすべきでしょう。その家屋は家族にとっての一つの故郷（ふるさと、ホーム）となっているからです。良いお別れの一つの方法として、例えば、家の周囲を歩いて回り、それぞれの部屋の写真を撮っておくことです。また、引っ越し作業がすべて終わる前に、スペシャル・ディナーの時を持ちましょう。家での最後の食事の時に親しい友人たちを招くのも良いでしょう。家だけでなく家族で使っていた車もまた、子どもにとっては自分を守ってくれたシンボルであり、それにも良いお別れをすることが大切です。私たち家族が前回持っていた車を売った際には、次の所有者が引き取りに来る前に、子どもたちと私は朝一緒に車の中に座って歌を歌い、クラクションを鳴らしました。写真も撮りました。その車は私たちの感謝の気持ちにきっと満足していたことでしょう！

お別れはできる限り、「手作り」で行なうことが重要です。それによって、心が少しずつ整理（プロセス）されていくからです。お別れの中には感謝のお祝いもその一部に含まれているべきです。私たちが誰か（あるいは、何か）とお別れする時は、自分たちにとってその人（もの）の存在が本当に大きな祝福であった、だからこそ別れが悲しいのです。これこそがまさにお葬式の意味するところです。過ぎし日々を感謝し祝い、お別れし、喪失を悲しむのです。私たちは、自分のすべてであった世界を後にして旅立って行く時には、お葬式のセレモニーが必要なのです。

偽葬式

葬式はなかった
花もなかった
儀式もなかった
だれも死んでいない
すすり泣きも号泣もなかった
ただボクの心のなかで起こったことだから
「そんなこと、できない…」
でも、そうするしかなかった
だれもボクがいやだったことに気づいていない
「行きたくない…」
それを言ったのはボクだけ
自分を落ちつかせ
スーツケースを持って
飛行機に乗り込んだ
葬式はなかった[1]

アレックス＝グラハム・ジェームズ

【まとめ】

もし互いに良いお別れをして、過ぎし日を共に喜び祝う時を持てるならば、悲しみをもっと表現し易く

1　許可を得て掲載

することができます。私たちは別れに際して、セレモニーと感謝のお祝い、儀式とパーティーが必要なのです。

【アクティビティ：お別れのセレモニー】

良いお別れのセレモニーをしましょう。次にやって来るお別れのための備えをしましょう。以前に経験したお別れに関して、その時喜び感謝し祝うことをしていなかったのであれば、今からでもそのためのセレモニーの時を持ちましょう。

＊＊＊

【できることを考えよう】

1. 親として

- 今まで子どもが大切にしてきた物や人々の写真を、すべて撮っておきましょう。その地での生活の思い出として一冊の本を作りましょう。
- ペットとのお別れをどうするかについて計画を立てましょう。
- 大切な人々や場所に対してもきちんとお別れをしましょう。警備員、ドライバー、よく行ったレストランのスタッフなど、あまりよく知らない人でもいつも会っていた人々に対しても、忘れずにお別れの挨拶をしましょう。よく遊んだ広場、そこに植わっていた木、レストランなどいろいろな場所にもお別れします。これらの人々や場所とのお別れのセレモニーをしましょう。
- 感謝のお祝いのパーティーを計画しましょう。子どもたちも巻き込んで一緒に計画を立てましょう。

2. 派遣団体として
- ある家族が任地を去る際には、家族全員が良いお別れができるように、十分な時間を親に提供しましょう。最善の方法としては、彼らの引っ越し作業と人々とのお別れのために、出発前の一ヵ月間は特別に取り分けましょう。同様に、次の任地に着いた後も、生活が落ち着くまで一ヵ月は確保しましょう。

3. TCK 自身として
- あなたが最も好きなお別れの方法とは、どのようなものですか。
- あなたに移動の時期が近づいて来ているのであれば、人々やペット、特定の場所や持っていた物などにお別れを言うためのプランを作りましょう。
- あなたは過去において、自分がきちんとお別れをしてこなかったと思われる人々やペット、場所や物が何かありますか。そのことに関して今どのようなことができるでしょうか。

VII.

心身の発達と長期目標

第30章　優しい目

すべての子どもにとって一番大切なことは、人が優しい目で自分を見てくれているということです。子どもは他人の目に自分の姿を映し出します。他の人の目や顔の表情を通して伝わってくるものを、その子は自分自身に関するメッセージとして受け取ります。

TCKは、しばしば人から当惑の目で見られることがあります。「あの子はあんな肌の色をしているのに、どうしてあんなアクセントで話すのか」、「どうしてあの子の立ち振る舞いは、他の子たちと同じ様ではないのか」、「礼儀正しくするということがどういうことなのか、どうしてあの子は分からないのか」。周囲の人たちは、その子を奇異な目で見たり、時に困惑したりすることもあります。また、その子が普通の子と違った反応をするのを見て、怖がってしまうことさえあります。

自分を優しい目で見てくれる人とは、自分のことをよく知っている人です。幼い頃からずっと自分を知ってくれている人たち。優しく受け入れて、自分がどうして時々そんな振る舞いをするかも、よく理解してくれる人たちです。ところがTCKの場合、そのような人たちはごくわずかしかいません。TCKの人生においては、周囲の人たちは行ったり来たり、絶えず入れ替わっています。お行儀よく、周りの人たちと上手にやっているときだけ、その子は優しい目で見てもらえます。でも、そのようなことはあまり多くはなく、ごく限られた場合しかありません。こういった中で、優しい目で子どもたちを見守る親たちこそが重要な役割を担っています。しかし、移動の最中は親もまた疲れきっており、目がいらいらしていることがよくあります。

前にも述べたように人は皆、欠かすことのできない「必要」が四つあります（訳注８章)。「愛」これはおもに、どこかに自分の居場所があるという確かな帰属感を持っていることです。そして「喜び」、「自由」、「生きる力」です。優しい目をもって見てくれる人たちは、そうすることで相手に帰属感（居場所)、喜び、自由、生きる力を与えてくれます。さてこれから続く各章において、頻繁な移動が子どもの発達過程にどのような影響を与えるかということ、及び長期的目標の重要性について触れながら、上記で述べた四つの「必要」についてさらに焦点を絞って見ていきます。

【まとめ】

人々が自分をどのように見ているかということは、自分のアイデンティティに影響を及ぼします。優しい目で見てくれる人の存在が私たちには必要です。それによって私たちは自分のうちに価値を見出し、所属感を持つことができます。自分が愛され、大切にされていると感じます。しかし、一般的にTCKたちは皆、人から奇異な目で見られるという共通した傾向を持っています。

【アクティビティ：私の愛と喜び】

ラブ・タンクとストレス・タンクについてはすでに語ってきま

した（19章）。もう少し深くラブ・タンクについて考えてみましょう。愛されていると感じるためには、自分には居場所があると感じる必要があります。愛と喜びはいつも一緒にやってきます。愛されていると感じられる関係の中にこそ喜びを感じるからです。喜びは主として人間関係によって築かれます。また、外に出て自然に触れたり、身体を動かしたり、開放感を味わったり、何かを創作したり、美味しいものを食べたり、良い音楽を楽しんだり、良書を読んだりすることによっても、喜びを感じます。私たちの人生に喜びをもたらしてくれるものには、いろいろなものがあります。

- しばらくの時間、あなたがどのくらい愛と喜びを感じているかについて振り返ってみましょう。あなたが今立っている床か地面の上に、0～10までの印をつけ、10段階評価をします。
- 自分がどのくらいの愛と喜びを感じているか、その地点に立ってみましょう。
- 自分に愛と喜びをもたらしているものは何かについて、お互いにシェアしてください。どうすればさらに多くの愛と喜びを得ることができるかについても、話し合ってみましょう。
- もう一つ別のやり方としては、五つの椅子を一列に並べて、0～5までの5段階評価をします。
- もしあなたの愛と喜びに対する評価が下から2番目であったとしたら、それより上の三つの椅子を取り払います。
- しばらくの間、何があなたに愛と喜びを増し加えてくれるかについて思い巡らします。何か一つ思いついたら、そのつど取り払われた椅子を一つ元に戻します。椅子を持ち上げたり、移動させたりする作業を通して、あなたは自分が必要としている感覚と記憶を、身体に呼び起すことができます。

＊＊＊

【できることを考えよう】

1. 親として
    - 時々、鏡の前に立ってみましょう。自分の顔や目が子どもにどのように見えていると思いますか。優しい目で子どもを見ることができていますか。
    - 自分の子に対して周りの大人たちも、意識して優しい目で見てくれるように励ますことができますか。
    - 子どもを優しい目で見る親となれるように、あなたはどのような自分へのケアができると思いますか。
    - 子どもの生活に喜びが増し加わるように、親としてどのような役目を担うことができますか。
2. 派遣団体として
    - 親が子どもに対して優しい眼差しで見ることができるように、親もまた日常生活において自分自身のケアができる十分なゆとり（スペース）が必要です。そのためのサポートを怠らないようにしましょう。
    - ある家族と会って話す時には、親にも子どもにも優しい目を持って接するように心掛けましょう。
3. TCK 自身として

- 今まであなたに対して注がれてきた人々の目は、あなたにどのようなことを語ってきましたか。
- あなたを優しい目で見てくれる人たちの中で、より多くの時間を過ごすことができますか。
- あなたは目を合わせたくない人がいますか。もし愛と喜びを持ってあなたに接しようとしない人がいた場合、あなたはそのことについて安心して話せる大人の人が誰かいますか。
- あなたがすでに大人である場合、過去において優しい目であなたを見てくれた人たちを覚えていますか。その時あなたはどのような気持ちでしたか。

第31章　自立

子どもの成長過程においては、自立をめざして次のレベルに大きく踏み出す時期がいくつかあります。子どもが2歳頃になると、「いやだ（ノー）」と言い始めます。6歳頃になると、家族の枠から少しずつ抜け出して生活するようになります。そして、読む能力がついてくるにしたがって、自分で情報を得ることができるようになります。10歳から13歳になると、脳の発達に伴い、物事の理由を考えたり、パターンを見つけたり、論理的な説明が理解できるようになります。さらに、世界がどんなに広大なものか、悪いことが何とたくさんあることか、といったことにも気づき始めます。18歳頃になると、親の安全な巣の中から、自ら飛び立っていく準備を始めます。そして、以上の各段階の入口に近づく頃、子どもは親にまとわりついて離れなかったり、不機嫌になったり、不安定になったりすることがよくあります。そしてある意味で、親子関係を新たに築き直していきたいと思うようになります。子どもが自立に向けて「大きなステップ」を踏み出すときは、いわば親からたくさんのエネルギーを吸い取っていくのです。

もし子どもが安心を感じられないと、自立と（親からの）自由に向かって上記の各ステップに取り組んでいくことができません。その場合、多くの子どもは生活が安定し、落ち着くまでじっと待っています。両親が離婚騒動のさ中にあるとき、子どもは、その問題が落ち着き、自立に向かって自ら次のステップに進めるようになるまで、無意識のうちに、ただ待って過ごします。実は

TCKに関しても同じことが言えます。移動の真っ只中にある間は、彼らは次のステップに向かって進んで行くことが難しくなります。TCKは、新しい土地での生活が落ち着くまで待っています。ある子どもは、新しい場所への移動とそこでの生活適応のためだけに集中せざるを得ず、忍耐しながら過ごします。その時期、ある子どもは「今のこれは何か変だ」と感じ、同時に「もっと自由になりたい」とも思います。しかし、それも不可能だと気づくと、どうして良いかまったく分からなくなり、様々な違った仕方で対処しようとします。移動が頻繁に繰り返されると、子どもは「自然な成長・発達」の過程を遂げて行くことが本当に困難になります。自然な成長・発達と、新しい地での生活適応のプロセスの両方を、同時に取り組むためのエネルギーを持った子どもが、稀にはいるかもしれません。しかし、ほとんどの子どもにとって、それは「もうダメだ」と感じる、圧倒されるような状況なのです。

移動と同じ時期に併せて、自立と自由に向かって取り組んでいくことが決して容易ではないのには、もう一つ別の理由もあります。子どもにとって移行期は、親や家族の者たちによってもたらされる安全な環境を、何にも増して必要としている時期だからです。そのような移行期と同時に子どもが自立に向けて取り組んでいくことなど、どうして可能でしょうか。私は、22歳頃まで、あるいはもっと後まで、自立に真剣に取り組まないままで来た多くのTCKを見てきました。自立のために必要な時間がなかったのです。

子どもが両親から離れて生活している（学校の寮、または親戚に預けられている）場合は、さらに複雑になります。両親がすでに離れて遠くに行ってしまった子どもに対して、「親から自立していくように」と促すことなど、どうしてできるでしょうか。もうその子はすでに親元から引き離されているのです。子どもは、親との強固で安全なつながりの中でこそ、自立と自由に向かって踏み出して行くことができるのです。まずは子どもの必要を満たすことが先決なのです。

子どもが自立に向かって取り組んで行くことはとても重要なプロセスです。なぜなら、それなくしては、子どもが成長して再び親のところに戻って来たとき、互いに対等な大人同士の関係を持つことができないからです。TCKの親の中には、すでに大人になった我が子との関係において、何かしら距離を感じている人たちが多くいます。これは、その子どもの自立に向かう取り組みが、まったくなかったことの結果かもしれません。一方、しっかりとした親密な関係を持っている家族も多くあります。家族以外にはシェアできないライフ・ストーリーを皆で共有しているからです。また、別のケースとしては、親から離れて自立する取り組みをすることなく、親との親密な関係を続けていける子どももいます。それは、その家族全員の中でお互いにはっきりしたバウンダリー（境界線）がすでにできている、そのような家族に多く見られます。しかしある意味において、非常に親密な家族関係の中にある子どもは、やはり自由を自分のものとするために、敢えて自ら親から離れていく努力をすべきかもしれません。ただ、それは子どもにとっても親にとっても、非常に難しいことがあります。子どもが自立していくべき時期になったとき、自分と親しい関係にある人が家族以外には誰もいないという場合があるからです。このような理由も含めて、親は自分の子どもが家族以外にも安全と思える人たちとの関係をしっかり築いていけるように、励ましていくことが大切です。

移動の時期が近づき、家族の次のプランを立てる際には、成長過程にある子どもたちをどこに住まわせるかについて、できる限り慎重に考えることが大切です。子どもが多くいる家族では、何が最善かを決めることは簡単ではないかもしれません。子どもたちそれぞれの成長段階に応じて、ニーズが異なることがあるからです。しかし、ここで最も重要なことは、成長過程にある子どもたちをどこで生活させるかということがその移行期すべてに大きく影響するということを、よく知っておくことです。

【まとめ】

子どもたちは成長過程のいくつかの期間、一歩一歩自立に向かうプロセスに取り組んでいきます。これを達成していくために、子どもには心の安定が必要とされます。移行期においては、不安定な心の状態がしばらく続くため、子どもの自立に向かうプロセスは一時休止となります。

【アクティビティ：私の自由】

あなたの子ども（またはあなた自身）はどのくらい自立に向かって取り組んでいるか、どのくらい（親から）自由になっているかについて、しばらく振り返ってみましょう。

- 10段階評価のために、あなたが今立っている床か地面に0～10までの印をつけます。
- あなたはどのくらい自由があると感じていますか。0～10までのうち、その点数の場所に立ってください。どのようなことによって自分は自由だと感じることができますか。お互いにシェアしてみましょう。また、もっと自由を感じられるための手立てとして、どのようなことが考えられますか。

- もう一つ別のやり方としては、五つの椅子を一列に並べて、自由に関して０～５までの５段階評価をします。
- もしあなたの評価が下から２番目であったとしたら、それより上の三つの椅子を取り払います。
- しばらくの間、何があなたの自由を増し加えてくれるかについて思い巡らします。何か一つ思いついたら、そのつど取り払われた椅子を一つ元に戻します。椅子を持ち上げたり、移動させたりする作業を通して、あなたは自分が必要としている感覚と記憶を、身体に呼び起すことができます。

＊＊＊

【できることを考えよう】

1. 親として

- 次の移動が近づいた時、子どもがその自然な成長過程において、今どのような段階にあるか、気をつけて見ていましょう。子どもは自立に向かって取り組んでいるでしょうか。子どものそのような取り組みを、間近に迫った未知の世界への適応作業と同時に進めていくことができるように、あなたは親としてどのようなサポートが可能でしょうか。
- 子どもが、親であるあなたと他の大人の誰かと、その両方につながりながら、自立に向かって歩んでいかなければならないことを、しっかり認識していましょう。そして、それは子どもにとっても心の揺れ動く時期となり得ることもよく理解していましょう。その上で、あなたは子どもをどのように支えることができますか。

2. 派遣団体として

- ある家族が移動する時期が近づいた時、子どもたちがそれぞれの成長過程のどのような段階にあるかについて、親たちと話し合っておきましょう。それを理解しておくことは、次にいつ、どこに移動して行くかという決断にどのように影響するでしょうか。
- ある家族が次にいつ、どこに移動するかについて考える際には、両親が子どもたちの成長過程を十分考慮して最善の決断をすることができるように、団体側の必要のみに縛られることなく柔軟に対応しましょう。

3. TCK 自身として

- 親から自立していく過程において、あなたは今どのような段階にあると思いますか。その点に関して、あなたは今までそのための時間がなかったので、今こそそれをしなければ、という思いがありますか。
- あなたと親との関係はどのようなものですか。それについて、何らかの方法で変えたいと思っていることが何かありますか。

第32章　コミュニケーション

人が帰属意識（自分の居場所）を持つためには、コミュニケーションが不可欠です。そしてコミュニケーションが可能となるためには、何種類かの言語が必要です。私たちは話し言葉だけでなく、ボディ・ランゲージ（身体言語）を通してもコミュニケーションをとります。ボディ・ランゲージは、話し言葉をマスターするよりもはるかに難しいことがあります。それは多くの場合、わずかな動きで、とらえにくいからです。私は今までのところ、どのような文化圏のボディ・ランゲージやフェイス・ランゲージ（顔の表情を介する言語）を学ぶトレーニングにも参加したことはありません。しかし、私は話し言葉を学ぶ事に関しては何百時間も費やしてきました。

もし私が周りの人々の会話に加わることができないと、私は当惑し、途方に暮れ、孤独を感じることでしょう。そしてその場にそぐわない行動をするかもしれません。子どもは言葉が理解できないと、引きこもるか、行儀が悪かったりします。言葉が分からないと、実にストレスを感じるものです。

子どもは言葉を容易に学んでいくことができるとよく言われています。しかし、私は敢えて言いますがこれは真実ではありません。子どもは簡単に真似ができます。脳が未発達の段階でも、正確な発音やアクセントを難なくマスターすることもあります。しかし、大人には容易にできても子どもの脳ではできないことがあります。それは言語を構造化することです。大人はこの能力があるので、語彙を増やしたり、言語のパターンを素早く見分けたりすることができます。しかし、子どもは異なった方法、つまり聞くことや真似することを通して学びます。そして子どもも、大人が学ぶのと同じくらい多くの時間をかけて懸命に学んでいます。子どもが、ある言語の深い意味や、別の言葉の意味を理解できるようになるまでには、大人よりもはるかに多くの時間を要します。子どもは時に正確なアクセントで話したりするので、見た目以上に言語の意味をよく理解しているのではないかと思われてしまうことがあります。また、子どもが人の話していることが理解できなかったり、自分が感じていることを話せずにもどかしく感じたりしているのに、大人はそのことに全く気づいていないことがあります。

子どもは自分に必要でない言語は学びません。子どもにある言語を無理やり学ばせることは不可能です。子どもは、自分の大切な人と話すために必要だと思えば、そのための言語を学ぶものです。そうでない限りは学びません。ですから、もし子どもにある言語を学ばせたいのであれば、その子にとって大切な人たち、しかもその言語でしか話せない人たちが周りにいるような環境が求められます。もう一つ知っていなければならないことは、子どもは 12 歳を過ぎれば、自分に必要のない言語はほとんど忘れてしまうということです。これは残念なことでもあります。というのも、子どもが近所の子たちと一緒に遊びながら、その国の言葉を学んでいくのは、多くの場合、学齢期前の幼い頃だからです。子どもがもしその言語を必要とする環境の中で続けて生活していく場合には、その言語は忘れずにとどまっていくことでしょう。しかし、そうでなければ、容易に忘れ去られていきます。ただし、もしその子が後になって再びその言語を学び直すことがあれば、それは比較的容易にできるかも知れません。その子の脳が、すでにその言語を使う「回線がつながって」いるからです。

ほとんどのTCKは人から誤解される経験をたくさんしています。不十分な言語能力のために恥ずかしい思いをしたり、孤独を感じたりします。何かを勘違いしたり、自分の気持ちを人に上手く伝えられなかったりもします。こういったことは本人にとってとてもつらい経験となります。

また、自分の気持ちを十分に表現できる、心に響くただ一つの言語をもっていないことに苦労しているTCKが多くいます。たしかに彼らは、学習したり話し合ったりするための「学校用の言語」は持っています。でもそれは、自分の感情について話す時にはしっくりしない言語かもしれません。また、彼らは、自分が感じていることをより正確に表現できる「家族の言語」はあります。しかし、それは家族以外のところで、物事を論理的に考えたり、議論したりするにはあまり有効ではないことがあります。

TCKの中には、両親や祖父母が話している言葉をしっかり学んだことがほとんどないという人が少なからずいます。それによって、家族や親戚、血縁関係にある人たちと疎遠になることがあります。自分の家族の言語を十分に学ぶ機会がなかったので、パスポート国で生活するのが大変というTCKたちもいます。特にアジア圏出身のTCKの中にそのようなケースが多く見られます。そういった国々の言語は読み書きができるレベルに達するまでには、かなりの練習が必要です。インターナショナル・スクールではそのような学びの機会は提供されていません。したがって、家族の言葉をあまり習得していないTCKは、学習活動においても仕事においてもいつか排除される可能性があります。

両親が話している言語（母語）の学びは、その他の言語（外国語）を学ぶためには非常に重要になります。親が子どもと話すときには、自分が第一言語とみなしている言葉を用いることがとても大切です。親と子どもは、自分の心に響く言葉で互いにコミュニケーションしなければいけません。もし親が、自分ではあまり得意でない言語を使って子どもに話してみても、子どもにはほとんど役に立ちません。子どもが自分の家族の第一言語（母語）をよく理解すればするほど、他言語の習得はもっと容易になります。学校の教師は、学校で使う言語や現地語の向上のためにという理由で、家族の中でも母語は使わないように、などという指導は絶対にしてはいけません。

言語能力を身につけることは、日常生活を送っていくためにも、帰属感を持てる喜びを感じるためにも、最もパワフルな要件の一つです。それはその人のアイデンティティにも深く関係しています。多くの人は、使う言語が変わると、同時にボディ・ランゲージや表情も変わります。どの言語を使うかによって、心の感じ方も変わってきます。長い間使っていなかった言語を再び話せるようになると、心が沸き上がり、開放感を感じるようになります。そのようなわけで、TCK が成長期にどのような言語環境の中で生活するか、そしてまた、現在と将来のために必要な言語の習得をどのように計画的に支えていくか、そういったことを私たちはよく考えておく必要があります。

【まとめ】

人は、話し言葉とボディ・ランゲージの両方を用いてコミュニケーションします。未知の文化の中に入ってきた時、その両方を新たに学ぶ必要があります。コミュニケーション能力は健全な日常生活のために欠かせないものです。それによって人々とつながり、帰属感を持てるようになります。子どもは大人よりも早く言葉を習得できるということは実際にはありません。子どもたちは真似することはできても、統合する能力はまだありません。子どもが家族で話す言葉（母語）を習得していくためのサポートはとても重要です。それと共に、日常生活のため、周囲の人とのつながりのため、学校での学習のために必要な言語の習得のためのサポートも等しく重要です。

【アクティビティ：私の生きる力】

人はコミュニケーション能力を持つことで、生きる力を感じることができます。さて、あなたはどのくらいの生きる力を持っているか、しばらく振り返ってみましょう。

- 10段階評価として、あなたが今立っているフロアか地面に0～10までの印をつけます。
- あなたは生きる力がどのくらいあると感じますか。0～10までのうち、その点数の場所に立ってください。
- どのようなことによって自分にはそのような力があると感じることができますか。お互いにシェアしてみましょう。また、そのような生きる力をさらに増し加えるために、どのような方法が考えられますか。
- もう一つ別のやり方としては、五つの椅子を一列に並べて、

0～5までの5段階評価をします。

- もしあなたの評価が下から2番目であったとしたら、それより上の三つの椅子を取り払います。
- 何が生きる力をあなたに増し加えてくれるか、しばらくの間思い巡らしましょう。何か一つ思いついたら、そのつど取り払われた椅子を一つ元に戻します。椅子を持ち上げたり、移動させたりする作業を通して、あなたは自分が必要としている感覚と記憶を、身体に呼び起すことができます。

＊＊＊

【できることを考えよう】

1. 親として

- 子どもの言語能力の向上のための長期目標を立てましょう。子どもが現在そしていずれ必要とされる言語を習得できるように、必要なサポートを確保しましょう。それと共に、家族で話す言葉（母語）の学習もきちんとできるようにします。
- パスポート国の教育カリキュラムに沿う形で、子どもの母語学習を学校の単位習得科目として設定してもらえるかどうか、学校側と相談してみましょう。
- もしあなたが子どもに母語を学んでほしいと願うならば、子どもに母語で話しかけることをあきらめずに続けましょう。たとえ、子どもが別の言葉で返してきたとしても、それを続けましょう。

2. 派遣団体として

- 子どもが家族の言葉（母語）による学習をしていくという選択肢もあることを知らせ、そのための予算も組んでおくように、親に伝えましょう。そのような母語学習の手段を親が見つけ、入手できる手助けをしましょう。
- 子どもの通っている学校とコンタクトし、その子の母語学習を学校のカリキュラムに組み入れることが可能かどうか、話し合ってみましょう。

3. TCK 自身として

- 自分の言語能力が十分ではないと感じたことがありますか。それがもっと向上するためには、何が必要だと思いますか。
- あなたが複数の言語を上手に使いこなせる場合、次のことについてしばらく考えてみてください。ある言語から別の言語にスイッチした時に、あなたのパーソナリティもまた変化していくことがありますか。もしそうであれば、どのように変わりますか。
- 自分の母語を聞いたり話したりする機会をもっと多くするためにどのような方法が考えられますか。

第33章　学ぶということ

そう、これはすべて脳の働きに関係しています。もしそうでなかったらTCKであるということは大した問題ではないでしょう。でもそれは、言い換えれば、人間の脳がそのように驚くほどの働きをするからこそ、私たちTCKは成長を遂げていくことが可能なのです。

子どもの脳が休むことなく—驚くほど激しくしかも急速に—発達しているという事実をほとんどの大人はよく理解していません。そこには脳の発達に沿った基本パターンがあります。たとえば、ハイハイをするようになってから歩くことができ、「バブー」を言うようになったあとでおしゃべりが始まるのです。人間の赤ちゃんは脳がかなり未発達の状態で生まれます。しかしそれによって、子どもの脳が置かれた環境に適応していくことが可能となるのです。これは驚くべきことです！さてここで考えてみましょう。もしその子が、常に目まぐるしく変化する環境のなかに置かれたとしたら、どういうことが起こるでしょうか。

子どもの「バブー」は、まわりの大人が話している言葉を学び始める最初のステップです。しかし、もしその子が別の言葉が使われている異なる環境に移されて行けば、再び「バブー」から始めなければなりません。もしその子が8歳になって、ましてや33歳にもなって「バブー」と言い出したら、大抵は人から変な目で見られます。子どもがほぼ2歳を過ぎたころからは、「バブー」の言葉は心にしまっておいて、周囲の言葉にじっと耳を傾けながら学んでいきます。

味覚についても同様のことが言えます。私の味覚センサーは、幼いころからの食べ物の味に適応してきています。もし食べたことのない新しい味に出会った時は、味覚センサーがそれに順応するまでしばらくの時間を要します。そのとき、脳はこう言います。「前まではああだったのに、どうして今はこうなったの？」子どもの脳の神経系統は発達期の数年間にまたたく間に張り巡らされます。ある一つのことを達成するために異なる方法を何種類も身に着けられるほど、驚くべき能力を備えています。ただしそうは言っても、そのためには多くのエネルギーを必要とします。

私たちが大人として生きていくために習得すべきことのほとんどすべては、成長期における学習のなかで—賢い大人たちの助けに支えられて—脳のあらゆる適応力を用いて学んで行きます。最も重要な事柄を習得するまでにはだいたい 23 年を要します。脳がほぼ十分な成熟を遂げるのはその年齢に達した頃です。しかし、それまでの期間に、もし私が異なる環境の間を何度も移動を繰り返したとするならば、どういうことが起こるでしょうか。もし私がアフリカのジャングルで育てば、2 歳頃までにはヘビに気をつけるべきことを知っています。でも、車に気をつけることは知らないかもしれません。その後、10 歳になってもし私がパリに引っ越したら、車に気をつけるべきことを学ばなければなりません。でも、それはちょっと恐ろしいことになるかもしれません。私を助けてくれる人が誰もいないかもしれないのです。10 歳にもなれば当然そのくらいのことは分かっていると、周りの誰もが思います。誰かほかの人がその子と一緒に手をつないで、右や左から走ってくる車を指差しながら道路を渡るなどということは、10 歳の子どもはもう普通はしないのです。

まさにこれこそがTCKに繰り返し起こることなのです。その子は、自分が今住んでいる土地の様子についてはすべて完璧に知っています。物事がどのように動いているのか、よく分かっています。話すこともでき、ジョークを言うこともできます。やって良いこととそうでないことも知っています。人のまゆ毛が吊り上がったとき、それが何を意味するか知っています。いろいろな場面でどんな服を着るべきか分かっています。さてその子がどこか別の土地に引っ越したとしましょう。もう10歳にもなっていれば、その子がどのように振舞うべきか分かっているはずと、皆が思っています。その子が自分のパスポート国にやって来た場合は特にそうです。でも、もしその子の脳が、その時までそのような環境下で学習する機会がまったくなかったならば、一体その子はどうやってそういった事を知ることができるでしょうか。もしその子が3歳から9歳まで一度もその地に住んだことがなかったとしたなら、その子の脳は、通常であれば幼い頃にすでに学んだはずの数多くの事を再び、しかもその地で文化的に受け入れられる新たな手法で、学習し直さなければならないのです。

それと同時に、新しい友だちを作ったり、学校までの交通手段をマスターしたり、新しい服を買ったりなど、たくさんのことをしなければなりません。また、その土地はどんなルールで動いているのか、全神経を張り巡らしながら、できる限り素早く察知する必要があります。というのも、周囲の大人はだいたい、その年齢の子だったら当然そういったことはすでに知っているはずだと思うからです。また、もしその人が大人であれば、よその国から新しくやって来た人ということで、何か間違いをしても周囲の人々はある程度大目に見てくれるかもしれません。でも、子どもの場合にはそうとも限らないのです。

これまで見てきたように、一つの文化圏から別の文化圏に子どもが移動するときは、実にたくさんのことを学習し始め、または学習し直さなければなりません。大人にも同様のことが起きますが、そこには大きな違いがあります。子どもはまだ成長過程のただ中にあるということです。言葉のことをひとつ例にとってみましょう。子どもが 1 歳から 2 歳までの間は、その子の脳はそこで話されている言葉を聞き取り、理解し、話し出せるようになるまで、激しく働いています。ところがもし 3 歳になって別の国に引っ越し、地域の保育園に通い始めたとすれば、その子はもう一度、別の新しい言葉を再度、聞き取り、理解し、話し出せるまで、やり直さなければなりません。そして同時に、その地に前から住んでいる 3 歳児たちがやっていること、遊んだり、絵を描いたりなどを一緒に学んでいかなければなりません。このような状況は子どもたちにとってはかなりのストレスとなります。頻繁な移動を繰り返している子どもにとっては特にそうなのです。

別の土地にやって来て新しい環境に適応しようとするとき、子どもによっては通常の自然な発達過程が止まってしまうことがあります。すっかり変わってしまった周囲のすべてのことに適応しようとすることは、非常に多くのエネルギーを要するため、ある子どもは成長が退行する場合もあります。また、発達期にふさわしい環境に置かれていない場合は、普通であれば正常に発達することが、部分的にアンバランスになることがあります。だいたいの子どもは 5 歳か 6 歳になれば自転車に乗れるようになります。しかし、もし子どもが自転車には乗れない環境の土地に 12 歳までずっと住んでいると、その子にとって自転車に乗る機会はまったくないことになります。12 歳になってから自転車を習い始めるのではますます難しくなります。転んでしまったりとか、または親に支えられて練習しているのを人に見られたりするのはとても恥ずかしいからです。

このように子どもが新しい土地に住み始めると、しばしば極度に疲労します。周りの新しいことすべてを理解し、それに順応し、適応しようと絶えず一生懸命になっているので、通常の心身の発達のペースが遅れることもあります。もしその子が「おまる」を使えるようになったとしても、別の土地に引っ越して来た後では再びパンツにお漏らししてしまうかもしれません。台所のお手伝いがある程度できるようになっていた子どもでも、引っ越した後にはそれも全く忘れてしまって、台所で何かとんでもない失敗をしてしまうかもしれません。子どもの脳は本当に忙しく働いているのです。

さらには次のようなことも言えます。子どもが12歳になるまでに経験したことは、その後のアイデンティティの形成にしばしば大きな影響を与えます。その時期に引っ越しを何度も経験していると、後々になってもやはり頻繁な引っ越しの生活をするものです。都会で生活していた子どもは、その後もやはり都会での生活を好むでしょう。友だちを作ることで困難な経験した子どもは、後になってもやはり友だち作りが大変になることがよくあります。しかし、このようなことは絶対に変えることはできないということはありません。もしそれらがていねいに取り扱われていく（プロセスされていく）ならばです。特に、自分自身について思い込んでいること—人生の早い時期に培われて心に深く根を張っている確信—であっても、それを変えることは可能です。「嘘」については後で説明します（訳注：15章も参照）。いずれにしても、そのような誤って信じている事柄に自らしっかり気付き、ていねいに取り扱う（プロセスする）機会をもつならば、必ずやそれらは変えられ得るのです。

TCKは誰であっても、それまでに学ぶ機会がなかった領域というものが必ず何かあります。習得する時期を逸してしまったとか、その時は学ぶ意欲がなく、後になってもそのための助けも得られなかったという理由かもしれません。子ども時代に学んでいなかったので、人生の後になってから学び直さなければならない「生活上のスキル」というものもあるでしょう。熱帯地域で育った子の場合には、寒い冬にどのような服装をするべきかよく分からず、たとえ寒くても陽が差しているうちは外で過ごすことが大切であることも知らないかもしれません。また、自分の家にお手伝いさんがいる環境で育った子は、洗濯やトイレ清掃の仕方を知らないまま大きくなっていることがあります。

以上述べてきましたが、ここで私が特に強調したいことは、子どもの方が大人よりも環境への順応が容易であるとはいえない、という事実です。これは多くの人が何ら疑うことなく信じているまったくの虚構です。すべてのことを新しく学び適応していかなければならない状況に置かれたとき、子どもは大人同様、いやそれ以上に心身が消耗します。子どもは時に上手に真似することができるので、もうすっかり適応できたように見えることがあります。しかし、子どもが学んだことを自分の内に統合していくという作業はもっと難しいことなのです。実際それは大人の助け無くしてはできないことです。

【まとめ】

子どもが通常の心身の発達と同時に新しい環境への
適応をしようとする時、子どもの脳は忙しく働いています。このとき子どもの心身はとても疲れます。子どもが異なる文化の間を頻繁に移動していると、しばらく不在にしていた期間にその子の脳が学習し損ねたものを、その地に戻った時には再び学び直さなければならない、そのようなことが常に繰り返されます。ある意味で、その子どもは異なる発達過程を並行してたどることになり、その結果、かつて一度も学ぶ機会や時間がなかった領域が生じるのです。

【アクティビティ：私のスキル】

- 以前新しい土地に移動して来た時、そこでの生活に適応する上で学ばなければならなかったことについて、家族皆で語り合いながら一つひとつ挙げてみましょう。
- かつてある土地に住んでいた時、そこで習得したスキルや知識を上手に用いることができた経験があれば、それについて話してみましょう。また、別の土地にいた時のことについても同様に話してみましょう。
- 今住んでいる土地の生活において、自分がさらに上手く適応するために学ばなければならないと感じていることがあれば、それについて一つひとつ挙げてみましょう。

＊＊＊

【できることを考えよう】

1. 親として

- 子どもを上手に導きましょう。次のことを心に留めましょう。もしかしたら、その子の発達過程において、再度やり直さなければならないことがあるかもしれません。また新しい環境に移動して来て今まで機会がなかったために、あらためて学ぶべきことも何かあるかもしれません。
- 子どもにとって、通常の心身の発達と環境適応という二つのことを同時に進めることは非常なエネルギーを要するということを心に留めましょう。それが理由で、子どもがとても疲れやすかったり、意外な行動をしたりするのかもしれません。子どもがリラックスでき、必要なエネルギーを補給できるために、どのような助けが可能でしょうか。その子の生活スケジュールの中で何かを減らすことによって、緊張をほぐし、ゆっくり過ごす時間を持てるようにしましょう。
- 子どもが新しい環境に適応しようとしている時期は、多くのことを期待しないように気をつけましょう。十分な時間を取って待ちましょう。親としていつでも助けられるように心掛けていましょう。

2. 派遣団体として

- ある家族が新しい土地に移動した時には、親は子どもがそこの生活に適応できるために一緒にいて、上手に導く時間が必要であることを理解しましょう。

3. TCK 自身として

- あなたは今生活している所でもっと上手くやっていくために、何か学ばなければならないと感じていることがありますか。または、これから予定している移動先での生活についてはどうですか。その際、あなたはそのようなスキルを学ぶために、誰にサポートを求めることができますか。

- 通常であれば小さい頃に学ぶことができたのに、そのような環境になかったために学ぶ機会を逸してしまった、そのようなことがあなたの今までの人生の中で何かありますか。
- あなたには、小さい頃に学ぶ機会がなかったけれど、今からでも学び直したいことが何かありますか。それはどのようにすれば可能でしょうか。

第34章 スクーリング

学校教育はTCKにとって本当に厄介です。ある教育システムとそこで求められていることは、国によってさまざまに異なるからです。いくつか例を挙げましょう。

- 教師と生徒（児童）との関係には様々な形があります。生徒が教師の名前を呼ぶ際に、ファーストネームで呼ぶ国もあれば、「ミスター」を苗字の前に付けて呼ぶ国もあります。
- ある国々においては、体罰や恥をかかせることが、特に低学年の子どもたちに対して今なお用いられています。
- 教え方も異なっています。ある学校では、反復して暗記することが求められます。別の学校では、小学生のうちからリサーチを行い、学んだことすべてに疑問を投げかけることが期待されます。
- 宿題の量に関してはかなり大きな違いがあります。ある国では宿題は全くありません。特に低学年の児童の場合はそうです。ある国においては、何時間もかかるような宿題が毎日出されます。
- 算数（数学）の教え方は国によって大きく異なっています。別の学校システムに移って来たとき、最も適応しやすい教科は算数だと思う人がいるかもしれません。しかし、ほとんどの生徒は算数が一番大変だと言っています。
- 教えられる内容も国によって違います。歴史と社会科の授業では何に焦点が当てられているかも異なります。ある国では、男女の性に関することがごく幼い頃から教えられています。木工、裁縫、クッキングなどの実技科目は必修となっている国がありますが、そのような授業は選択科目としてさえ提供されてない国もあります。

- 同じ学年で何を学ぶかも、国によって、または学校システムによって異なっています。あるハイスクールでは化学(上級)は10年生で学びますが、別の学校では12年生になるまでは学べません。
- 特別なニーズを持つ子どもたちが多くの支援を受けられる学校もあれば、まったくサポートを受けられない学校もあります。
- ある学校では、生徒たちは良い成績を修めるようにと励まされ、実際いろいろな賞が授与されます。しかし、そのような賞が何も与えられない学校もあります。

上のような違いを知ると、生徒（児童）が別の新しい教育システムに移行していく時には、どんなに大きな困難が伴うかが見えてきます。それには、多くの調整能力、新しい場所で何が必要かを迅速に理解する能力、そして見逃したものに追いつくための高いレベルの学力が生徒に求められます。通常、大人が新しい職業に就く時には、仕事の説明やオリエンテーションの機会が提供されます。しかし、子どもの場合には、新しい学校に移って来たその日からいきなり学習活動に突入させられます。説明を聞く時間など与えられることなく、転校して来たその週にテストを受けさせられたりします。大学（カレッジ）の場合には、外国から来た学生には1、2週間程度のオリエンテーションが提供されます。

しかし、小学５年生が転校して来た時、そのようなものは提供されません。

以上のような点に加えてさらに大変なことは、ほとんどの教師が、学校制度が国や地域によってどれほど異なっているかを知らないということです。子どもの成績があまり良くないと、教師は生徒のせいにします。以前の学校で良くできていた生徒でも、転校して来た学校ではまったく上手くいかないことがあります。新しい学校で何が求められているのか、まだよく分からないからです。そのような場合、子どもは完全に戸惑い、誤解されていると感じ、うつ症状になっていくかもしれません。

多くのTCKは、自分の家族の言葉、つまり大抵その子の両親の言語（母語）を使っていますが、それが使われていない学校に通っています。家族によっては、両親がそれぞれ異なる言語を母語として持っていることがあります。さらには、片方の親が二つの母語を持っていることもあります。ですから、家族の中で一つか二つ、ある場合には三つの種類の言語を使っていることもあります。いずれにしても、家族の中で少なくとも一つの言語を家族の言葉と定めることが大切です。もっとも両親がそれぞれ異なる母語を持っていれば、二言語になるでしょう。さまざまな研究によれば、他の言語の学びができるようになるためには、まず自分の母語が流暢にできなければならないという結果が出ています。これから言えることは、子どもは通常の学校の学習と共に、母語の学びもする必要があるということです。子どもによって、それを独学で行なう子もいるでしょう。オンラインで学ぶこともあります。居住地にある別の学習クラスに出席して学ぶこともあります。自分の通っている学校のカリキュラムの中で学習できるというケースはあまり多くはありません。自分の母語が、まったく異なる種類のアルファベットを用いている言語の場合には、生徒(児童)はその言語の読み書きができる一定程度のレベルに達するまでには、かなりの学習量が必要とされます。ある子どもにとってそれは不可能なこともあります。そういったTCKにとってそれが意味することは、自分の家族の言葉(母語)が決して上手にならない、特に読むことも書くこともできないということになるのです。

子どもの教育に関しては長期計画を立てておくことが必要です。それによって、今現在通っている学校での学習活動のためだけではなく、高校や大学などの、近い将来の学びに備えていくことができます。そのようなプランを立てるためには、学校間の成績移行の方法に関することや、学校や大学へ入るための必要条件などについて、リサーチを行ない、政府の教育機関からの情報を入手しなければなりません。また、もし後で不十分なことが見つかった場合には、どのようにすれば取り戻せるかについても調べておく必要があります。

さてそれでは、実際どのような教育オプションがあるのでしょうか。また、TCKの教育としてできるだけ賢明な選択肢はどういうものがあるでしょうか。それに対する簡単な答えはありません。しかし、いずれにしてもいくつかのオプションを以下に見ていきましょう。

(A) ホームスクーリング

ある国においては、使いやすく優れたホームスクーリングのプログラムが入手可能です。一方、ホームスクーリングは認められておらず、したがってそのためのプログラムがまったくない国もあります。ホームスクーリングは、もし親が楽しんで子どもに教えることができ、しかも子どもも友だちと過ごす時間が少なくなっても大丈夫であれば、良い選択肢と言えるでしょう。また、ホームスクーリングは、子どもが小さい頃から始めれば良い選択となりますが、ほとんどの子どもは年齢が上がるにつれて、ほかの子どもたちとより多くの時間を持つことが必要となります。ホームスクーリングの方法としては、いくつかの家族が一つのグループを作り、協力しながら行います。そこでは、ある科目を子どもたちが一緒に学ぶことができ、親たちもいくつかのクラスを分担して教えられます。両親が仕事に携われるよう、大人の教師が子どもに教える家庭もあります。親が自らホームスクーリングを行なう場合には、少なくともどちらかの親がフルタイムで教えるというコミットメントの自覚が必要です。ホームスクーリングは、それによって家族の絆がいっそう深まることがありますが、逆に家族の中で多くの衝突が生じることもあります。

（B）現地校

子どもが小さい頃であれば、現地校に通わせることも一つのオプションです。それによって、子どもが現地語を学ぶ機会となり、近隣の子どもと友だちになることができます。その学校のカリキュラムや教師の教え方に関しては、その家族の出身国とは非常に異なっているのがほとんどです。そのような違いは子どもに混乱をもたらす可能性があるだけでなく、後に子どもがパスポート国に戻った際にはそこでの学校システムに適応するために、再び「学習し直す」必要が生じるかもしれません。また、現地校の場合には、生徒指導（しつけ）の仕方に関しても、もしそれが出身国とかなり異なる場合には大きな問題となる可能性があります。また、子どもが現地校に通う場合には、親は自分たちで、またはある種の学習プログラムを用いながら、子どもに家族の言語（母語）を教えることも大切になります。さらに重要なことは、子どもがその学校にいて安全を感じているかどうか確かめる必要があります。子どもは、周りの子たちと違っていたり、またそのように見られたりしていることで、あるいは、学校で聞く言葉がよく分からなくて、不安を感じているかもしれません。学校での子どもに対するしつけや扱い方、またさまざまな種類の虐待によっても、子どもが不安に感じることもあります。

（C）インターナショナル・スクール

多くのインターナショナル・スクールは米国式のカリキュラムを採用していますが、そのほかには英国式のカリキュラム、または国際バカロレア・プログラムに準じている学校もあります。さらには、英語以外の言語を使用しているインターナショナル・スクールもあります。インターナショナル・スクールは往々にして、それ自体が島と化し、ホスト国との関係が希薄になります。しかも、米国や英国以外の国からの子どもの必要を必ずしも十分に満たすものではありません。ですから、子どもがパスポート国に戻った際の必要に見合うための科目や資格条件を習得できるように、親は気をつけてチェックすることが大切です。また、家庭で英語以外の言語を使っている子どもは家でもそれを話し、かつ何らかのサポートを得ながらその言語の学びを進めていく必要があります。ほとんどのインターナショナル・スクールは、生徒を米国の大学に進ませることだけを念頭に置いています。したがって、米国以外の出身の生徒には、インターナショナル・スクールは最適の選択肢ではないかもしれません。両親は子どもにとって何が最も良い選択肢であるか、自分で良く調べる必要があります。

(D) 寄宿学校（全寮制学校）

寄宿学校は、ティーンには選択肢の一つかもしれませんが、年齢の低い子どもにはほとんどの場合あまり良い選択肢ではありません。小さな子どもには、そして実はティーンであっても、両親のいる安全な場所が必要なのです。もし子どもが、仲間や大人との健全な交流の機会がほとんどない遠隔地に、多忙な両親と一緒に住むしかない場合には、子どもを寄宿学校に預けることは良い選択肢かもしれません。しかし多くの場合、やはり家族にとって最善の選択は、親子が一緒に居られて、しかも子どもがそこから良い学校に通える、そのような場所に住むことです。もし寄宿学校が唯一の選択肢である場合には、どの大人が子どもにとって安全な人であり、いのちに関わることに直面して不安になった時に助けを求めることのできる大人は誰なのか、それを見分けられるように子どもを導くことが重要です。そしてまた、周囲の仲間たちが我が子にとって安心できる子たちかどうか見極めることも重要です。寄宿学校は、子どもたちの間でいじめや虐待が起きることがあり、安全ではないケースが珍しくないからです。両親はできるだけ頻繁に訪問し、子どもが定期的に親元に帰れるようにする必要があります。

＊＊＊

子どもにどのような教育システムを選択したら良いかを決断することは、TCK の親にとって最も難しいことの一つでしょう。兄弟姉妹の中でもニーズは異なり、また同じ一人の子でも年齢によって変わるかもしれません。親は、一人ひとりの子どもが、学習面でも人間関係の面でもどんな様子でいるか、常に気をつけて見ていることが大切です。場合によっては、途中で変更することが必要かもしれません。親は、子どもが学校生活において、上手くいってないときに発するサインを見逃がさないことが大切です。それは、いつもと違う行動をしたり、不機嫌になったり、自傷行為をすることなどかもしれません。

子どもの宿題（ホームワーク）についても少し話したいと思います。ほとんど学校では、生徒（児童）に実に多くの宿題を出します。従来私たちは、子どもは勉強時間が長ければ長いほど、多くのことを習得できると考えてきました。しかし、最近の脳の研究によれば、学習の向上のためには、子どもは毎日 9 ～ 11 時間の睡眠、最低 1 時間の身体の運動、そして多くの時間親と一緒に過ごすことが必要であるということが明らかになっています。これらを実践することで脳が強化され、学習にも良い効果が現れます。寝ること、運動すること、そして家族一緒に食事をすることが、学習の向上に最も大切な条件であるということが証明されてきました。そしてまた、子どもは遊ぶ時間、何もしない時間、家事を手伝う時間、家族や友だちと過ごす時間が必要です。ある子どもは家族の言葉（母語）を学ぶ時間も必要です。これらの時間を確保するためには、親は子どもを宿題から守る必要があると、私は痛切に思います。子どもは一日のうち 8 時間を越えて長く勉強すべきではありません。子どもは学校でだいたい 7 時間は過ごします。それに登下校の時間を加えれば、それだけでもう 8

〜９時間となります。宿題の時間はもう残っていません。

疲れて帰宅した子どもが宿題をやり始めれば、家庭にいざこざが起きるだけです。もしその家族が引っ越してきたばかりで、そこでの生活適応で疲れ果てているという現実もあわせて考えれば、子どもの宿題のことでみんながイライラするのは容易に想像できます。多くの教師は、自分の出す宿題に子どもがどんなに時間を取られているか、ほとんど気づいていません。親こそがその現実を知っているのですから、私は親が学校側にそのことを伝えるように勧めます。教師も生徒（児童）には十分睡眠をとってほしいと願っています。楽しく学んでほしいと願っています。私の経験から言えば、親が教師に宿題の弊害について知らせたとき、ほとんどの教師は宿題の量をすぐに減らし始め、または宿題をやめることさえ考えてくれます。親はこのような過程を通して、学校の教育活動のあり方にも関与することができます。親は、子どもが自分自身の健康にも気をつけるようにと教える責任があります。そのためにも親は、子どもが睡眠はもちろんのこと、健康のためにゆとりある生活習慣を身につけるように助けることが大切です。そして親もまたそういった健全な模範を自ら示すべきです。

【まとめ】

TCK の生活において教育の問題は大変難しいものの一つです。親は良い教育の選択肢としてどのようなものがあるかを一人ひとりの子どもについて見つけ、その後も数年にわたりその様子をよく見ていくことが重要です。それと併せて、長期的な目標も念頭に置いておくことが大切です。現在のふさわしい教育方法の選択が、パスポート国に戻った後に続く教育を可能とするからです。子どもにとって学習活動は大きなストレスが伴うこともあります。したがって親は、学校から出される宿題のことも含め、学校生活によってもたらされるストレスから子どもを意識的に守る必要があります。

【アクティビティ：学校のタイムライン】

- あなたが今まで通った各学校の絵を順に並べて描き、タイムラインを作ります。
- それぞれのところに校舎の絵、友だちの絵、好きだった先生の絵を描き入れましょう。
- 各学校の箇所に、楽しかったことと楽しくなかったことを、それぞれいくつか書きましょう。
- それぞれの学校で経験したことについて、両親と話してみましょう。
- それぞれ異なる学校での生活、先生たち、クラスの経験があなたにどのような影響をもたらしたか、そして今もなおどのような影響を受けているか、振り返ってみましょう。

* * *

【できることを考えよう】

1. 親として

- 子どもの教育について長期的な目標を立てましょう。将来子どもがパスポート国またはその他の国に移動し、そこでの高校や大学に入学する可能性があることを考慮し、そのために必要とされる授業科目や各種条件を現在通っている学校で習得できるかどうか確認しましょう。

- 一人ひとりの子どもについて、どのような教育システム(学校) が最も適当か、慎重に考えましょう。もし必要であれば途中で変更することも考えます。
- どの種の学校に通うにしても、子どもがそこで安全と感じられるかどうかを確かめましょう。
- 子どもを宿題から守りましょう。
- 子どもが学校でどのように過ごしているか、学習面だけでなく、社会性や成長発達の観点からも注意して見ていましょう。

2. 派遣団体として

- 子どもの教育に関してどのような選択肢があるか、親とよく話し合っておきましょう。各家庭のニーズに十分配慮しつつ、それぞれの子どもにとってのふさわしい教育の選択肢を提供します。そのための学費が予算に組み込まれているかを確かめると共に、家族が子どもの教育方法に関して途中で変更する必要が生じた場合にも、柔軟に対応できる備えをしておきます。
- 家族のそれぞれの子どもの教育状況について、親と連絡を取り続けていきます。パスポート国の同学年の子どもたちに何が期待されているかをよく知っているパスポート国の人と一緒にフォローアップをすることは、親にとっても役立つことでしょう。
- 親が子どもの教育に関して長期的な目標を立てているかど

うか、またそれが現実的なものかどうかを確認します。

- 子どもがいずれパスポート国の学校に進学または就職することが十分可能となるために、母語の学習を行なっているかどうか確かめましょう。
- 新しい土地でのさまざまな学校の選択肢や、パスポート国の教育事情について知識や経験のある人々と会うなどして、家族が適切な決断を下せるための情報を提供します。

3. TCK 自身として

- あなたが今学校で学んでいるならば、学校生活の様子について両親と話しましょう。学校が楽しいですか。安全と感じていますか。親または誰か別の大人があなたをサポートするために何かできることがありますか。
- あなたの将来の教育の計画について両親と話し合いましょう。あなたはどこか別の国に行って学びたいという夢があるかもしれません。その場合には、いずれそこで受ける教育が、後にパスポート国でのさらなる教育や就職の上でも有効であるかどうかよく調べておくことが重要です。
- もしあなたがすでに大人の TCK である場合、あなたは自分より若い TCK やその親のために、何か役立つ知識や経験を持っていますか。

第35章　長期目標

地球上を移動し続けている家族の多くは、長期目標を設定することに難しさを覚えます。長期目標とは、人生の方向性を決めていくコンパス（指針）のようなものです。しばしば彼らはそれを派遣団体に任せます。ノマド生活を始めた家族はもうその日から、ひとつの国に落ち着くことはもはや難しいと感じます。両親自身がTCKとして育ったことによるのかもしれません。そういった場合には長期目標を立てることがますます困難になることがあります。大人のTCKはしばしば、自分が育ったすべての国を含めて、二つか三つの並行した（パラレルな）人生を送りたいと感じています。両親それぞれが異なる国の出身であれば、事情はもっと複雑になるでしょう。ビザの制限、政治状況、世界の経済情勢などが、TCKとその家族の人生にも大きな影響を与えます。しかしそれでも、TCKを持つ親たちが子どもの将来に向けて何らかの長期的な目標を持つことが重要です。

先に見たように、子どもの脳は、自分が今そこにいる環境の中で生き延びるために必要なすべての知識を獲得できるよう、懸命に働いています。したがって親は、子どもが将来大人になったとき、どの国や文化のもとで、どのような生活を送ることになるか、一応考えておく必要があります。その上で、子どもの脳が、その時生きていくために必要なことを、今から学べるようにする必要があります。ここで問題なのは、親は子どもに対する夢だけではなく、現実も見ていかなければならないということです。その現実とは、自分がいつでも戻って行くことができるとはっきり分かっている国とは、自分のパスポート国だけということです。したがって、親として子どものパスポートをしっかり見て、どの国名が書かれているかを確認し、その国で生活するための準備をする必要があります。もし子どもが二つの国のパスポートを持っていて、その両方を保持していくことを考えているのであれば、子どもがどちらの国でも生きていけるように親は備えていくべきでしょう。

私たちは自分のパスポート国とは異なる国に住んでいることがあります。そして、その国を愛し、私たちの子どももまたそこが自分のホームであると感じています。私たちは確かに、子どもたちにその国での生活を準備させることはできます。しかしそれは決して、パスポートの国での生活の準備を犠牲にすることであってはなりません。それは具体的にはどうすることでしょうか。

- 子どもにパスポート国の言語を学ばせます。子どもは実際に必要としない言葉は学習しません。ですから、その言葉を使う必要のある環境に子どもを置くようにしなければなりません。また、子どもは 12 歳を過ぎてからもその言葉を使い続けない限りほとんどそれは忘れてしまうということも覚えておく必要があります。ですから、子どもはその言葉を子どもの頃からずっと使い続け、そして大人としてもその言葉を使える程度まで、さらに深く学んでいくことが大切です。
- パスポート国を定期的に訪れるようにします。そして、子どもが親戚や友だちと接する機会を持つようにします。子どもは自分で友だちを作ることが大切で、大人である親の友だちに依存していてはいけません。一つの方法としては、子どもをキャンプに参加させることです。あるいは、子どもが大きくなったら休暇中にできる仕事を見つけることです。ティーンのいる家族は少なくとも年に一回はパスポート国に行くか、または定期的に一年間の帰国滞在することを、私は勧めます。

- 子どもがパスポート国にいる親戚や友だちとつながりを保つようにします。私たちの滞在国をだれかが訪問してくださるように勧めます。私たちがパスポート国にいるときも、滞在国にいるときも、その両方の様子を見てくれるなら、その人たちは私たちにとって本当に特別な人たちになります。私たちの生活の全体像を理解してもらえるからです。また、友人や祖父母を、スカイプを通して食事に招待するのも良いでしょう。（もちろん、食事をスカイプで運ぶことなどできません。でも、パソコンの近くでみんなが食卓を囲むと、それは楽しいひと時となり、自然な会話ができるものです。）祖父母をスカイプに招いて歌を歌ってもらいましょう。本を読んでもらうのも良いでしょう。パソコンを庭の椅子の上に置いて、孫たちが庭を駆け回るのを眺めて楽しむこともできます。
- パスポート国の伝統・文化・慣習を教えます。同じ出身国の人たちを招き、一緒に休日を祝いましょう。
- 大学への入学条件を事前に調べておきます。そして、子どもたちがその条件を満たす教育を受けられるようにしなければいけません。

子どもたちは、自分も自覚している長期的な目標、つまり子どもたちの意見を取り入れて設定された目標があれば、将来への望みを感じやすくなります。私たちは自分が将来どうなっていくのかまったく見えないと、望みを感じることができません。子どもは、小さくてもティーンでも、大人としての自分の姿を思い描くこと、つまり大人としての人生の夢、望みをもたらす夢を抱き始めることが重要です。大学に進む、仕事に就く、住む場所を見つける、家庭を築く、そういった何らかのイメージを持たなくてはなりません。それはどこで実現し、どんなふうになっていくのか想像できることが大切です。それによって、将来の人生に向かって望みと目標を持つことができるのです。

【まとめ】

自分がいつでも戻って行くことができるとはっきり分かっている唯一の国は、自分のパスポート国です。それゆえ、TCK は子どもの頃から、その国で生活するための準備をしておかなければなりません。長期目標を設定することはそのような準備のための手助けとなります。

【アクティビティ：私の望み】

私たちにとって必要なもの、すなわち愛、喜び、自由、そして生きる力が満たされるとき、私たちは将来への望みを感じることができます。そうでなければ、望みを感じることが難しくなります。

- あなたがどのくらい愛、喜び、自由、生きる力を感じていたか、もう一度振り返ってみましょう。（30 章、31 章、32 章）
- あなたはどのくらい望みを感じているか、同じように 10 段階評価を再度やってみましょう（五つの椅子を並べて行なう 5 段階評価の方が良ければそれでも構いません）。
- どのようにすればあなたはもっと豊かな望みを感じることができると思いますか。もっとはっきりした目標が必要ですか。あなたの将来はどんなふうになっていくかというイメージが必要ですか。

＊＊＊

【できることを考えよう】

1. 親として
   - ノマド生活を始める前に、または始めた後のできるだけ早い時期に、家族の長期目標について、あるいは一人ひとりの子どもの長期目標について、親として互いにじっくり語り合う時を持ちましょう。その長期目標について定期的に必ずフォローアップします。少なくとも年に一度は特別な時間を設け、それについて再度検討しましょう。その長期計画の実現のためにさらに何ができるか、あるいはその計画はある種の改訂が必要か、考えましょう。
2. 派遣団体として
   - 両親に、彼らの長期目標、及び子どもの長期計画について聞いてみましょう。彼らと共に計画を立案してみましょう。

彼らのその長期計画をフォローアップし、実現に至るためにどのような支援ができるか考えましょう。

- 長期目標を彼らが設定できるために、必要な知識や良いアドバイスを持っている可能性のある人たちとつながることのできる機会を提供しましょう。

3. TCK自身として

- 今あなたが両親と一緒に生活しているのであれば、彼らにあなたの将来の夢や気になることについて話し、じっくり聞いてもらいましょう。ビザやその他の問題に関しても両親と一緒に現実的な計画を立てれば、楽しく期待できることが何かあるでしょう。
- あなたがすでに大人のTCKであったとしても、長期計画を立てることは有益です。TCKのあなたには長期計画を作ることなど、「お尻がむずむず」してとても難しいと感じるかもしれません。でもその長期計画には、旅をしたり、引っ越したりすることももちろん含まれます。またそれはいつでも修正や改訂が可能です。そのような長期計画を考え、設定する過程を通して、あなたは自分の本当の憧れや夢を発見することができ、それが実現することになるかもしれません。

VIII.
安全とバウンダリー

第36章　安全の必要

私がカウンセラー室でTCKのティーンと話している時、特によく耳にする言葉があります。それは「親は自分を守ってくれなかった」というものです。彼らの中には、自分が被害に遭った様々な虐待—多くは性的虐待—について話す子がいます。また、寂しかった時に起こったトラウマ級の出来事について話す子もいます。しかし、それよりももっと多くの子たちから聞くことは、安全や安心を感じられなかった時の事、なんとなく不安な感情を抱いた時の話です。よくよく話を聞いてみると、いろいろな記憶が彼らの口から次々と出てきます。人々から髪の毛を触られたり、頬をつねられたりした時のこと、スクールバスの中で孤独を感じたこと、先生にひどく叱られ、叩かれたこと、通りを行進していく兵士たちを見たこと、自分だけが外国人の容姿だったので目立ってしまった時のことなど。親自身も育ったことのない見知らぬ所に子どもが置かれると、とても不安な気持ちを経験します。その理由の一つは、そういう所では親でさえもどこに危険があるのか分からず、予知もできないからです。

私はしばしば親たちに、「私の子どもに触らないでください！」という態度を人々にもっとはっきり示すようにと勧めています。親が自分の子どものためにバウンダリー（境界線）を持ち、他人が子どもの身体に触ってほしくないことを、丁重に親しみをこめて伝えることは何ら不適切なことではありません。また、子ども自身にもそのような意思を自分で相手に伝え、そうやって自分の身を守り、危険を避けることを教えるのも、同時にすべきことです。新しい土地にやって来た時、親はどのような場面で子どもが危険を感じるかよく見極めるように心掛け、子どもの身を守る方法を考えておくことが大切です。そしてまた、子どもが安全、安心であるようにいつも親は気をつけていることを、愛を持って子どもに伝える必要があります。多くの場合、子どもは現地の学校には行きたがらないものです。そこでは言葉も分からず、自分が周りの子どもたちとはまったく違っていると感じるからです。

親が子どもを置いて外出する時は必ず、その子が安心して一緒にいられる大人がいることが非常に重要です。親が自分の子どものためにナニーを誰かに頼む時は、本当に信頼できる人を選ぶことが求められます。同時に、子ども自身もその人と安心して一緒に過ごせるかどうかも確かめる必要があります。自分の子どものケアを異なる文化圏から来た人に依頼する場合は、特に慎重でなければなりません。というのも、子どものしつけの方法は何もかもすべて、その人がどこの出身かによって非常に異なるからです。ある場合には、子どもは一日のうちの多くの時間を保育所や学校で、またはナニーと一緒に過ごします。したがって、子どもがその間、安全に過ごせるかどうかはとても重要なことです。さらには、子どもの世話をナニーや教師に頼んだ時は、ほかにどんな大人や子どもがその周りにいるかについても注意しなければなりません。

自分の子がどういった子どもたちと一緒に遊んでいて、どこで、何をしているか把握しておくのはとても大切です。ある文化では、子どもたちが一緒に遊んでいる時、互いの身体のプライベートな部分を平気で触ったり、性的な意味合いが混じることが珍しくありません。また、女性をどのように見るかということも、幼少期の子どもの遊びに影響します。年上の子どもが年下の子と一緒に遊んだり、面倒を見たりすることは、多くの場合は微笑ましいことなのですが､しかし危険も伴います。その一つは性的虐待です。多くの文化圏において、家はいろんな人が出入りする場所です。したがって、自分の子どもが友だちの家で遊んでいる時に、そこにどんな人がいて、どんな事が起こるかを知るのは難しいかもしれません。私は、人を見たら誰でも性犯罪者と思うように、と言うのではありません。しかしながら、性や身体に関する見方、また何が許され、何が許されないかということは、文化によって非常に異なるということを知っておく必要があります。TCKの子どもたちは、その外見も中身も周囲の人とは違っているので、さらに危険度が増すことがしばしばあります。

子どもと大人の関係が本当に大丈夫かどうかという判断基準もまた、文化によって非常に異なる場合があります。特に学校という環境において子どもは、自分が親以外の大人（教師）たちと一緒にいてもほとんど大丈夫だと感じています。しかし、親は自分の子どもの毎日の生活について、できる限り関心を持つようにすべきです。娘は担任の先生のことを、一緒にいても安心だと感じているだろうか。娘が学校で過ごしている間、助けが必要な時、彼女が直ぐに駆け寄って行くことができる、誰か信頼できる大人が常にいるだろうか。彼女にとってスクールバスの運転手は心配ない大人といえるだろうか。ナニーについてはどうか。そこに立ち寄ったり、訪問したりする人々はどうか。スポーツ活動の時はどうか。ピアノの先生はどうか。ある一人の大人だけと一緒にいることはないか。その大人は本当に信頼できる人なのか。基本的に押さえておくべきことは、子どもやティーンは、誰か一人の人—大人であっても子どもであっても—だけと一緒にいてはいけないということです。

本国の親類から遠く離れて外国に住んでいる場合、新しい地で友人となった人たちの誰かに、「おじさん、おばさん」役を代行してもらうことがあります。ある意味でこれはとても素晴らしいことです。でも、自分の子どもたちに彼らのことを親しく「おじさん、おばさん」と呼ばせるのであれば、本当に彼らが信頼できる人かどうかまず確かめなければなりません。では、どうやってそれが分かるでしょうか。実際よく分からないことが多いのです。もし子どもにその人たちのことを「おじさん、おばさん」と呼ぶように教えるなら、彼らは「安全な人たちだよ」と保証していることになります。ですから、ある場合には、彼らのことをただ、「誰々さん」とその人の名前で呼ばせるように教えた方が賢明かも知れません。

親が子どもに、「もし何か危ないと感じた時は、そう言うんだよ。そう言っていいんだよ。その時は、あなたの話をしっかり聞き、すぐに助けてあげるから」とはっきり伝えておくことは非常に重要です。「えっ、あの○○おじさんのこと？あのおじさんはいつも良い人よ。何も怖がらなくていいのよ」などと決して言ってはいけません。むしろ、子どもが実際どのように感じているか、何が起きているかをきちんと確かめるようにしましょう。子どもが「何か変だ！」と感じたことについて話し出した時は、じっくり耳を傾けましょう。読者の方々は、私がここで語っていることの真意をよく理解していただけることを願っています。「何か変だよ」という漠然とした感覚を持った時、人は必ず身体に激しく感じる何かがあります。それがなぜかははっきり分からないかもしれません。しかし、そのような時、直ぐに逃げて、そこから立ち去らなければいけない、大声で助けを呼び求めなければいけない、はっきり「ノー」と言わなければいけない、と感じるものです。その感覚がどれほど大切か、そしてどうやってそれに気づけるか、子どもたちと話し合ってください。そして、他の人に「ノー」と言うのは、全く問題ないということも。

【まとめ】

最も大切な親の務めの一つは自分の子どもを守ることです。新しい環境に移り住み、そこに適応していかなければならないというプレッシャーの下で、親が子どもを適切に守ろうとするとき、ある種のややこしさ（tricky）を感じることがあります。子どもにとって何が安全で何がそうでないのか、まだよく分からないからです。また、自分の子どもの安全のために親がバウンダリー（境界線）を設定しようとするとき、同時にその土地の人々に対して失礼なことはしたくないと思うかもしれません。しかしそれでも、親は子どもが何を必要としているかによく気を配り、意識的に子どもを守っていくことが重要です。

【アクティビティ：安全のためのプランを立てる】

- 家族皆で集まり、通常の一日、一人ひとりがいる場所を地図に描きましょう。
- 一日のうちのどの時間に、どの場所において、安全でないと感じることがないかについて考えましょう。一緒にいて安全とは感じられない人たちがそこにいないか。そこにひとりでいることが怖いと感じる時間がないか。交通状況に関して危険な場所がないか。

- 毎日の生活で、一人ひとりが安全であり、現実的にいっそうの安全を確保するためにはどうしたらいいか、プランを立てましょう。

＊＊＊

【できることを考えよう】

1. 親として

- 一日を通しての子どものスケジュールについて考えましょう。どのような人たちが子どもの近くにいますか。大人であれ子どもであれ、誰か他の人と二人だけになることがありますか。その人が子どもにとって絶対に安全な人だと思いますか。もしそうでなければ、二人だけにならないように、何か手立てを考える必要がありませんか。
- 通常のスケジュールの日に、子どもと一日行動を共にしてみましょう。子どもが何か危険を感じそうな状況がないかチェックしましょう。もしあれば、子どもがそのような不安を感じないために何かできることがないか、また、子どもが自分のバウンダリー（境界線）をしっかり保てるためにどう助けたらいいか、アイデアを考えてみましょう。
- あなたの周囲の人たちが、人と話す時の距離間、性に関わる行動、また子どものしつけ方に関して、何を適切と考えているかは、必ずしもあなたと同じではないかもしれません。そのことを心得ておきましょう。

- 親はいつもあなたと共にいて守ってあげるよ、と自分の子どもに伝えましょう。
- もしあなたが「おやっ、何か変だな」と感じたら、その感覚を大切にしましょう。ある人たちやある状況において、子どもが危険や不安を感じることがもしあれば、子どもの気持ちをしっかり聞きましょう。そして、「そのような時には、あなたを一人だけにはさせないよ」と約束しましょう。

2. 派遣団体として

- ある家族が新しい地に赴く時、そこで起こりうる危険性について事前に親に伝えましょう。
- 子どもの安全を守るための明確なガイドライン（Child Protection Policy）を作成し、団体の全ての人にそれを周知させます。そこには次のことを明記する必要があります。危険性の事前認識、危険軽減のための戦略、親及び全ての大人への安全教育の実施、事故発生時の連絡方法（誰が誰に連絡するか)、被害者の親と子どもをどうサポートするか、団体として対応が難しい場合は誰に相談できるか。また、そのガイドラインには人々、交通、家、学校に関する安全の注意点についても明記する必要があります。
- 医療費とカウンセリング費用を共にカバーする優良な保険に加入します。
- 団体及び親たちが、心配事や困った事に関して相談できる人々のネットワークを作っておきます。
- 子どもがもし何らかの危険を感じた場合、親以外に誰に相談できるかを子どもに知らせておきます。

3. TCK 自身として

- 今あなたにとって安全でないと感じる場面がありますか。一緒にいて安全でないと感じる人がいますか。そのような事について誰か相談できる人（親やほかの大人）がいますか。あなたは身の安全に関して不安を抱くことがあってはなりません。
- あなたは、自分を守ってくれる人が誰もいなかったという経験が過去にありましたか。または、虐待された経験、身の危険を感じた事など。もしそのようなことがあったのなら、そのような経験についてシェアできる人を見つけましょう。

第37章　バウンダリー

自分のことをよく知るためには、自分のバウンダリー（境界線）を知ることが必要です。次のような質問を自分に問うことで、自分のバウンダリーが明らかになります。自分は…

- どう感じているか。
- どう思っているか。
- 何を信じているか。
- 何を必要としているか。
- 何を欲しているか。
- これらをどのように伝えれば他人に理解してもらうことができるか。

親は子どもに、自分のバウンダリーをはっきり持つように教える責任があります。それは大抵、親が自ら模範を示すことで可能になります。バウンダリーをしっかり持つことがどんなに重要かを示すこと、そして、どうやってバウンダリーを持つか、さらにはそれを持つことは良いことであると、まず親が模範を示すことで、子どもは自分自身のバウンダリーを持つことを学ぶようになります。

親は、家族としてのバウンダリーをしっかり持ち、周囲から家族を守る必要があります。同時に親は、夫婦としてのバウンダリーを周囲に対して築き、それを守る責任があります。すなわち、「夫婦だけの時間」を大切にします。夫婦間でシェアすることはあっても、子どもたちとはシェアしない、そのような物事があることを確認します。また、夫婦間であっても、それぞれが自らのバウンダリーを持つ責任があります。つまり、自分が感じていること、考えていること、信じていること、願っていることをそれぞれ互いに表現する権利を持っています。同様に親も、個々の子どもたちが自分の感じていること、考えていること、信じていること、願っていることを表現しているとき、子どものバウンダリーを尊重しなければいけません。これは、子どもにはいつでも自分のしたいようにさせるということではありません。子どもが必要を訴えているとき、それに耳を傾け、理解する必要があるということです。

人はそれぞれの明確なバウンダリーを持つことによって、互いにより親密になることができます。バウンダリーがあいまいだと、いつも互いに対して不安感を持ちます。人があまりにも不安を感じてしまうと、バウンダリーではなくむしろ「壁」を築いてしまい、かえって親しくなりにくい場合があります。バウンダリーはしっかりしたものであると同時に、柔軟性もあります。その人の判断でそのドアを開くことも閉じることもできます。それに対して、壁は柔軟性がなく、開くことがありません。

子どもが親のもとで一緒に生活している間は、子どもの安全のために親がバウンダリーを設定する責任があります。例えば、どんな人でも家に入れるということはしないというルールなどが考えられるでしょう。または、訪問客に提供されるスペースと、家族だけのスペースをきちんと区別することも必要かもしれません。別の種類のバウンダリーとしては、他人が子どもの身体に触れさせないように守るということもあります。あるいは、家族だけの時間を持っている間はそれを大切にし、電話がかかってきても出ない、仕事もしないというように決めておくことも考えられます。

私たちが家族で新しい地に移り住む時は特に、その土地に自分たちの所属感を見出したいと強く願うため、バウンダリーを築くことが難しいことがあります。人々の中に入っていこうとする時、バウンダリーがぼやけてしまう傾向があります。ある意味で、新しいコミュニティと文化に上手に適応していくためには柔軟性が求められます。しかし同時に、私たちは自分のあり方を放棄しないようにすることも必要です。

異なる文化の間を行き来する場合は、バウンダリーを築くことがチャレンジとなることがよくあります。異なる文化においては、異なる仕方でそれを築くことが求められるからです。また、別の文化的コンテキストにおいては、バウンダリーが必要かどうかの見分け方も違ってくるからです。どのような種類のバウンダリーが、どのような場面で必要とされるのかを知らなければなりません。バウンダリーが必要と思われる場合もあれば、逆にそのようなことをしたら失礼になるという場合もあります。ある文化においては、個人個人がバウンダリーを持つことはあまり強く求められないけれど、グループとしてのバウンダリーを持つことは非常に強く求められるということがあります。そのような場合は、自分がそのグループに属しているので、そのグループが自分を守り、ケアしてくれます。一方、別の文化では、グループとしての意識はあまり強くないので、グループのバウンダリーというよりは、個人が自分のバウンダリーを築くことになります。このような現実は、異なる文化圏を行き来する人々には、大きな困惑をもたらすことがあります。

【まとめ】

バウンダリーについて知ることは、健全な人間関係を築く上で最も重要なことのひとつです。人は皆それぞれバウンダリーを設け、自分自身を守るとともに、自分が感じ、考え、必要とし、切望しているものを守る権利があります。親は子どもがそれぞれ自分のバウンダリーを持つための手助けをする責任があります。同時に、周囲に対して家族としてのバウンダリーも築く責任があります。

【アクティビティ：バウンダリーのためのプランを作る】

- あなたの家族の絵を描きます。
- 円を描いて家族を囲みます。その円の線が家族のバウンダリーを意味します。あなたの家族の周りにバウンダリーがあることを、ほかの人はどのようにして分かるでしょうか。
- 次に両親の周りに円を描きましょう。子どもたちや他の人々は、両親の周りにバウンダリーがあることをどのようにして知ることができるでしょうか。
- さらに、一人ひとりの周りにも円を描きます。以下の各点について話し合いましょう。どのような時、あなたはバウンダリーが必要ですか。どのようにしてそれを築きますか。家族の人たちがあなたのバウンダリーを理解し、尊重していると感じるかどうか、また、お互いにもっと配慮しあう必要があるか話してみましょう。

* * *

【できることを考えよう】

1. 親として

- あなた自身のバウンダリーについて振り返ってみましょう。あなたはバウンダリーをしっかり持っていますか。ほかの人はそれをどのようにして知ることができますか。
- あなたは、自分の家族の周りにバウンダリーを築いていますか。もしそうでなければ、それを築く必要がありますか。家族だけの特別な時間を設定し、それを大切にしていますか。家庭が安全な場であると子どもたちが感じられるように、あなたの家族は周囲に対して健全なバウンダリーを持っていますか。
- 子どもたちそれぞれがバウンダリーを持てるように、あなたはどのようなサポートをすることができますか。子どもたち一人ひとりがバウンダリーを持つ必要があるということに関して、もしそれがあなた自身の価値観、願望、働き、またあなた自身の持っている人生プランとの両立が難しい場合、あなたにできることは何ですか。

2. 派遣団体として

- 団体として派遣しサポートしている個々の家族のバウンダリーを尊重しましょう。
- 団体としてのバウンダリーもきちんと持ちましょう。一例としては、日曜日のEメールには返答しない、などです。

3. TCK自身として

- どのような時に、あなたは物理的（または身体的）にバウンダリーの必要を感じるか、考えてみましょう。また、あなたが信頼できる大人の一人に、そのことを話してみましょう。どうしたらそれができるか、あるいは、そのためにほかの人たちからのサポートが必要であれば、それについても相談してみましょう。
- もしあなたが大人のTCKである場合、かつて子ども時代にバウンダリーを必要としていたにも関わらず、それを築けなかった時期がありましたか。そのことが今のあなたにどのように影響しているか、振り返ってみましょう。現在の生活の中で、より明確にバウンダリーを築きたい領域がありますか。どうしたらそれが実現可能となるでしょうか。

第38章　安全な人

新たな土地で生活し始めた時に重要なことは、「安全な人」を見出すことです。安全な人とはどのような人のことを言うのか、その見分け方を学ぶことはTCKにとってとても大切です。実際、どのようにしてそのような人を見つけ出すことができるのでしょうか。誰が安全で信頼できる人か、どうやってそれを見分けることができるのでしょうか。

そのためにまず、「安全でない人」の特徴を挙げてみましょう。「安全でない人」には以下のような特徴があります。

- 自分の弱さを認めようとはせず、自分は完璧であると考えている。
- 他人の意見に対して心を開くことなく、ただ自分を守ろうとする。
- 他人を自分の意のままに動かそうとする。
- 他人の信頼を得ようと努力するのではなく、それを相手に一方的に要求する。
- 問題が生じた時、その解決に取り組もうとせず、むしろ無視しようとする。
- 一時的には非常に親切であるが、次の瞬間、突然相手に対して否定的な感情をあらわにする。
- 謝ることはあっても、自分を変えることはない。
- 自分で責任を取ろうとはせず、他人のせいにする。

- 真実を語らず、嘘をつく。
- 噂を広め、他人の悪口を言う。
- 他人に「あれっ、何かヘンだな」という感情を抱かせる。

ほとんどの人は、これらの特徴のほんの少しは持っているかもしれません。しかし、もしある人がこれらのうちの多くを持っているとあなたが感じたら、その時は少し問題です。あなたは、その人に対してはよくよく注意し、自分を守る必要があります。

あなたがもし、「あれっ、何かヘンだな」と感じることがあったら、それは、その人が安全な人ではなく、あなたの持っているバウンダリーを越えて入って来ようとしていることのサインです。あなたはそのような「何かヘンだな」という感覚を大事にする必要があります。しばらく立ち止まって、自分に問いかけてみましょう。「今、何が起きているのか。私がこの状態が嫌だと感じるのはどうしてなんだろう。自分と自分の信じていることに対して正直になっているだろうか。一体何がヘンなのかな。」

その人があなたにとって安全な人であるかどうかを見極めるために、自分に問いかけるべき適切な質問として、以下のようなものがあります。

- その人と一緒にいる時、私はありのままの自分でいられる自由を感じているだろうか。
- その人と一緒にいるとき、私は自分が愛され、受け入れられ、私の人格が尊重されていると感じているだろうか。あるいは、自分が恥ずかしいと感じているだろうか。
- その人は、私が善良な人々ともっと親密になり、良い事にもっと励むことができるように私を助けようとしているだろうか。あるいは、人々から私を孤立させようとしているのではないだろうか。

自分自身を安全に保ち、明確なバウンダリーを築くためには、はっきり「ノー」と言えるスキルを学ばなければなりません。そして同時に、はっきりと「イエス」と言えるようにもしなければなりません。人が新しい土地に住み始めた時、以前まで持っていた安全な人々とのネットワークが失われた中で、本来ならば「ノー」と言うはずなのに、つい「イエス」と言ってしまいそうな誘惑に陥ることがあります。

さらには、身体のタッチ（接触）の種類について知っておくことが大切です。三つの種類があります。良いタッチ、悪いタッチ、ヘンなタッチです。

- 良いタッチとは、あなたが安全と感じている人とのハグ、または身体的接触のことを言います。
- 悪いタッチとは、誰かがあなたの身体を叩いたり、傷つけたりすること、またはあなたの身体のプライベートな部分に触れることを言います。
- ヘンなタッチとは、それを身に受けたあなたには、一体それが何を意味するのか分からず、「あれっ、何かヘンだな」と感じるような場合を言います。その時あなたは、それが良いタッチなのか、悪いタッチなのかはっきりしないので、どう対応したらいいのかよく分かりません。あなたはただ困惑し、怖く感じるだけで、何もできません。

ある人が安全な人かどうかを識別することは誰にとっても重要

なことですが、特に子どもやTCKにとってはそれが重要になります。頻繁に新しい人との出会いを経験しているTCKにとって、環境や文化の異なる土地に移ってきた時、それは必ずしも易しいことではないからです。

自分の直感に耳を傾ける練習をしてください。ある人に対して少しでも危険を感じた時には、直ちにその人から離れ、遠ざかりなさい。

【まとめ】

私たちが人生において成長していくためには、自分のバウンダリーをしっかり持つ必要があります。それによって自らの命を守り、自分の尊厳を見出し、守っていくことができます。バウンダリーとは、はっきりと「イエス」または「ノー」と言うことでもあります。人はだれでも新しい地に住み始めた時、そこで早く自分の居場所を見出したくて、自分のバウンダリーをあいまいにしてしまう傾向があります。異文化での生活を始めた時、誰が安全な人で誰がそうでないかを見分けることは、必ずしも容易なことではありません。したがって、意識的に注意しながら自らのバウンダリーを築き、安全な人とそうでない人を識別する力を養っていくことが求められます。

【アクティビティ：ウエストサイド・ストーリー】

これは私の大好きなゲームです。最低5人の参加者が必要です。

- 全員を二つのチームに分けます。それぞれのチームが一列に並んで、一人ひとりが相手のチームの一人ひとりに向かい合うように立ちます。「ウエストサイド・ストーリー」は2組のギャングが戦うというミュージカルですが、それをここで演じます。二つのギャング・チームの間に少なくとも4メートルの間隔を置いて立ちます。
- 一人のギャングが敵の目の前のギャングに向って動き出します。列の1番目にいる人がまず初めのリーダーになり、大げさなジェスチャーと音を立てて相手チームに向って動き出します。そのリーダーと同時に、その他のギャングたちも皆続いて一斉に、同じジェスチャーと音を立てて相手に向って動きます。
- そのチームが近づいて来たなら、もう一方のチームの先頭の者が手のひらを挙げて、「ストップ！」と叫びます。そのリーダーがジェスチャーと音を立ててそのような動作をしたら、チームの全員がそれと同じ動作をして、相手側に向かって近づきます。すると第1のチームは後ずさりします。
- 第2のチームが第1のチームをそのように退却させた後、今度は第1のチームの2番目の者がリーダーになり、ジェスチャーをして音を立てながら、チーム全員を引き連れて第2のチームに立ち向かっていきます。第2のチームは皆、後ずさりします。このようにしてゲームを繰り返し、互いに前進したり、後ずさりしたりします。全員がリーダーを交替で演じたら、ゲームは終了になります。

これはとても良いゲームで、これを通して一人ひとりが自分を守るべきことを学びます。全員が「ストップ！」と声に出す練習をします。また、大げさなジェスチャーで音を立てるなど自分がとても恥ずかしいことをしても、周りの人々がサポートしてくれるとどんな気持ちになるかを経験します。皆で大笑いする瞬間がたくさんあります。

＊＊＊

【できることを考えよう】

1. 親として

- 子どもが小さい頃からバウンダリーを持てるようにしましょう。子どもが発する「ノー」を尊重しましょう。自分が感じ、考え、願い、必要としていることを自分で理解し、他の人にそれを伝えられるように教えましょう。
- どのような人が安全か、またそうでないかを見分けることができるように、子どもと一緒に練習しましょう。
- 「あれっ、何かヘンだな」と感じたらその感覚をいい加減にしないようにと教えます。そのような危険を感じた時にはどう行動したらいいか、あらかじめプランを立てておくように教えましょう。タッチの種類とその違いについても教えましょう。
- その土地にすでに長く住んでいる人々を招き、あなたの子やティーンたちと一緒に、どのような人が安全かそうでないかを見分けるためには、どういったことに注意すべきか話し合ってみましょう。

2. 派遣団体として

- 大人にとっても子どもにとっても、どのような人が安全かそうでないかを見分けることの重要性について、親と共に話し合いましょう。
- あなたの団体自らが、安全な存在として行動することを確認しましょう。

3. TCK 自身として

- 安全な人とそうでない人の見分け方について練習しましょう。「この人とは一緒にいても安全」とあなたが思える人に、そのことについて話してみましょう。
- あなたが「あれっ、何かヘンだな」と感じるのはどのような時か、考えましょう。人からタッチされて危険を感じたり、困惑したりするのはどのような時か、考えましょう。身の危険を感じたり、困惑したりした時に、あなたはどう対応するか、何か考えていますか。
- 自分の居場所(所属感)を求めて、ガードを低くしてしまい、かえって自分の生活の中に危険な人が侵入するのを許してしまう、そのようなことがあなたにはありますか。安全な人々の中で自分の居場所を見出すことができるために、あなたはどうしたらいいでしょうか。
- あなたがすでに大人の TCK である場合。子ども時代に、あなたにとって安全だった人々、またそうでなかった人々のことについて振り返ってみましょう。また、自分が人から受けたタッチの種類について振り返ってみましょう。その頃、危険な人と関わったことや、あなたが受けたヘンなタッチの経験により、あなたの心が傷付けられ、それが今でもあなたの人生に影響をもたらしている、そのようなことがありますか。あなたが他の人に対して安全な人であったり、あなたにとっての安全な人を見出したり、周りの人たちの中で自分のバウンダリーをしっかり持てるようにするためには、あなたはどのようなことが必要だと思いますか。

第39章 トラウマ

多くのTCKたちはトラウマになるような出来事に遭い、実際それがトラウマになっていることがあります。トラウマになる出来事とは、それによって孤独になったり、動けなくなったり、恐怖を感じたり、無力感に襲われたりする出来事のことです。そのような状況になったとき人が起こす反応とは、まず安全な場所を捜すこと、そして「闘うか逃げるか」のどちらかを選びます。そのいずれも不可能な場合には－これが子どもにしばしば起こることですが—凍りついたり（フリーズ）、虚脱状態に陥ったりします。そうして、そのトラウマ経験は身体の内部に蓄積されていきます。もし闘うか逃げるかのどちらかができたならば、それは心痛む経験としては記憶されますが、必ずしもトラウマとして記憶されることはありません。心痛む経験だけで終われば、それは上手に処理していくことが可能です。しかし、トラウマは他の出来事と同じような形で記憶に収められることはなく、そのため後でその記憶を呼び戻して処理することが難しくなります。でも、遊びや何らかの創造的な活動を通してであれば、それを呼び戻し処理していくことは可能となります。

トラウマとは、実際何が起きたかということよりも、むしろ起きた事に対して身体がどう反応したかということに関係しています。人はどのような場合にトラウマを抱えるのでしょうか。それは、その人が闘うか逃げるかのどちらかを選び取るために体内にエネルギーが蓄えられますが、それを消費することができず体内に溜まったままになり、それによって凍りついたり虚脱症状に陥ったりするような場合です。体内に潜むトラウマから解放されるためには、自分がまず安全を感じるようになって、体内に溜まっているエネルギーを、身体を動かしたり活動したりすることを通して消費しなければなりません。

トラウマには二つのタイプがあります。

タイプ１　ある特定の出来事が起こったときに生じる身体的反応。

タイプ２　ほとんど常に孤独や不安を感じている人に、日常生活の中で何度も繰り返し生じる身体的反応。（このタイプは発達性トラウマ障害（Developmental Trauma Disorder：DTD）と呼ばれ、Bessel van der Kolk によって紹介された。また、Allan Schore はこれを関係性トラウマ障害（Relational Trauma）とも名付けている。[1]

トラウマを負った人の中には、心的外傷後ストレス障害（Post-Traumatic Stress Disorder：PTSD）と診断される人もいます。これは通常、過去にある特殊な出来事を経験した人に起こる症状とされています。トラウマを負った人は、うつ病、不安障害、注意力欠陥障害（Attention-Deficit）または多動性障害（Hyperactivity Disorder: ADHD）、自閉症、などと診断されることもあります。

私たちの脳の内部には、偏桃体（amygdala）と呼ばれる小さな「お友だち」がいて、自分の身を守るために危険がないかどう

1　van der Kolk, 2014.

か常に目を光らせています。もし偏桃体が何か危険な気配を見たり感じたりした時は、それを海馬（hippocampus）―そこには過去の記憶が蓄積されている―に知らせ、それが危険なものかどうかを尋ねます。もし同じような危険な状況が記憶されていた場合、偏桃体は直ちに身体に恐怖反応を起こします。また、もし海馬においてその状況が未経験のものであったら、そのことを偏桃体に伝えます。それを受けて偏桃体は、状況が危険なものかもしれないという可能性に沿って、反応しようとします。つまり、未知の新しい状況に置かれたとき、扁桃体は危険なものが現れたら警戒するように敏感になるのです。そのため、以前長く住んでいた環境では怖がらなかったような状況下でも、新しい場所においては恐怖反応を起こすことがあるのです。

危険が生じたとき、偏桃体は身体に以下のような指令を送ります。

- 直ちに安全な場所を捜すように。
- もしそれが上手くいかないなら、闘うか逃げるかのいずれかの反応を起こすように。
- それでも上手くいかない場合は、身体は凍りつくか虚脱状態になるように。

偏桃体によって恐怖系統にスイッチが入った場合、以下のような症状になります。

- 闘うか逃げるかのいずれかの行動を起こすために、血液が手や足に行き巡る。
- 言語中枢が遮断される。

- 瞳孔が開く。
- 息が苦しくなる。
- 感覚が敏感になる。
- 周りで起こっていることから自分が締め出されたような気持ちになる。

身体が凍りつくか虚脱状態になった場合、以下のような症状になります。

- 皮膚が青白くなる。
- 空虚な表情になる。
- 時間や場所の感覚を失う。
- 体内では高レベルの活動が行われているが、それは使われていない。

トラウマとは、ストレスの多い状況に対する身体の反応です。トラウマを負って、凍りつくか虚脱状態になったとき、以下のような人が必要です。

- 物静かで落ち着いている
- 寄り添ってくれる
- 守ってくれる
- もうそれは終わったのだと教えてくれる
- 静かな声で話す
- あまり話し過ぎない
- しばらくそこに居続けてくれる

トラウマを負った人は、安全で物静かな「助けとなる他の人の脳」を必要としています。それによって、その人自身の脳が落ち着きを取り戻すことができます。安全で穏やかな人が寄り添うことで、トラウマのエネルギーは、その人の身体から小さな震えとともに脱していきます。トラウマになった人は、自分の身体の、特に手や足などを動かして、溜まっていたエネルギーを発散させたいと感じることがあります。リズミカルな動きが助けになることもあります。ただし、できるだけその人の身体の動くままにさせると良いでしょう。

以下のいずれかを経験するような状況では、トラウマ的な身体反応を引き起こす可能性があります。

- 孤独により、心の安定を失う
- 虐待により、尊厳を失う
- 無力感により、生活管理能力や生きる術（すべ）を失う
- 絶望により、希望を失う

危機的な出来事。例えば、

- 自然災害
- 事故
- 火事
- 戦争
- 誘拐
- テロ攻撃

日常的な出来事。例えば、

- 転倒
- 強烈な音、光、寒さ、暑さ
- 孤立
- 道に迷う
- 身の危険を感じる
- 病気
- 治療入院
- 溺れかける、息苦しくなる

学校生活において。例えば、

- いじめ
- プレッシャー
- 失敗
- 長時間じっと座らされている

生活の変化。例えば、

- 引っ越し
- 離婚
- 家族が増える

喪失。例えば、

- 血縁の家族を失う
- 大切な人を失う

- 家を失う
- 慣れ親しんだ環境を失う
- 自分のアイデンティティや能力を失う

他には、

- 暴力シーンを見る。現実の出来事でも、映画やゲームであっても。
- 家庭内暴力
- 性的虐待
- 子の必要を満たさない人を親に持つ
- 過酷な経験をしている人を目撃する

子どもがトラウマになる場合の兆候としては、以下のような現れがあります。

- 恐怖感
- 抑制的な行動
- 不安やパニックに襲われる
- フラッシュバック
- 何かに誘惑される
- ある出来事が引き金で起こる追体験（人の話、遊び、危険な探検などによって）
- よく眠れない
- リラックスできない
- 多動
- しびれ

- 感覚の増加または低下
- 感情の起伏に伴う問題
- 怒り
- やけを起こす、ふてくされる
- 人間関係のトラブル
- セルフイメージ（自尊心）の低下
- 誤解
- 心身症
- 凍りついた顔と身体の動き
- 食欲不振
- 退行
- 身体に力が入らない
- 憂うつ
- 創造的な活動ができない
- 性格の変化
- 自己破壊的な行動
- 性的な行動
- 復讐心
- 罪責感と恥辱感
- 魔術的な思考（魔術が起こることを願う、魔術によって物事を変えられると信じる）
- 無意味さを感じる

このような兆候や症状は直ぐには現れなくても、6ヵ月後または1年半から2年後に現れることもあります。

トラウマとなる出来事の最中とその後には、だいたい以下のような感情を持ちます。

- 無力感（自分でどうしていいか分からない）
- 孤独感（誰も私を見ていないし、私が経験していることも見ていない）
- 見捨てられた気持ち（誰も私を理解せず、助けてもくれない）
- 恥ずかしさ（私の何かが間違っているに違いない）
- 罪責感（これは私のせいなのだ）

興味深いことに、トラウマによる反応は、ストレスや恥がもたらす反応と共通しています。トラウマとは、安全や喜びや自由といったものの対極にあり、希望の喪失につながっていくものです。

あるグループの人たち（家族やチームなど）がみな同じ出来事を経験した場合であっても、トラウマになる人とならない人がいます。以下のような人は、危機的な経験をしたとしても、必ずしもトラウマにならないことがあります。

- 安心して接することのできる安全な大人がいる。
- 健全なセルフイメージ（自尊心）を持っていて、何かが起こっても自ら対処できるという、自分への信頼がある。以前、困難な状況に遭遇したことがあったが、それに対処することができたという経験がある。
- 人間関係を築くことができる。
- 他人からの、特に家族からのサポートを受けることができ、そのことを実感できる。
- 周りに大人（両親）がいて、彼らがベストを尽くして自分を守ってくれると信じている。

- 何らかの方法で周囲で起きていることを理解できる。
- ある出来事が起こったとしても、何らかの備えがある。
- 自分に起こった事を様々な仕方で伝え、気持ちを聞いてくれる人がいる。
- ある事件が起きた時でも、自分が何か役に立つことができ、充実感を持てる。
- ある出来事があってもそこから何かを学べると分かっている。

TCK の周りにいる大人は、トラウマとはどのようなものであるか、また TCK はトラウマを負いやすいということ、そしてトラウマを負った子どもをどう助けたらよいか、について知っておくことが重要です。ピーター・レビン（Peter Levine）氏が著書 Trauma-Proofing Your Kids（Levine & Kline, 2008）で「応急処置（First aid）」の概略を述べていますが、それは子どもがトラウマを負った場合、その時どう助けるかについての有益な資料です（詳しくは、以下のアクティビティを参照）。また、トラウマを人生の幼い時期に経験した子どものためには、私が開発した「セーフティ・ストーリー」という手法も役立つと思います（47 章を参照）。

【まとめ】

トラウマ反応が身体に現れるような状況に遭遇することは、TCK にとって珍しいことではありません。子どもがトラウマを負ったときそれに対応できるために、両親や周囲の大人がどのように手助けしたらいいかを知っておくことは重要です。その時、子どもが適切なサポートを受けることができれば、身体に現れたトラウマ反応はスムーズに消えて行き、そのトラウマが体内に留まり続けて苦しい思いをするということはなくなるでしょう。

【アクティビティ：トラウマ処理の練習】

ピーター・レビン氏は「応急処置」と呼ばれる方法を開発しました。子どもに関わる働きをしているすべての大人にとって有益な学びです。トラウマを負った子どものケアのための素晴らしい実際的なスキルです。

- まず自分の身体と反応を観察します。息を吐いた時にどんな感じがするか意識してください。床（または地面）に腰を下ろします。
- 次に子どもを観察します。次のように言います。「さあ、もう大丈夫だよ。でもまだ少し震えているようだね。しばらく腰を下ろしていようね。」
- ショックが和らいできたら、子どもが自分の身体で何が起きているか気づけるようにします。顔色が戻り、呼吸が落ち着き、表情が豊かになり、目に涙を浮かべていれば、回復していることが分かります。子どもに、身体がどんな感じがしているか、静かに聞きます。子どもが答えた言い方をそのまま言い返します。そのとき、子どもから返事が返って来るまで、または子どもがうなずくまで待ちます。その後で、もう少し具体的に尋ねることができます。例えば、

「お腹はどんな感じがしているかな」など。もしその子が身体の感じを何かの言い方で表現したら、その感じがどのようなものかを尋ねます。しばらくしてその感じ方が何か変わってきたかどうか、もう一度尋ねます。

- 急いではいけません。子どものリズムに合わせます。質問している間も、静かにしていましょう。そうすることで、自然なプロセスのための時間とスペースを確保できます。質問が多すぎると、トラウマに対処しようとする身体の自然な能力が損なわれます。あなたがそこにいることとあなたの落ち着きこそが、子どもの体に蓄積されたエネルギーを取り除くために必要なものです。エネルギーは周期的に去っていきます。その周期（サイクル）が終わると、ため息が聞こえたり、あくびが出たりします。子どもの身体の震えは治まり、ほほ笑んだり、あなたの顔をじっとのぞき込んだりします。次にまたサイクルが来ないかどうか、しばらく待ちます。
- 身体の震えを止めようとしたり、泣くのをやめさせたりしてはいけません。
- 子どもの内側からの回復力を信じましょう。自然のプロセスを妨げないように。そこに一緒にいるだけでいいのです。
- 子どもにもう少し休むように促しましょう。
- 後日、あるいは翌日、子どもに何が起こったかを話す時間とスペースを与えます。子どもが何を感じ、何を考えていたかを尋ねます。その子がした反応は正常であることを伝えます。

＊＊＊

【できることを考えよう】

1. 親として
   - トラウマについて学び、子どもがトラウマを処理する手助けの方法を学びましょう。
   - 子どもがトラウマになりそうな状況には敏感になりましょう。
   - 子どもがトラウマ反応から抜け出せないようなら、専門家に助けを求めましょう。
2. 派遣団体として
   - 周りに安全な大人がいないと、子どもは簡単にトラウマになる可能性があることに注意してください。
   - 親に、トラウマとその処理の方法について学ばせましょう。
   - 子どもに対するトラウマ処理の方法を知っているプロのカウンセラーを用意しましょう。今日の神経科学が明らかにしているように、トラウマについて話すことは助けにならないかもしれませんが、身体のトラウマ反応と関連づけて、記憶の中に安全を呼び込むことこそが助けになるということを知っておくことが重要です。
3. TCK 自身として
   - あなたは、トラウマ反応を呼び起こすような経験をしたことがあるかもしれません。そのうちのあるものは、安全な大人がそばにいたことで落ち着きを取り戻し、自然に処理されていったかもしれません。でも、あるものは処理されないまま、身体の中にトラウマのエネルギーが残っているかもしれません。

- もしあなたが子どもやティーンエイジャーの場合、闘うとか逃げるとかしたい衝動に駆られる状況がもしあれば、それについて安全な大人に相談しましょう。それは、あなたの身体の中に溜まっているトラウマ反応かもしれません。もしそうなら、自分の体がやりたいと感じる動きに任せてください。もしあなたが大人の場合、あなたが安心できる誰か別の大人と一緒に、そのことについて振り返ってみましょう。
- 同じように、「凍りつき」や虚脱症状を感じる状況があるかもしれません。それは、あなたの身体の中に溜まっているトラウマ反応の可能性があります。これらの身体感覚を、それが起こった時まで遡ることができるかどうか確かめてください。そして、あなたが一緒にいて安心できる人がその記憶の中に入ってくるのを想像してみましょう。この方法の詳しいことは、47章の「セーフティ・ストーリー」を読んでください。

第40章 安全のための方策

私たちに最も必要なことの一つは、自分で自分の人生をコントロールでき、そのための力を持っていると感じられることです。私たちがトラウマを引き起こすような状況を経験する時とは、自分の無力さを感じ、希望を失い、その状況にどう対処したらいいか分からない時です。ですから、いざとなったら直ちに使えるような方策をあらかじめ用意しておくことで、私たちはトラウマに陥る危険性を軽減することができます。

TCKは、ほとんどの場合親たち自身も育ったことのない国や環境の中で成長しています。しかし、そこには、TCKやその家族はまだ知らないことでも、その土地の人々が幼い頃から身に着けている「サバイバル知識」というものがあるはずです。例えば、寒い日には何を着るか、蛇はどうやって退治するか、地震が起きたらどうするか、洪水が起きたらどう行動してどこに避難するか、などです。新しい土地に来た時、家族が学ぶべきサバイバルの方策を理解し、一緒に練習してみるのは良いことです。そしてまた、そこに子どもたちも加わることで、自分たちを守るために親たちが学んでいる姿を見、同時に子どもたち自身も自分で出来ることを学んでいきます。

頻繁に引っ越しをする子どもたちは、次のようなことも学び、その方策を考える必要があるかもしれません。新しく友だちを作る方法、初日に安心して学校に行く方法、一人で旅する方法、周囲の大人が安全な人かどうかを知る方法などです。

【まとめ】

方策を立てておくと、自分でコントロールできると感じるようになります。新しい場所にやって来た時は、そこでサバイバルできるように、新たな生活の方策を習得していくことが求められます。

【アクティビティ：サバイバル計画の練習】

- 火災、地震、発砲事件など、危険な状況が予想される場合の対処法を練習をします。
- シートベルト、チャイルドシートを使うなど、交通の安全をできる限り確保します。また、自転車、スクーター、オートバイに乗る際はヘルメットを着用します。
- 親しい友人、消防隊、救急車、警察など、必要に応じて助けを求める方法を学びます。
- もし取り調べの尋問をされたらどう答えたらいいか、子どもたちと練習します。
- 親が不在の場合、なるべく落ち着いていられる方法を子どもたちと練習します。
- 子どもたちに泳ぎ方を教え、必要に応じて浮き具などを使うようにします。

＊＊＊

【できることを考えよう】

1. 親として

- 新しい土地にどのような危険の可能性があるかを把握します。その対処の仕方について学びます。その土地に長く住んでいる人たちの話を聞きます。または、そのようなオリエンテーション・ワークショップへの参加を申し込みます。
- どのような危険があるか、そして危険が迫った場合、親として何ができるか、あるいは子どもたちが自分で何ができるかについて、一緒に話し合います。自分たちで何ができるかを子どもたちに知らせるほうが、知らないようにさせるよりも良いことです。
- 日頃から、危険が迫った場合の対処法を家族で実践しておきます。またそれを楽しい仕方でできるように、他の家族と一緒に行なうのも良いでしょう。

2. 派遣団体として

- その新しい場所ではどのような危険があるかを、親たちが把握しているかどうか確認します。自分と家族を守るための訓練を彼らに受けさせます。
- 子どもたちにも同様に学びと訓練を受けさせます。

3. TCK 自身として

- あなたが今住んでいる場所では、どのような生活上の危険があるかについて学びます。それが差し迫ったとき、どのように対処するかも学んでおきましょう。
- あなたが大人の場合、子ども時代に過ごしていた場所には、どのような危険が潜んでいたか振り返ってみましょう。その危険が迫ったとき、あなたはどのように対処するかを把握していましたか。現在あなたが住んでいる場所は以前とは異なり、そのような危険はほとんどないかもしれませんが、それでも身の安全のためにあなたが反射的にする行動が何かありますか。

第41章　安全な緊急避難

多くのTCKには緊急避難の経験があります。状況がいつ急変するか分からず、いざとなったら緊急避難をしなければならない､そういった地域に住んでいる家族が多くいます。派遣団体は、それに備えて安全な計画を持っている必要があり、実際ほとんどの団体はそうしています。しかしながら、そのような計画において、混乱や社会不安が生じた際、子どもたちのニーズには、あまり光が当てられていないのを私はしばしば見てきています。そのような場合、子どもたちには特有なニーズがあり、それを満たす必要があります。社会不安、突然の騒乱、自然災害、緊急避難の際には、子どもたちもまたその時何が起きているかを少しでも把握し、どう行動するべきかという戦略を知っておく必要があります。子どもたちのニーズには以下のようなことが含まれるべきです。すなわち、安全の確保と緊急避難のプラン、緊急時に親が子どもを守るために必要な情報と訓練の提供、いざという時のために子どもたちが自ら備えておくこと、などです。トラウマの伴う出来事を経験した子どもたちには、大人と同じように、彼らも自分で理解でき、益となるような方法でトラウマ処理をしていくことが必要です。派遣団体は、そのような場合に備えて親たちをサポートできる担当者を確保しておかなければなりません。その担当者は、子どもがトラウマを自分で処理できるように助けるのと同時に、親が子どもを助けられるように親をサポートすることが重要です。

以下は、安全確保と緊急避難のプランを立てる上であらかじめ考えておくべきものです。

- 子どもは、大人以上に水と食料を必要とします。子どもがいつでも食べられるスナックも忘れずに入れておきましょう。できれば、子どもが大好きなもので、それがあると心が落ち着くようなスナックが良いでしょう。
- 子どもが持つバッグを自分で用意させます。そこには、いざ緊急避難という時に持って行きたい大切な物を入れます。動物のぬいぐるみ、何か遊べるもの、紙と筆記用具、スナック、本、カードゲームなど、子どもの気を紛らわせることができて、気持ちが楽になるものなら何でも良いでしょう。親にはそれが大切な物とは思えなくても、大きすぎたり重すぎたりしない限りは、持って行かせましょう。
- できれば毛布と枕も持って行きます。それによって安心感がもたらされます。
- あなたが知っている限り、そして、子どもが知っておくべきだと思う限り、これから何が起ころうとしているかを話してください。ただし、もし子どもが誰かから尋問された場合には、子どもはおそらく正直に話してしまうものだということを承知しておきましょう。ですから、子どもに説明する際にはその点をよく考慮して話しましょう。
- 私たちは自分の無力さを感じるときにトラウマになります。置かれた状況の中で、子どもが自分でも何かできる力（パワー）があると感じられるために、親が何かできることが多ければ多いほど、あるいは、子どもが信頼している人には力（パワー）があると分かれば分かるほど、トラウマは小さくなります。そのような力（パワー）を自覚できるのは、必要な情報が得られているとき、何か自分たちでコントロールできることがあると分かったとき、何らかの行動を起こすための戦略があるとき、です。子どもたちには、何でも自分で役に立ちそうなことをさせましょう。ただし、彼らが頼まれたことができなかったとしても、それで責任を感じることがないように配慮します。（例えば、自分より小さな妹や弟が騒いでいるときに一緒に遊ぶことなどです。ただし、その子がそれでも静かにならなかったとしても、それを責めないようにします。）子どもたちに明確な指示を与えます。彼らが従うことのできる指示です。子どもの年齢によっては指示が異なる可能性はあります。これから何が起こるのかを段階的に伝えてください。ただし、そういったことは子どもたちがリラックスしているときに伝えるべき、ということを忘れないでください。

- 子どもにはできるだけ、走り回ったり身体を動かしたりする機会を与えましょう。特にトラウマになるような出来事が起きた時には、子どもは常に動き回る必要があります。その状況のもとでは闘うか逃げるかを準備するため、エネルギーが体内に蓄積されるからです。子どもたちは、自分が闘うにはあまりにも小さく、逃げるにも無防備すぎるので、そのどちらも行動に移すことができない。そのことを潜在的に理解しています。そうして身体の中にそのエネルギーが溜まっていきます。しかし、それは発散させる必要があります。彼らが走り回ったりすることで、そのアドレナリンは身体の外に発散していきます。そうして、彼らはしだいに落ち着き、リラックスし、身体に現れるトラウマ反応も処理しやすくなります。

- 子どもは、以下のことができる安全な大人が近くにいることを知り、感じさえすれば、どんなことにも対処できます。すなわち、子どもが感じていることを理解し、共感できる。子どもが自分の感情や反応を処理するのを助けることができる。子どものニーズが分かる。そのニーズを満たすために何ができるかを知っている。そのような大人の存在です。自分の感情とニーズに対して子どもが何もできず孤立してしまう、そのような状況こそが、まさにその子にとってのトラウマとなります。そしてさらには、もし大人自身が恐怖を感じ、トラウマに陥っていると、その子どもの気持ちに寄り添うことなどますます難しくなります。もしその子の親が、自分たちには信頼できる別の誰かがいると感じるなら、親はもっと子どもたちに寄り添うことができます。
- できるだけ多くのことを言葉にして話すようにしましょう。話すことによって子どもは今何が起きているのかを理解し、プロセスしていくことができます。時に大人は、「これについては何も話さないようにしよう。子どもは知る必要がないのだから」と考えがちです。それでも、子どもは敏感であり、今起きていることについてだいたいのことは感じ取っています。何かを感じ取っているけれど、それが何なのかが分からない、そのような状況こそ好ましくありません。ただ、もしあなたが親として子どもにどこまで話したらいいか戸惑うときは、ちょっとしたサインだけ見せておきましょう。例えば、「とにかく今はその車に乗り込まなければいけないのよ」などと。そして、子どもがさらに聞いてくるかどうかしばらく様子を見ます。何も聞いて来なければ、話すのをもう少し遅らせても良いでしょう。そして子どもの心に用意ができるのを待ちます。同じことを、子どもの気持ちに寄り添いながら行なうこともできます。「あの人からあのような目で見られたら、本当に怖いと感じるわね」などと子どもに言います。少なくともこれは話して良いことです。そうすることで、親自身も今何が起きているか気づいていると子どもに伝わり、親が自分の気持ちを心配していることを知ります。こうして、今起きていることを親と話してもいいと子どもに伝えます。そうすると、子どもは、話したいと思ったときに、いつでも親に話しかけてくるようになります。

- 身体に近く寄り添うこと、触れ合うことを何度もしましょう。手をつなぐ、抱きしめる、そば近くにいてあげる、背中をさする、など。一緒に深呼吸するのも良いでしょう。
- 声に出して歌うこと。歌うことで心が落ち着きます。
- 物語を話して聞かせること。幼い子ども、小さな動物、想像上の人物などが出て来て、今自分たちと同じ経験をしている、そのような物語を話して聞かせます。登場人物がどんな経験をしていて、どう感じているかを話します。
- もしできれば、将来どこかの時点でその地に戻る機会を持ちます。もしかしたらそれは、そこに再び住み続けるためかもしれません。あるいは、本当にその地を去るための最後の片付けをする訪問かもしれません。避難する前に荷造りをすることができれば、今何かが起ころうとしているということを子どもが理解する助けになります。子どもは、自分の持ち物、家、友だち、ペットなどがこれからどうなるのかを知りたがります。ペットや家をどうするか前もって考えておきましょう。また、友だちも含め子どもにとって大切な人々に関する情報も入手できるようにします。

私は何度も、重大な事件そのものよりも緊急避難のほうがトラウマになったという話を聞いています。しかし、そうである必要はありません。緊急避難を周到に計画することはできませんが、ある程度の備えはできます。何種類かのシナリオを想定し、あらかじめ訓練し、いざそうなった時にどう行動し、避難するか、可能な限り決めておくことが重要です。

【まとめ】

緊急避難を要する危険な状況に遭うことは、TCKとって珍しいことではありません。不安定な状況や避難の際には、子どもたちには特別なニーズがあります。大人は子どもが不安に陥らないようにするにはどうしたらいいかを、理解しておく必要があります。明確な手順と適切な計画を立てることで、大人自身ができるだけ安心できるようにサポートすることが重要です。

【アクティビティ：緊急避難時の計画を立てる】

あなたが今住んでいる場所にも拠りますが、さまざまな種類の危険な状況で何をする必要があるかを家族で一緒に話し合い、予行練習をする時間を取りましょう。

- プラスチック製の入れ物に入れていつも所持できる小さなカードを作ります。そのカードには、自分の名前、生年月日、パスポート番号、その他のID番号、親または近親者等の電話番号、所属団体の電話番号、保険の情報、必要な医療情報等を記入します。
- 緊急避難が必要になった場合、実際それがどのようになっていくかを話し合っておきます。
- 緊急避難が実際に起こる可能性が高い場合には、持ち出しバックをそれぞれの子どもに準備させます。どのような事が起こりそうか、子どもたちと話し合い、そのための計画を立てておきます。

＊＊＊

【できることを考えよう】

1. 親として
   - 緊急避難が必要となった場合、どう行動するべきかを確認しておきます。
   - まず自分自身の心の平静を保てるように、できる限りのことをします。
   - 子どもたちにもこれからどのようなことが起こる可能性があるかを話し、賢い方法で備えをさせます。
2. 派遣団体として
   - 子どものニーズも含めた、明確な安全確保と避難の計画を立てます。
   - 以下のことを親と確認します。危険に遭遇した場合、親がどう行動すべきかを知っているか。団体がサポートしていることを理解しているか。子どもたちを守るための方策を備えているか。

3. TCK 自身として

- 多くの TCK が緊急避難の経験、つまり直ちにそこを去らざるをえず、もうけっして戻ることはできない、そのような経験を持っています。あなたもまた、記憶のあるなしにかかわらず、そういった経験があるかもしれません。その時、実際何が起こったのかについて、あなたの親あるいはほかの人と話してみましょう。
- もしあなたが、自分を不安にさせる記憶があると感じたら、その記憶を処理する手助けをしてくれるカウンセラーを探しましょう。

第42章　子どもに目を向ける

派遣団体が家族を派遣する際には、子どもに目を向ける必要があります。親が異なる文化の間を行き来する時には、子どもにフォーカスする必要があります。なぜでしょうか。子どもたちがそれを必要としているという単純な理由からです。さらには、子どもがうまくいってないと、親もうまくいかなくなるからです。子どもにフォーカスするとは実際どういう意味でしょうか。「このことは子どもたちにどのような影響を及ぼすだろうか」と問うことです。さらに良いのは、「このことはその家庭のそれぞれの子どもたちにどう影響するだろうか」という問いです。同じ状況であっても子どもによって、しばしば非常に異なる反応を示すからです。

以下のような質問が子どもの様子を把握する上で役立ちます。

- 子どもが、両親との間に安全な愛着を持っているか（つまり、必要な時にその子は両親のもとに行き、両親は子どものニーズに気づき、それに応えられるか）。子どもが父親にも母親にも愛着を持っているか。
- 健康面ではどうか。健康上の必要が満たされているか。子どもの健康の維持、増進のために、どんな調整が必要か。
- 子どもは安全か。家にいる時、学校にいる時、登校時はどうか。休み時間中はどうか。友だちといる時。その他の場所ではどうか。

- その子にふさわしい教育環境に置かれているか。学校での生活の様子はどうか。将来パスポート国に戻った際に必要とされる諸条件を満たすことができるか。
- 子どもの発達状態は正常か。何か懸念や心配がないか。ある種の診断を必要としていないか。
- 向上心を持ち自分で楽しむことのできる、健全なアイデンティティの形成過程を歩んでいるか。
- 自分の感情を伝え処理していくことができるか。この様な面でさらに助けを必要としているか。
- 子どもが何かを伝えたいためのサインとして、変わった振る舞いをしていないか。自分や他の人にとって問題となるような行動をしていないか。
- その子の家族との関係はどうか。
- 友人たちとの関係はどうか。
- 滞在地の人々との関係はどうか。
- パスポート国の家族や友人たちと関係を持っているか。

（訳注：派遣団体は）親たちがどのような生活をしているかに関心を持つことも大切です。そのあり方が子どもたちの生活にも影響するからです。子どもの生活が上手く行っていない時、親も上手くやっていけないのと同じように、親の生活が上手くいっていない時には、子どもも間違いなく上手くいっていません。両親の生活が上手くいっていないと、特に国を越えての移動中は子どもに必要な情緒的サポートをする余裕がありません。両親からのサポートがないと、子どもたちは移動によってひどい影響を受ける可能性があります。子どもをサポートするための最善の方法は、親をサポートすることなのです！

親たちはどうしているでしょうか。子どもたちに以下のことを提供できているでしょうか。

- 安全で確かな愛情。安全な拠り処。
- 保護
- 自由
- 情緒的サポート
- 生活上のルール
- 分かりやすいバウンダリー（境界線）
- 安定感

子どもはとても敏感です。子どもは家族の中で今何が起こっているかを感じ取ります。そこには両親の感情の動きも含まれます。子どもはそれに対して反応し、行動に表します。どの家族においても、他の兄弟姉妹よりも感受性の強い子が一人はいます。その子は親が変わるまで、大胆に振る舞います。子どもは、家庭がしっかり機能しているかどうかに大きく影響されます。皆が健康を保ち家族が上手に機能するために、親がその責任を果たすまで子どもは親をプッシュし続けます。

子どもが落ち込んだ時、親がそれに気づくことがとても重要です。移動（引っ越し）には多くの場合、自分の居場所の喪失感が伴います。したがって、そのような時期に子どもがうつ状態になることは稀ではありません。子どもはそれを様々な形で表に出します。実際、いろいろ診断をしてみると、それがうつ症状の兆候であると判ります。子どもの行動に何かの変化が見えたら、それはうつ症状の兆候である可能性があります。

家族が大きな移動（引っ越し）をする際、それを上手に乗り越えていくための秘訣は、パスポート国とこれから派遣されて行く地の両方において、良い人間関係のネットワークを持つことです。

- 何らかのグループ（チーム）に所属しているか。
- 派遣団体の中に、家族のためのサポートの働きを担う人がいるか。
- パスポート国にいる親類からのサポートはあるか。
- 子どもの教育と成長発達のためのサポートはあるか。

子どものための長期目標が設定されていますか。家族がその長期目標に向って着実に進んで行くために、派遣団体として何らかのサポートを提供する必要があるでしょうか。

- 子どもが自分の居場所（所属感）をどの文化圏の中に持つことを、親は願っているか。（子どもが自由に行き来できる国はパスポート国のみである。）
- TCK であるその子どもが将来必要とするのはどの言語か。
- その子は自分の将来のために、どのような教育を必要としているか。
- その子の今の能力の段階において、どのようなことを学ぶ必要があるか。
- その子が大人になった時におそらく住むことになる国で、どのようにして居場所を見つけることができるだろうか。

派遣団体は、各家族とその子どもたちの生活が順調であるか確認するために、計画的にフォローアップする必要があります。

- 一年に少なくとも２回は家族と連絡を取り、様子を聞きます。
- 子どもたち一人ひとりの様子を尋ねます。子どもがパスポート国にいる場合でも、あるいはその他どこにいてもそのようにします。
- 気になっている事をその家族と話し合います。
- 心配な場合には、団体の責任ある立場の人にその件を相談する必要があることを親に伝えます。

両親、派遣団体、そして子どもたち自身が、助けを求めるべきタイミングを知っておく必要があります。一般的に以下のような場合です。

- 親があまりにも状況に圧倒されていて、子どもの必要が見えなくなっている場合。
- 子どもの教育の問題が生じた時。ホームスクーリングが難しくなって来た場合。
- 心身の障がいを持っている子どものニーズに対応できない場合。
- 親が期待に圧倒されていると感じた場合。
- 子どもの行動が荒れたり、引きこもったりして、親がどう対応してよいか分からない時。または機能不全に陥っている場合。
- 家族の誰かが、繰り返し精神的な錯乱状態に陥ることがある場合。
- 家族の毎日の生活において、体罰が日常的になっている場合。

- 家族内で、怒りやフラストレーションがしばしば生じている場合。
- 家族の誰かが、憎しみを感じ、表し始めている場合。
- うつ症状やバーンアウトの兆候が表れた場合。
- 依存症の兆候が表れた場合。
- 自分や他の人を傷つけるような兆候が表れた場合。
- どのような形であっても虐待の兆候が表れた場合。
- どのような形であっても子どもたちが性的行動を見せた場合。

派遣団体側で、ある家族に関して心配事がある場合、どうすべきでしょうか。

- あなたの心配事を記録し、子どもの健康状態について詳しい人に相談する。その状況について名前を伏せて説明する。ただしその場合、相談する相手は信頼できる人でなければならない。
- 気がかりなことをその家族と直接話し、彼らも心配しているかどうかを確かめる。
- その件について彼ら自身で改善できると考えているかどうか尋ねる。必要に応じたサポートを家族に提供することも含めて、そのためのプランを立てる。その場合、彼らのリーダーシップにも協力を要請する。
- 次回評価する日を設定する。その日、十分な改善が見られたかどうか、または別の形の介入が必要かどうかを判断する。
- 何らかの虐待が行われている疑いがある場合には、直ちにリーダーシップに報告しなければならない。もしそれ以外の件で、あなたがその家族に対して気がかりな事があり、しかし両親自らがたぶんその事に対処することができ、状況が改善していくだろうと思えるのであれば、しばらくの間、両親をサポートしつつ様子を見ていく。もし２週間過ぎても彼らが困難を抱えている場合は、その家族と共に、彼らのリーダーシップに、あなたの手には負えないそれ以上の助けを家族が必要としていることを、報告すべきである。直接リーダーシップに報告すべき虐待のケースでも、または、ある種の懸念事項でも、重要なことはチームリーダーだけでなく、さらに上のレベルのリーダーシップにも伝えることである。

- あなたが心配ならば、たとえその家族が望んでいなくても、あなたは彼らのリーダーシップに報告すべきである。
- もし何らかの虐待の可能性が疑われる場合には、必ず団体に報告すること。また、その地域の行政機関にも報告することが求められる。

大事なことは、「その子が虐待を受けているかどうか」ということだけでなく、「私はその子のことを真剣に心配しているか」ということです。もしそうだと確信するならば、あなたは直ちに行動すべきです。

虐待の定義は何でしょうか。虐待にはさまざまな形態があり、そのすべてに対して真剣に受け止める必要があります。

- 身体的虐待
- 性的虐待

- 心理的虐待
- 霊的虐待
- ネグレクト
- 脅迫
- 嘲笑、いじめ
- 身体を激しく揺さぶること

どのような時に報告が必要でしょうか。

- 子どもの様子が何か変わったと直感的に感じた時は必ず。
- 子どもが安全かどうかについて心配がある時。
- 子どもの成長発達に関して心配がある時。
- 子どもの教育環境が適切に機能していない時。
- 虐待が行われているのではないかという心配がある時。また、それが実際行われていると分かった時。

子どもに対する虐待の疑いがあると分かった時には、以下のことが必要です。

- 子ども及び報告者の安全を確保する。
- 24時間以内に調査チームを立ち上げる。
- 24時間以内に医療診断を行なう
- 子どもとの会話能力を備えている者に依頼して、子どもの面接を行なう。
- 起こったすべてのことに関して正確な記録をとる。
- 担当行政機関に報告する

派遣団体においては、各家族とコンタクトする担当者を決めておく必要があります。その人は以下のような人でなければなりません。

- 子どもの発達に関する基本的知識を持っている。
- 生活上問題がある子どもの前兆や症状に関する基本的な知識がある。

また、その人はあわせて以下のようなことについても精通している必要があります。

- 子どもとの会話の仕方。
- 家族がどんな具合か様子を知ることができるアクティビティ。
- 子どもの安全・保護に関する団体の規定。
- いつ、どこでその問題を取り上げるか。
- 報告の仕方、及び誰に報告すべきか。
- 体罰その他の子どもへの虐待に関する、家族の出身国及び居住国における法律。
- 居住国の政治状況

派遣団体のためには、これに関する有益な情報リソースとして以下のサイトがあります。www.childsafetyprotectionnetwork.org

【まとめ】

大人にとって子どもの様子に常に目を向けていることは、なかなか難しいものです。親と派遣団体の双方が繰り返しそのことを確認する必要があります。そのようにして、子どもの生活が問題なく順調か、注意していくことができます。

【アクティビティ：子どもに目を向ける】

子ども（たち）の親、そしてその子（たち）に対して何らかの責任を担っている大人たちが一同に集まります。その子ども（たち）の写真を皆の目の前に置きます。この章の初めの各質問を用いながら、一人ひとりの子どもについてできるだけ多くのことを話し合います。生活の様子はどうか。どのようなニーズがあるか。さらには、親が子ども（たち）のニーズに応えるため、親自身には何が必要かも話し合います。

子どもにフォーカスするためのさらにパワフルな方法として、次のようなアクティビティがあります。皆の真ん中に椅子を一つ置きます。それがある一人の子どもの椅子だと思ってください。そこにいる人たち全員が一人ずつ順番にその椅子に腰掛け、その子が何を感じ、何を考えているかについて思い巡らします。正しいとか間違っているとかは関係ありません。どんな事でもよいので自由に想像してください。ある人は、椅子に腰掛ける前にすでに何かを思いついているかもしれません。またある人は、椅子に腰掛けてみて気がつくことがあるかもしれません。このようなアクティビティをしばらく続けた後に、皆で語り合います。これによって、その子どのにどのようなニーズがあるか、いろいろなことが分かってくることでしょう。

＊＊＊

【できることを考えよう】

1. 親として
    - この章の初めの各質問を定期的に振り返りながら、子どもに目を向けることを習慣づけていきます。
2. 派遣団体として
    - どのような仕方で、団体として各家族の子どもたちに目を向け続けていくことができるでしょうか。
    - 子どもが危険にさらされた場合、団体として何をするか明確なプランを持っていますか。
3. TCK 自身として
    - 大人たちに、子どもにいつもフォーカスするように伝えてください！

IX.
ディブリーフィングとストーリーを語ること

第43章　ディブリーフィングとは

ディブリーフィングには大きく分けて２種類あります。

- 危機的な状況やトラウマを抱えた出来事の後、あるいは通常とは異なる出来事や状況の後に行うディブリーフィング。私はこれを「トラウマを消化（プロセス）すること」と呼びたいと思います。
- もう一つは、移動（引っ越し）のような特定の期間に経験したことをプロセスし、まとめるためのディブリーフィング。それは締めくくりをするためです。

ディブリーフィングの目的は、どんな経験であっても、その人のライフ・ストーリーのうちに「統合」することです。従来、ディブリーフィングは、人々が自分のストーリーを語るためのスペースを作ることに重点を置いてきました。それは言葉が統合のプロセスで最も強力なツールと考えられていたからです。確かに言葉は重要です。しかし、それがどのような感じだったか、身体のどの部分で感じたかに結びつけられる必要があります。神経科学の研究では、最も重要なことは、その人が自分の物語を事細かに語ることができるかではなく、むしろその人がそのとき身体で感じたことを再び感じて、その記憶の中に安全を注入することである、と説明しています。

私はディブリーフィングとは、ある期間にわたって自分の人生がどのようなものであったかを探求するプロセスだと考えています。TCKとして育ったことによる何か良いものを得るためには、その幸いな部分とつらかった部分の両面を統合していく、つまり喜ぶことと悲しむことの両方を行なう必要があります。子ども時代、私たちは人生を生き抜き、そこから最高のものを得るために最大限の努力をします。しかし、物事があまりにも困難になったとき、子どもは引きこもるか、不適切な行動をしてしまうかもしれません。人生が大変だった、または困難だったことを認めることは、子どもが自分に何か問題があると思い込む可能性があるため、複雑になることがあります。自分が今経験している事や、今まで通ってきた事を上手に消化（プロセス）していくためには、今自分はまったく安全な場にいると感じられることが必要です。さらには、「あなたが今感じていることや考えていること、反応の仕方や振舞いは正常なことですよ」と、誰かから何度も繰り返し言ってもらうことが必要なのです。

どちらの種類のディブリーフィングも、すなわちトラウマをプロセスしていく場合も、締めくくりのディブリーフィングを行なう場合も、両方ともに、個人個人に対して提供されるのと同様、家族やグループの全員に対しても、子どもにも大人にも、提供されるべきです。例えば一つの家族などのグループに対してディブリーフィングを行なう時には、そのプロセスは複数のレベルにおいて進行していきます。そのような場合、ディブリーフィングをリードする者には、一人ひとりと同時にグループ全体に対してもディブリーフィングのプロセスを支え、導く能力が求められます。そこで大切なことは、それぞれの人が自分のストーリー、考えたこと、感じたことが確かに聞かれ、理解してもらえたということを経験することです。子どものディブリーフィングの場合には、創造的（クリエイティブ）なアクティビティを用いると効果的です。また多くの場合、両親が子どもと一緒にいてディブリーフィングを行なうのが最も良い方法です。子どもが継続してプロセスしていくのを両親が助けることができるからです。

どちらのディブリーフィングも、すなわちトラウマをプロセスしていく場合も、締めくくりのディブリーフィングを行なう場合も、専門の人だけでなく、親や友人、同僚などでも行なうことができます。専門の人は、その人自身の経験や資格にも拠りますが、すでにディブリーフィングを済ませた人がさらに深いレベルにまで達するように導いていくことができます。友人や親が行なう場合には、自分自身の限界を知っておくことも大切です。しかし、それでも、適切な質問を投げかけ、自らもリラックスして安全な環境を提供し、良い聞き手になり、プロセスを信頼することによって、良いディブリーフィングを行なうことができます。

どちらのディブリーフィングも、すなわちトラウマをプロセスしていく場合でも、締めくくりのディブリーフィングを行なう場合でも、主に以下のような質問をします。

- 何が起こったか。（事実）
- どう感じたか。身体のどの部分でそのような感じがしたか。（感情と身体感覚）
- どう考えたか。（思考）
- 何を必要としていたか。
- もしそこに誰がいたら、それが満たされたか。

以上のような質問をすることでプロセスを保ち、進めていくことができます。話の詳細は必要ありません。もっと重要なことは、その人が経験したことを、身体感覚と身体反応とに結び付けていくことです。さらに大切なことは、「何を必要としていましたか」、また、「もしそこに誰がいたら、それが満たされたと思いますか」と質問することで、その人の記憶の中に安全を注ぎ込んでいくことです。そして、最後に「もうそれは終わったよ」と言って、安全と確証を提供することです。

ディブリーフィングによって以下のような助けを得ることができます。

- ストーリーを話すことができる場所とスペースを提供する。
- 自分の感情、考え、行動が異常なことではないとしだいに分かってくる。
- 自分が経験してきた出来事とそこで感じたことを受け入れ、確かなものとする。
- 経験してきたことを自分の人生のストーリーの一部として統合できるようになる。
- 起こった出来事に対する自分の役割と責任を理解する。同時に、何に対して自分が責任を負っていないかも理解する。
- 怖かったことに安全性をもたらす。
- 期待どおりに満たされなかったことを悲しむためのスペースを提供する。
- 健全な対応策を見つけていくための助けを提供する。
- 締めくくりを提供する。
- 将来を目ざして進んで行けるように助ける。

上手くいった経験についてもディブリーフィングは行なうべき

です。何かを達成し終わった時（個人として、またグループとして）、あるプロジェクトを完成した時、目標に到達した時などもディブリーフィングは行なうべきです。そこに至るまでの過程を振り返ってディブリーフィングを行なうことにより、喜びを皆で分かち合い、共にお祝いすることができます。それが効果を倍増させ、お互いをさらに結びつけます。

親であれ、友人であれ、メンバーケア―担当者であれ、その他誰であっても聞き手になる場合には、相手に対して安全、受容、承認、肯定を提供しなければなりません。子どもでも大人でも、自分は正常であること、ベストを尽くしたこと、自分はヘンではないのだということを、人から何度も何度も言ってもらう必要があります。

人の話を聞く時には、以下の点に気をつけます。

- この人にとって重要なことは何か。
- 繰り返し何度も出てくる言葉は何か。
- しばしば出てくるテーマは何か。
- 語られなかったことは何か。
- その人の口から「泡のように」出てくるものは何か。

以下のことも観察します。

- ボディ・ランゲージ（身体言語）
- 激しい感情の反応

話し手の感情をしっかり受け止めることによって、はじめてその人は起こった出来事を別の角度から見ることができるようになります。自分の感情を理解してもらえないうちは、新たな視点を持つことは不可能です。したがって、まずその人の感情と身体感覚に注目します。その後で、その人が自分自身について、ほかの人について、世の中についてどう考えているか尋ねます。次には、その人がどんな反応をし、その時何を必要としていたかを聞きます。何が必要だったかを尋ねる際には、その必要は確かに満たされたということを想像（イメージ）するように勧めます。もちろん、私たちは過去の記憶を変えることはできません。しかし、私たちはその人の記憶の中に安全を招き入れるのです。

トラウマをプロセスしていく場合でも、締めくくりのディブリーフィングを行なう場合でも、子どもであれ大人であれ、その人が安全と喜びを再び見出せるようになるのが私たちの願いです。それは、その人が自分の経験を安全な人に話すことができ、その記憶の中に安全が招き入れられ、そして将来に向かっての道筋が形作られたときにはじめて可能となります。

ディブリーフィングのプロセスで有益なことは、話をすることだけではありません。絵を描くこと、粘土で何かを作って見せること、ロールプレイ（演じること）、いくつかの椅子を使って起こった事を説明することなどの方法もあります。それらは、脳の右と左の間の統合のために役立ちます。記憶と感情のほとんどは脳の右の部分に蓄えられ、そこには、絵を描いたり、視覚化したり、遊んだりすることによって比較的容易にアクセスできます。一方、論理思考と言語は主に脳の左の部分で扱われます。私たちは脳の左右両方を使うことで、いやしのプロセスが始まり、記憶と感情が平安と安全へと導かれます。

家族のディブリーフィングを行なう場合には、子どもに目を向けることが重要です。以下の点を心掛けましょう。

- 家族皆で一緒に集まる。何かのアクティビティを行なう。
- 子どもたちがそれぞれ、どのような場でどのような生活をしているか聞く。（子ども一人ひとりについて両親に尋ねる。親がそれぞれの子どもと固く親密な関係を築くのをサポートする。それによって親は子どもを支えることができる。）
- すでに大きくなった子どももそこに加える。彼らもまた親が海外生活していることによって影響を受けている。
- 一人ひとりの子どもと話すことを願い出る。（両親と子どもたちがそれを望んでいるかどうかまず尋ねる。子どもがその場に親も一緒にいて欲しいか、欲しくないか、兄弟姉妹がいて欲しいか、欲しくないかを子どもに決めさせる。）
- 子どもが生活上、上手くいってないことを示すサインを見逃さない。子どもがぼそぼそと語ることに耳を傾ける。（彼らの感情や固く信じていることを聞き取る。彼ら自身と、彼らが感じていることを理解し受け止める。自分の生活の中で、何か変えたいと思っていることがあるかどうかを尋ねる。）
- 子どもたちに関してもし何か気になることがあれば、両親に話す。

両親に対するディブリーフィングが効果的になされると、それはその子どもたちを助けることにもつながります。以下は、大人のディブリーフィングを行なう際に用いることのできる質問の例です。ディブリーフィングにおいて最も重要なことは、その人が自分のストーリーを自由に話すことができるスペースを提供することです。したがって、あまり多くの質問をすることには躊躇します。しかし、ある場合には質問することによってプロセスが前進し、大切なポイントが見つかることがあります。以下に挙げるものは、様々な団体が練り上げて来た良いディブリーフィングの質問例です。

A. 滞在地を去って来た（来る）時

- どこから戻って来たか。
- どのような出来事を経験して来たか。
- あなたにとって、喜び、功績、勝利、成功、最高なこととは何だったか。
- あなたにとって、落胆、悲しみ、苦心、ストレス、戦い、心痛とは何だったか。
- 何を得ることができたか。
- 何を失ったか。
- 笑わずにはいられない、泣かずにはいられないようなことがあったか。
- 失って悲しく思うことは何か。
- そこを去って良かったことは何か。
- そこで学んだことは何か。
- あなたが学んできた中で、中心的なことは何か。
- そこで受けたいくつかの最大の祝福とは何か。
- 盗まれたと感じるものは何か（比喩的な意味で)。
- 持って帰りたいものは何か。
- これから先、何があなたを待っているか。
- 今あなたが必要としているものは何か。

B. 状況が変わった時

- 変わったことは何か。
- そのように変わることを以前から知っていたか。
- そのような変化にあなたはどのように対応してきたか。
- 新しい状況になって、あなたが思ったよりも良かったことはあるか。
- がっかりしていることは何か。
- 以前の状況の中で、あなたが今失って特に悲しく感じることは何か。
- 現在、あなたは状況が上手くいっていると感じるか。
- 新しい状況に対するあなたの適応はどんな様子か。
- あなたには助言してくれる人（メンター）がいるか。

C. 新たな挑戦（チャレンジ）

- 上手くいったことは何か。
- 上手くいかなかったことは何か。
- あなたが達成できたと感じられることは何か。
- 達成したかったと思うことは何か。
- 何か新しい関心や方向性をあなたは見つけたか。
- その新しい関心のために、今あなたが必要としているトレーニングは何か。

D. 個人としての成長

- 過去 1 年間、あなたの中で新しく変わったことがあるか。それはどのようなことか。
- あなたは自分のそのような変化を喜んでいるか。喜んでいないか。

- あなたは成長したか。
- あなたがそのように変わる前は、どのような感情を抱いていたか。
- あなたは自分の感情をどのようにケアしてきたか。
- 今までにあなたが対処しなければならなかった困難な問題や苛立たしいと感じた問題を二つか三つ考えてみる。そのような場合におけるあなたの対処の仕方はどのように変わってきたか。
- 自分自身をケアするためにどのようなことをしてきたか。（身体的健康、情緒的健康、霊的健康、仕事面での技術や能力の向上、バウンダリー／境界線）
- あなたにとって、人格的に新しく変えられるとはどのようなものであってほしいか。
- 自分で変えていきたいと思う習慣はあるか。

E. 時間

- 時間管理をどのようにしているか。
- 日常生活の中で時間が足りないと感じているのはどのような領域か。
- 生活の中で時間が長すぎると感じているのはどのような期間または領域か。
- 自分のための時間とほかの人のための時間を比べるとき、それは自分にとって良いバランスになっているか。
- 一週間のなかで休む時間があるか。
- 睡眠時間は十分あるか。

F. ストレス

- 特にストレスを感じているのはどのようなことか。
- ストレスを感じているとき、それをどうやって知るか。
- 自分がストレスの中にあるとき、他の人はそれをどうやって知るか。
- ストレスを感じているとき、あなたは自分のために何をするか。
- あなたはリラックスできる時間を十分に取っているか。
- あなたにはリラックスできるような場所が一つか二つあるか。
- 何か運動をしているか。
- ストレスを感じているとき、他の人に何をしてもらいたいか。
- ストレスに何か別の方法で対処したらよかったと思うことがあるか。それはどのような方法か。さらに別の方法で対処する必要があると思うか。
- あなたには、「ここが自分の居場所だ」と感じられる人やグループがいるか。
- あなたは一緒に礼拝するグループが見つかったか。
- あなたは一緒に祈ることのできる仲間が見つかったか。
- ストレスを減らすために何をする必要があるか。

G. 人間関係

- あなたの今までの人間関係はどのようなものか。
- あなたはそのような人間関係を別のかたちで築いてくれればよかったと思うか。
- もし別のかたちで人間関係を築き上げたかったとすれば、そのためには何が必要だったと思うか。

- どのような人間関係があなたにとって助けとなったか。
- どのような人間関係であなたは疲れ果ててしまったか。
- あなたは特定の人間関係において、どのような懸念があるか。
- これまでに人間関係の摩擦が何かあったか。
- その場合、何が原因でその摩擦が生じたか。
- あなたはどのようにその摩擦に対処したか。
- もっと別の方法でその摩擦に対処すればよかったと思うか。
- その場合、そのためには何が必要だったと思うか。
- 人間関係において、解決しなければならない問題がまだあるか。
- いつそれができると思うか。
- 自分の家族や友人との関係はどうか。
- 必要なサポートを、派遣団体や同じチームなどから受けていると感じるか。
- そうでない場合、より良いサポートを受けるために自分として何ができるか。

H. 家族

- あなたは自分たちの結婚生活をどのように見ているか。
- 自分たちの結婚生活における長所や喜びは何か。
- 難しさを感じていることは何か。
- お互いの関係が上手くいかなくなるのはどのような時か。
- しっかりした関係を築き、それをより確かなものとしていくために、互いにどのようなことをしているか。
- 関係をより強くしていくために、日頃どのようなことを行なっているか。

- 自分の夫または妻に対して何か気になることがあるか。(子どもについて話すときは、大人になった子どもも含める。)
- 子どもの生活や成長に関して、あなたが最も励まされていることは何か。
- 子どものことで何か気になることがあるか。教育面、身体面、社会性または情緒面における必要について。
- 子どもの養育に関して今のところ親としては上手くいっていること、反対に難しさを感じていることは何か。
- それぞれの子どもとあなたとの関係はどうか。しだいに変わって来ているか。
- それぞれの子どもとの関係をより確かなものとするために、あなたにできることがあるか。
- 子どもたちは今、あなたから何を必要としているか。
- あなたがそれに応えるために、何が必要か。
- あなたと子どもたちとの関係をより強くしていくために、普段からどのようなことを家族で行なっているか。
- 変更が必要とされる実際的な課題があるか。住まいのこと、移動手段のこと、通っている学校のことなど。

I. 目標

- あなたは何か目標を持っている（いた）か。
- それらの目標一つひとつに関して、どの程度達成できていると思うか。

J. 将来

- 今から2年後までにあなたはどこに住んでいたいと思う

か。5 年後はどうか。

- そのためにはあなたは何が必要か。
- あなたがこれからも続けて生活していくために必要なサポートは得られているか。
- あなたはどのようなサポートがこれから必要となるか。
- それをどのようにして得ることができるか。

K. 団体とのコミュニケーション

- あなたは団体との間で、話し合いたい重要な事、将来考えてもらいたいと提案したい事があるか。
- そのような団体との話し合いのために、またはあなたの提案を団体に持って行くことができるためには、どのような方法があるか。

L. 以下は、移行期のディブリーフィングの際に、親が子どもたちとの会話で用いることのできる例です。

① 移動前

- 楽しみにしていることは何か。
- 怖いと感じることは何か。
- 自分の生活がどのように変わっていくだろうか。
- 失って悲しいと感じるものはなんだろうか。
- 起こり得る最悪のこととは何か。もしそうなったら自分にできることは何か。
- 起こり得る最高のこととは何か。そうなるために自分にできることは何か。
- 自分が再会を楽しみにしている人は誰か。

- その人たちは今と変わらないだろうか。あるいはもう変わってしまっただろうか。
- 自分は変わっただろうか。
- これから何かが変わったと感じるだろうか。
- もし何かが変わったと感じたら、どうしたらいいだろうか。
- 今、自分はどう感じているだろうか。

② 移動の最中

- 良いことは何か。
- ヘンな感じ、あるいは怖いと感じることが何かあるか。
- 何か変わったように感じるか。どんな時にそう感じるか。
- 人々が自分のことを分かってくれないと感じることがあるか。どのような時か。
- 「ここが自分の居場所」と感じられる所があるか。誰といる時そう感じられるか。
- 自分は何によって良い気持ちになるか。
- 自分は何によって悲しかったり、怒ったりするか。
- 自分がもっと良い気持ちになるにはどうしたらよいか。
- 自分が成長するために学ばなければならないことが何かあるか。
- もっと楽にやっていくために家族として何か変わらなければならないことがあるか。
- 友だちになりたいと思う人が誰かいるか。
- かつての友人と連絡を取る方法を見つけられたか。

③ 新しい場所に移ってしばらく後に

- 自分は今どんな様子か。

- 良いことは何か。
- 大変なことは何か。
- どのようなことがたぶん変わるだろうと思っていたか。
- 何かが変わってきたと今も感じることがあるか。それはどのような時か。そう感じた時はどうするか。
- 今「ここが自分の居場所」と感じられるところ（所属感）があるか。
- どこかの仲間に加わりたいと思うか。
- 友だちがいるか。
- 自分がここにいることを喜んでいる人が誰かいるか。
- 自分を悲しくさせること、怒らせることは何か。
- この場所が好きになり、自分の居場所と感じられるようになるために、自分にできることが何かほかにあるか。
- 自分のユニークな生き方とこの世界を、どのようにつなげていくことができるか。

④ 数年後

- かつて私たちが移動した時のことで何か覚えていることがあるか。
- 私たちの記憶にあるのはみんな同じようなことか。異なっているか。
- 新しく得たものは何か。
- 失ったものは何か。
- 何が助けになって、「ここが自分の居場所」と感じられるようになってきたか。
- 今でも自分の居場所がどこにもないと時々感じることがあるか。

- 「自分には居場所がある」ともっと確かに感じられるようになるために、何か自分でできることがないか。
- 子どもたちはあの時、親であるあなたがたから何を必要としていたか。
- 私たち家族は、他の人たちから何を必要としていたか。
- 移動の時期に私たち家族は、それぞれが互いにしっかりつながっていることができただろうか。
- あるいは、お互いがしだいに疎遠になったのだろうか。
- 自分たち家族は、一緒に悲しむことができているだろうか。
- 移動したことでいまだに自分たちがイライラしてしまうことが何かあるか。
- 私たちは怒りの感情に対して、どうすることができるだろうか。
- 私たちは過去の経験をどのように用いていくことができるだろうか。

【まとめ】

ディブリーフィングを行なうことによって、人生のある特定の時期の出来事をプロセスする機会を持つことができます。いろいろな質問やアクティビティを用いると、ディブリーフィングに効果的です。

【アクティビティ：私の人生についての本】

自分のストーリーを書くひとつの方法は、自分の人生についての本を作ることです。フォルダーを一つ用意します。たくさんの用紙をそこに挟んで、各ページに以下のようなタイトルを書いていきます。

- 私の生まれ
- 私の父
- 私の母
- 私の兄弟姉妹
- 私の人生で大切な人たち
- 私のことを気にかけてくれている人たち
- 友だち
- 私はどんな子どもだったか
- 人が私のことをどう見ていると思うか
- 私が今まで住んできた場所を表す地図
- 今まで私が住んできたそれぞれの土地、家、人々、ペットなどの写真
- それぞれの場所で私が好きだったもの、好きでなかったもの
- 引っ越し（移動）するときにスーツケースに入れていたもの
- かつて私が住んだ土地にあったもので、失って悲しく感じているもの
- 一番楽しかった思い出
- 一番悲しかった思い出
- 私がしたいこと
- 私を幸せな気持ちにしてくれるもの
- 私を悲しい気持ちにさせるもの
- 私を怒らせること

- 私が怒った時にすること
- 何が怖いのか
- 恐ろしいと感じた時に私がすること
- 自分が何かヘンだと感じる時
- 自分が何かヘンだと感じた時に私がすること
- 私の得意なこと
- 私の好きなところ
- もし新しいところに住むことができて、そこに、私がかつて住んでいたすべての場所の最高の部分だけを集めるとしたら、それはどんなふうに見えるか。
- 私の一番大きな夢
- 誰も答えられないような、私からのいくつかの質問
- 私が願っている10年後の私の人生

以上のタイトルの中から自分が好きなものを選びます。あなたにとって大切なもの（こと）を書いていきます。自分の人生についての本を作ることによって、自分が今まで経験したことを記憶にとどめておくことができます。その一つひとつがあなたの人生そのものなのです。あなたの人生について誰かに話したい時に、その本を用いることもできます。

＊＊＊

【できることを考えよう】

1. 親として

- 親であるあなたとあなたの子どもたちの両方が共に、良い

締めくくりをするため、またトラウマを消化（プロセス）していく必要が生じた場合にも、ディブリーフィングを規則的に行なうようにします。親にはごく日常的なことに見えるイベントであっても、それによって子どもがトラウマになっている可能性もあることを知っていましょう。

- 良い締めくくりをするためにも、そしてトラウマをプロセスしていくためにも、その両方のディブリーフィングの方法を学んでおきましょう。親であるあなたこそが、常に子どものために一緒にいる存在であり、また、子どもが（願わくは）安心を感じられる存在なのです。

2. 派遣団体として
   - 各家族のために、良い締めくくりのためとトラウマをプロセスするための、両方のディブリーフィングの機会を提供しましょう。家族が希望した時にだけそれを提供するというのではなく、団体として規則的にそれを提供するシステムを作ります。
   - 大人にも子どもにも、良い締めくくりのためとトラウマをプロセスするための両方のディブリーフィングを提供できる、訓練されたスタッフがいることを確認します。
3. TCK 自身として
   - 生活の大きな変化の時や移動（引っ越し）をする時、またあなたがとても怖い出来事を経験した時は、そのことを両親に話しましょう。自分のストーリーを聞いてもらい、経験してきたことをしっかりプロセスできるように、親に助けてもらいましょう。それを自分だけでするのはとても難しいことです。誰かが一緒にいて助けてもらう必要があるのです。

- あなたがすでに大人の場合。子どもの頃、良い締めくくりのため、またトラウマをプロセスするために、あなたは必要な助けを受けることができたかどうか振り返ってみましょう。もしそうでなかったのなら、今、助けをいただきましょう。ディブリーフィングは決して遅すぎることはありません。

第44章　統合と抱擁

我が家の居間には、世界各地の楽器のコレクションが飾ってあります。私が今までに住んだり訪ねたりしたことのある国々から集めたものです。「私には居場所がない」という感情がにわかに襲って来た時、私はこの「世界の広場」にやってきます。この場にいると、自分が多くの異なる文化に接してきたことを優しく思い出させてくれます。それらを表すものが私の居間に集められており、そのどこにいた時も、私には自分の居場所があったことに気づきます。ここに飾られているたくさんの楽器のコレクションを通して、私は自分がいままで経験したことや数々の思い出を、自分の人生のストーリーの中に「統合（integrate）」していくことができます。このような視覚的に思い出させてくれるものが、時々私には必要になります。

もうひとつはフェイスブック（Facebook）です。世界中の友人が一つの同じ画面上でコメントしているのを見る時、私はまるで彼らと一緒にいるような気持になります。これは本当に最高の気分です！

統合（integrate）とは、自分の経験のすべてを理解し、用いることができるようにすることでもあります。今日の社会では、いわゆる「世界を旅する遊牧民」と呼ばれる人たちに、ある種の期待が寄せられています。国際的な経験と多様な文化についての知識を備えた人々、多くの言語に堪能な人々、異なる国家間や文化間の橋渡しができる人々のことです。ある意味では確かにその通りです。しかし、それは、過度な異質性を持ち込まない程度までという条件付きです。今日の世界は多くの点でグローバル(国際)化したと言われますが、それでもなお、「モノカルチャー（単一文化)」の傾向が根強く存在します。ある会社では、幅広い語学力を備えた人材を求めているかもしれません。しかし同時に、外国の文化の考え方を会社に持ち込んでもらっては困る、とも考えています。ある団体では海外からの移住者を歓迎し、メンバーとして迎え入れてくれるかもしれません。しかし、そのような移住者のうち、はたしてどのくらいの人たちが、その団体のリーダーシップ・チームに参画することが許されているでしょうか。雇用者側は、志願者が希望している職場の文化をよく理解しているかどうか、それをまず確認します。そこでのルールをよく理解しているかどうか。そして、志願者が様々な外国からの新しいアイデアを持ち込んで、会社を混乱させることがないようにと念を押します。ほとんどの国において、ある会社に就職できるのは、雇用者側が志願者についての情報を「知った」ことによるのであり、志願者がいろいろなことを「知って」いるからではありません。海外の高校や大学で取得した成績通知表や卒業証書などは、そこではほとんど役に立たず、資格免許も有効ではないことがあります。

仮にあるTCKがその優れた言語能力のゆえに、ある仕事に就くことができたとしても、自分が身に着けてきた文化的能力をフルに発揮できているとは感じられないことがあります。TCKが、「ある国ではこんな仕方でやっています」と言って、新しい方法を紹介しようとすると、ほとんどの場合、「いや、ここではそのような仕方はしない」という言葉が返ってきます。TCKはしばしば、自分の持っているものや、ありのままの自分をなかなか生かすことができないと感じます。これがTCKの陰の部分です。もちろん、TCKの中には、自分の潜在的能力、つまり今までの「遊牧民生活」から得てきた豊かな知識・経験をいかんなく発揮している、そのような人たちは確かにいます。しかし、すべてのTCKが必ずしもそうであるとは言えない現実を私たちは知る必要があります。TCKは、自らの特異な生活経験と教育的背景のゆえに、人生のチャンスをつかむこともあれば、失うこともあるのです。

「統合（integrating）」と「抱擁（embracing）」という自らに対する作業を試みる際、TCKはかなり現実的にならざるを得ません。というのも、実際それは容易なことではないからです。ミリアム・ウエブスター辞書で「統合する（integrate）」という語の意味を調べると次のような説明があります。

- （二つまたはそれ以上のものを）まとめて、何らかのものを形成する、または造り上げること。
- （何かを）より大きなものの一部に加えること。
- （ある人やグループを）より大きなグループや組織の一員にすること。
- （何かを）形成し、調整し、または全体として機能するように融合させること。
- 社会や組織の中で分け隔てなく、平等に参加させること。

したがって、TCKが統合（integrate）という作業を試みようとするとき、彼らは難しい課題に直面します。それは以下の2点です。

- 自分のライフ・ストーリーの様々に異なる部分を、一つにまとめ上げること。
- 自分が属するグループや社会の一員となること、対等なメンバーになること。

もっとも、ある意味で、これはほとんどのTCKが元来得意とする分野です。というのも、彼らはこのようなことを小さい頃からずっと実践してきています。ただ、私たちが忘れてならないことは、TCKが絶えず行っているこの作業は、大変なエネルギーを要するということです。新しい別の土地に移って来たTCKが、そこで何もしなくても自然に自分が統合されるようになった(integrated)、と感じることは滅多にありません。TCKとして生きるということは、「自分はこのコミュニテイーの中で、他の人と対等なメンバーになることは決してない」という現実を受け入れることでもあります。これを受容するには深い悲しみが伴います。しかし同時に心が楽になることもあります。統合という作業のために自ら一生懸命になる必要はないからです。また、対等なメンバーという地位を獲得するために闘う必要もないからです。そのようなものがなくても生きていけるスキルを、私自身も学んできました。一方で、私がどうしてもしなければならなかったことは、自分のライフ・ストーリーを統合する、つまり、異なる様々な自分の経験の断片を一つのストーリーにまとめ上げていくという作業でした。これをせずには、私は生き抜いていくことができません。では具体的にどうやったらいいのか。その多くの実例が本書全体を通して、各章の「アクティビティ」というセクションで紹介されています。

では次に、「抱擁する(embrace)」という語の意味を調べてみましょう。

- 愛情や友情を表現するために誰かを両手で抱き締めること。
- （何かを、または誰かを）すすんで、喜んで受け入れること。
- （ある機会を）積極的に利用し、より包括的な全体の一部、項目、要素として取り込むこと。

自分のライフ・ストーリー、経験してきたこと、生い立ちを抱擁するためには、私がそれらを自分の人生の一部として、両手で抱き締め、愛し、積極的に受け入れ、熱心に用いることが求められます。そして遂には、自分を幼子のように高く抱き上げ、「愛しているよ！あなたは素晴らしいのよ！あなたの持っているもので何か素敵なことをしてみようか！」と自分に語りかけることかもしれません。それが必ずしも容易（たやす）いことではないと分かっています。それには長い旅路、プロセスを要します。この抱擁という作業を実行するためには、陰の部分も同様に受け入れていかなければなりません。それは決して不可能ではありません。

さてここで、もしあなたがTCKの親であれば、あなたには大切な役割があります。あなたは我が子のストーリーの中のつらかった部分をも、抱擁する勇気を持たなければなりません。それは、あなたが親として過去に決断した結果もたらされたものであるかもしれません。でもそれはあなた自身を責めることではありません。あなたはその時々において最善と思われることをしたのです。もしあなたが別の異なる決断をしていたらどうなっていたか、などということは誰にも分かりません。結果的に起こってしまったことのすべてに、あなたの責任があるのではありません。

しかし、それでも、その一部はやはりあなたに責任があります。つまり、あなたの下した決断、子どもをいつも助ける用意があったか、なかったか、守ってあげたか、あげなかったかということに関しての責任です。もしあなたが親として、このような自分の負うべき責任を負っていこうとするなら、子どもははるかに容易に人生のコマを前に進めていくことができます。

ここで、親が責任を負うということは、何を意味するのでしょうか。それはおもに、次のようなことを子どもに語ることです。「そのことに関しては私に責任があったわ。その時はそれがベストだと思っていたの。でも、今になってみると、必ずしもそうではなかったことに気付いたの。それが原因であなたがこのようなことになってしまい本当にごめんなさい。もしそのことで私に今でもできることがあったら教えてほしい。でも、私が何よりもしなければならないことは、まずあなたのストーリー、あなたの身に起こったこと、あなたが思ったり感じたりしたことにじっくり耳を傾けること。心からそのようにしたいと思っているの。」

【まとめ】

TCKが人生を活き活きと歩んでいけるための秘訣は、自分が経験してきた多くのことを統合し、抱擁していけるかどうかにかかっています。そのためには、親、友人、TCKの仲間など、周囲の人々からの助けを必要としているのです。

【アクティビティ：私の統合コーナー】

あなたの「統合コーナー」とはどんなものになるでしょうか。あなた自身の、または家族にとっての特別な、お気に入りの「統合コーナー」を作ってみましょう。例えば、以前住んだことのある土地の料理の本を棚に並べるのはどうでしょう。あるいは、国々の旗、貝殻、ビーズ、カップ、おもちゃなどのコレクションが良いかもしれません。普段あなたが気軽に楽しむことができる場所にそういったものを飾って置きます。それを眺めながら、いろんな場所であなたが経験した様々なことを思い出し、それらを通して今の自分があることを確認することができます。

＊＊＊

【できることを考えよう】

1. 親として

- 今まで経験したことについて普段から家族皆で話すように心掛けましょう。家族としてのライフ・ストーリーを作ってみましょう。同様に、家族の一人ひとりが自分独自のライフ・ストーリーを作ります。経験したことのいろいろな断片を織り込みながら一つのストーリーにします。
- 子どもが自分の様々な経験を大切にすると同時に、それが良い意味でも悪い意味でも自分にどのような影響を与えたかについて、現実的に考えられるように助けてください。
- 子どもが自分の経験を活かす機会を見つけられるようにサポートします。
- 過去においてあなたが親として決断した事について、またそれが家族皆に影響を及ぼした事について、親としての責任を負いましょう。

2. 派遣団体として

- 自分が経験した様々なことを子どもが上手に活かす機会を見つけることができるように親が助けようとしている時、団体として何か手助けできることを提供しましょう。

3. TCK 自身として

- あなた自身の「世界の広場」を作りましょう。それを眺めながら、今の自分がどういう人間なのか、どこから来たのかを確認することができます。
- 自分の経験を上手に活かすことのできる機会を探し求めましょう。
- 自分が失ってきたものを悲しみましょう。そして、今までに得てきた良きものを大切にしましょう。

第45章　ストーリーを語る

TCKがこの世に与えることのできる最も美しいプレゼントは、彼らの語るストーリーです。TCKこそストーリーの話し手です。ところが、彼らは、自分の話を聞いてくれる人が誰もいないという現実をしばしば経験します。彼らのストーリーは、その単純さの中にも複雑さがあり、彼らの生活そのものも複雑です。そのストーリーは混乱しており、彼らの生活も混乱しています。そのストーリーはエキゾチックであり、生活もエキゾチックです。一方、あなたがTCKに贈ることのできる最も美しいプレゼントのひとつは、彼女の語るストーリーに耳を傾けることです。理解しなくてもいいのです。なぜなら、おそらくそれは不可能だからです。彼女が話す場所に行ったことがある必要はありません。その話の情景を想像できなくても構いません。ただ聞くだけでいいのです。彼女が自分の体験を話しているとき、彼女が感じている心を同じように感じてください。説明するのが難しい内容を、彼女は一生懸命言葉を探しながら話しています。あなたは、彼女が語る言葉そのものではなく、その心に耳を傾けてみてください。

TCKから聞くストーリーは、長編も短編もあるでしょう。感動的なもの、心痛むもの、意味深いものなど、様々なストーリーを聞くことでしょう。ストーリーの中にどっぷり浸かるような体験でしょう。TCKたちは言わばストーリーを語る「特別な家族」であり、彼らには話せる場と時間が必要です。ストーリーを誰にも話せないとき、私たちTCKは孤独を感じます。自分の人生に意味を見出せなくなります。でも、ストーリーを誰かと分かち合うことが支えとなって、人生の物語を書き続けていくことができます。TCK にとってはそれが人として完全になれる唯一の方法なのです！

人間として、私たちは自分のストーリーを語り、分かち合う必要があります。私が自分の話をするとき、たとえわずかでも、聞いている人の心の中の何かと共鳴し合っていると感じたいのです。そうでないと、語り手にとっては、それが癒しの経験になるどころか、逆に自分があまりにも特殊で不可解な人間であるかのように感じてしまうだけです。そのため、多くの TCK は自分の話をしなくなります。たとえ語ったとしても、自分のストーリーの中から TCK としての経験の核心部分はスキップするか、或いはサラっと触れるだけで終わります。また、多くの TCK は、自分の親にさえもそれについては話しません。というのも、もし彼らが今までの人生の一部分を語る時、親がしてきた様々な決断にどうしても批判的になってしまうことを知っているので、どう話していいか分からず、戸惑ってしまうのです。カウンセラーを見つけて話すことも容易ではありません。TCK の実生活を良く理解しているカウンセラーはめったにいないからです。こうして私たち TCK は、「誰か」話を喜んで聞いてくれる人、少なくとも理解したいと思う人が現れない限りは、自分のストーリーを誰にもシェアできないまま、一人取り残されていくのです。

TCK として、私たちはお互いにその「誰か」になる必要があります。親として私たちは、子どもが経験してきた様々なことについて、「つらかったことも含め、何でも話していいんだよ」と子どもに伝えなければなりません。子どもが自分の成長過程を今どのように感じ、受け止めているか、親はそれをそのまま受け入れ、尊重すべきです。そのようにして親は、今まで自分たちがしてきた決断の責任をすすんで負うべきです。その決断の中には、後になってみると必ずしも良い決断ではなかったと思う、そのようなものも含まれます。そう、親は本当にそうすべき必要があります。たとえ今でもあれは良い決断だったと信じていても、です。

一方、派遣団体もまたTCKたちの言うことに耳を傾けるべきです。彼らのためにカウンセラーと話す場を提供することもできますが、それでもやはり、派遣団体は自分たち自身で彼らの話を聞くべきです。派遣団体もその家族がしてきた様々な決断のプロセスに関わってきたとすれば、このような行為こそが派遣団体としての責任を負うということを意味します。そういった一つひとつの決断がTCKの人生に影響をもたらしてきたのですから。

これほど多くの異なる「世界」を含むライフ・ストーリーを創造し、語ることは本当に難しいことです。海の向こうの遠い国で経験したことは、後には、自分でも夢物語のように感じるかもしれません。ですから、そのために何か橋渡しになるものが必要ですが、最近はインターネットやSNSを利用することで、そういったことが随分簡単にできるようになりました。しかしそれでも、やはり橋渡しとしての重要な役割を担うものは、その子自身の持っているストーリーです。

ここがまさに親が子どもを助けることができるところです。ストーリーを語りましょう。その子の物語をその子自身に話しましょう。「昔々、一人の少年がいました……」などと言って始めるのです。その「少年」がかつてどこに住み、そこでどんなことを経験し、何を考え、どう感じたか、そのように話しながらストーリーを進めます。その少年に、どんな親しい友だちができて、その後どんなふうに友だちと別れてきたのか。どんな楽しいことがあって、どんなつらいことがあったのか。その経験から何を学んだのか。どんなものを失ったのか。そして次に引っ越して来た新しい土地で、上手に生き延びていくスキルを、どうやって身に着けていったのか。

このようなストーリーを、子どもの小さい頃から話して聞かせ、その後も続けて語ります。このように親が日頃から話すことで、その子自身、自分が経験してきた様々な経験の断片を、一つのストーリーにまとめ上げていくことができます。その一つ一つについてあらためて考え、自分が経験した事とその時の気持ちを自分の言葉で表現し、大変だったことや困惑してしまったことの意味が、後でようやく理解できるようになるのです。

子どもの中には、自分の名前を使って話してもらうよりも、「子犬」とか「スーパーマン」などを主人公にして、親が語ってくれるのが嬉しい子もいます。しかしそれでも、それはその子自身のストーリーです。

もし家族が大きな引っ越しの準備を始めている時であれば、これからどんなことが起こるか、「未来」についての物語を語ることができます。そのストーリーに中に、想像力を働かせながら、いずれ子どもが考え、疑問に思うこと、心に感じることなどを交えて話しましょう。

数年前、私は二人のティーンの姉妹のディブリーフィングをしました。二人とも戦争真っただ中のある国で育ちました。そのような経験は彼女たちの成長過程に様々な意味で大きな影響を及ぼしました。私は二人に絵を描くように頼みました。私はしばしばそのような方法を用います。一枚目には子ども時代の楽しかった事について。そして、二枚目にはつらかった事についての絵を描いてもらいました。しばらくすると、両方の紙に、いろんな人々や言葉や思い出がいっぱい描かれました。一枚目の絵にはたくさんの色が使われていましたが、もう一方の絵は、多くが暗い色で描かれていました。二人はその二枚の絵についていろいろなことを話してくれました。私たち三人は、笑ったり、泣いたりしました。

その後、私は二人の目をじっと見つめながら、言いました。「さあ、もうあなたたちはその国にはいないの。それを後にして前に進むのよ。もうこれは終わったことだから」そして、二人にこの二枚の絵をどうしたいか、尋ねました。私は、たぶん彼女たちが、楽しかった思い出がいっぱいの一枚目の絵は残しておいて、もう一枚の絵は、散り散りに破るか、燃やすかして捨てたい、と言うかなと思っていました。ところが、二人とも同じ答えをしました。「両方とも残しておきたいわ。この絵は二つとも、私たちの人生の思い出なの。楽しかったことも、つらかったことも、その両方を経験したことで、今の私たちが形造られているの。これが私たちそのものだから。」

統合（integration）と言われるものは、まさにこのことです。私たちの語るストーリーの中には、喜びもあれば、悲しみもある。素晴らしいものもあれば、痛み苦しみもある。お祝いの時もあれば、嘆きの時もあるのです。

【まとめ】

自分のストーリーを語ることは、統合（integrating）と抱擁（embracing）というプロセスの重要な部分です。TCKには素晴らしいストーリーがあり、聞き手が必要です。ただ、そのストーリーは複雑なことがあるので、忍耐強い聞き手が必要です。さらには、彼らの人生をもとにして物語ってくれる「語部（かたりべ、ストーリー・テラー）」も必要としています。TCKにとってストーリーをシェアすることは、自分の人生が現実のことであり、重要であると感じる助けとなり、そうして自らが大切な存在であることが確認できます。

【アクティビティ：ストーリーを語る】

ストーリーを語りましょう。経験した様々な出来事、場所、人々について。短い話でも長い話でも。悲しかったことや楽しかったこと。知らない文化の中に入って行ったときにしてしまいそうな愚かな話。自分が傷つきやすく、孤独になったときのこと。創造的ないろいろな方法でストーリーを語ることを勧めます。

＊＊＊

【できることを考えよう】

1. 親として
   - 子どもの人生をストーリーにして、話して聞かせましょう。
   - 子どものストーリーを聞きましょう。
2. 派遣団体として
   - TCK が自分のストーリーを人に語ることを勧めましょう。
   - 彼らのストーリーを聞きましょう。聞き手を割り当て、彼らの話を聞く機会を作りましょう。
   - 親が、子どものストーリーの話し手、また聞き手となれるように訓練しましょう。

3. TCK 自身として

- 自分のストーリーを聞いてくれる人を探しましょう。
- 自分のストーリーを創造的な方法でまとめてみましょう。本、ビデオ、マンガ、歌、詩、絵、ダンスなど、いろいろな方法で表現できます。

第46章　ディブリーフィングの手引

以下の文書をディブリーフィングを行なう家族に事前に送ることができます。[1] これは大人でも子どもでも用いることができます。ディブリーフィング当日までに各質問に必ずしも答えを書いておく必要はありません。本人たちの自由です。当日ディブリーフィングを始める前に、どの質問が役に立ったか、そして彼らが焦点を当てたいものがあるかどうかを尋ねることができます。

【あなたはどこにいますか】

このディブリーフィングで取り扱っている年数の期間を、もし曲線で描くとするとそれはどのような形になりますか。

あなたはどのようにして、今いる場所までやって来ましたか。

1　ウーリカ・エルンヴィックによるコレクション。www.familjegladje.se

あなたは下図の移動のブリッジのどこにいますか。

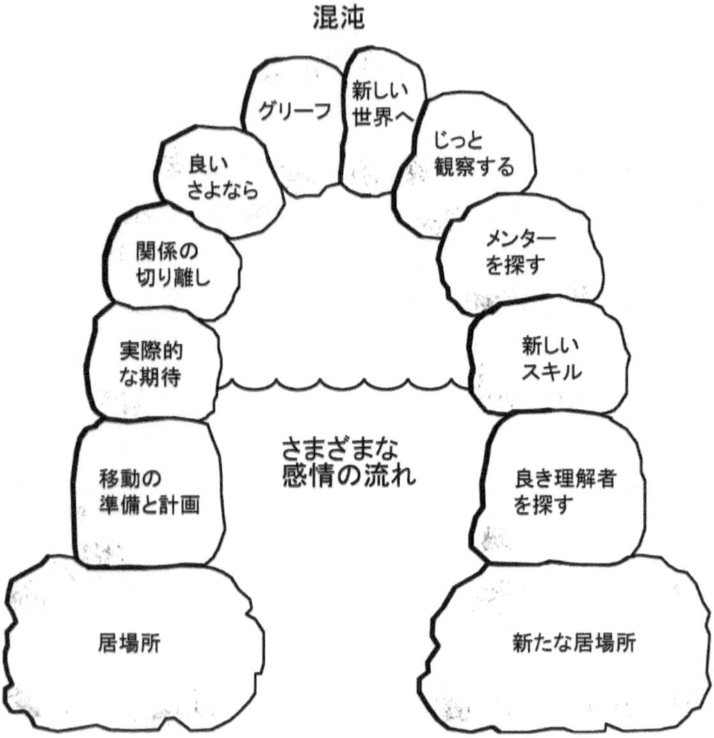

図 46.1　移動のブリッジ

あなたは下図の適応プロセスのどこにいますか。

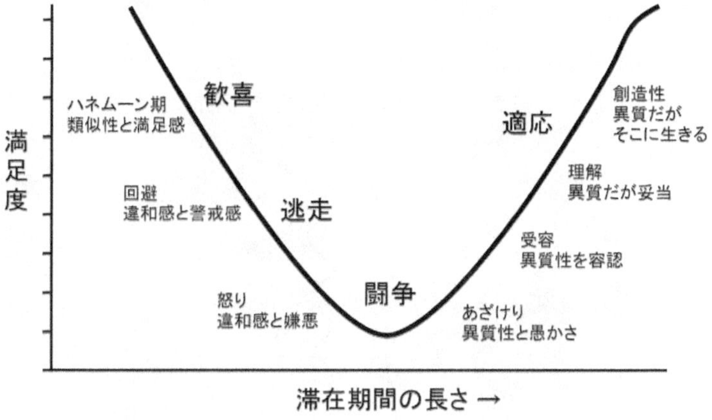

図 46.2 異文化におけるストレス[2]

【あなたはどのように感じていますか】

あなたは自分の川（訳注：「移動のブリッジ」の下のさまざまな感情の流れ）の中でどのような感情を持っていますか。

図 46.3 感情

2 図はデビッド・ポロックとその協力者たちによって開発されたものです。

あなたは自分のそのような感情を誰に話すことができますか。

このディブリーフィングで取り扱っている期間、あなたの身体はあなたに何を伝えてきていますか。

図 46.4　身体

あなたのエネルギー・レベルはどれくらいですか。

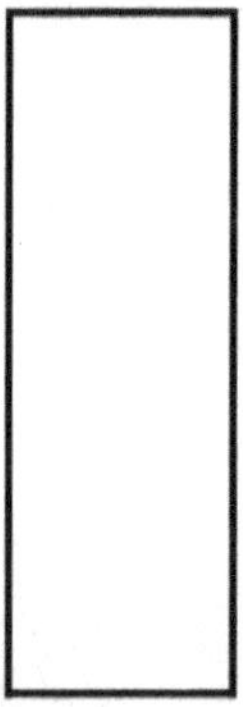

図 46.5　エネルギー・レベル

あなたの行動に関して何か変化がありますか。

考えや信念に関して何か変化がありますか。

あなたの態度は主にどのようなものですか。

【あなたにはどのような必要がありますか】

あなたの人生において、以下のそれぞれの必要はどのくらい満たされていますか。

愛・居場所

0 ・ ・ ・ ・ ・ 5 ・ ・ ・ ・ ・ 10

楽しみ・喜び・休息

0 ・ ・ ・ ・ ・ 5 ・ ・ ・ ・ ・ 10

生きる力・能力・適応力

0 ・ ・ ・ ・ ・ 5 ・ ・ ・ ・ ・ 10

自由・バウンダリー

0 ・ ・ ・ ・ ・ 5 ・ ・ ・ ・ ・ 10

【自分の所属感（居場所）はありますか】

家族の中で

0　・　・　・　・　・　5　・　・　・　・　・　10

仕事・グループの中で

0　・　・　・　・　・　5　・　・　・　・　・　10

派遣団体に対して

0　・　・　・　・　・　5　・　・　・　・　・　10

本国の家族（親戚）に対して

0　・　・　・　・　・　5　・　・　・　・　・　10

あなたの愛の言語はどのようなものですか。つまり、あなたはどのように人に愛を表わし、またどのようにあなたが人に愛されていることが分かりますか。

今までにあなたが最もたくさんの愛を受け取ったり、与えたりしたのはいつですか。

感情面であなたをサポートしてくれるのはどのような人たちですか。

あなたにとってのアンカー・パーソンは誰々ですか。つまり、あなたを支持してくれる人のことです。

あなたには助言者（メンター）がいますか。

あなたには、もっと親しくなりたいと思う人が何人かいますか。

【エンジョイする（楽しむ）ために何をしますか。どのようにリラックスしますか】

あなたは十分な休息と睡眠を取っていますか。

喜び、楽しみ、休息を取ることに関して、あなたは改善したり、新たに取り入れたりする必要が何かありますか。

【自分の生き方を自分でコントロールしたり、変えたりする力がありますか】

あなたは今の生活にどのくらい満足していますか。

0 ・ ・ ・ ・ ・ 5 ・ ・ ・ ・ ・ 10

もっと満足感を得るために何ができますか。

あなたは自分が今携わっている働きに関して、十分な能力や力量がありますか。

あなたがさらに向上したり、学んだりしたいことは何ですか。

変えたい習慣がありますか。

あなたは自分で決断したいことがありますか。

【あなたは自分の人生において自由が十分にありますか】

あなたはバウンダリーを設定することができますか。

- あなたと周りの人々との間において
- あなたがた夫婦と周りの人々との間において
- あなたの家族と周りの人々との間において

あなたには適当な余白がありますか。

- 経済的に
- 時間的に
- 情緒的に

【あなたのストレスの元になっているものは何ですか】

あなたのラブ・タンクとストレス・タンクには、それぞれどのくらい入っていますか。

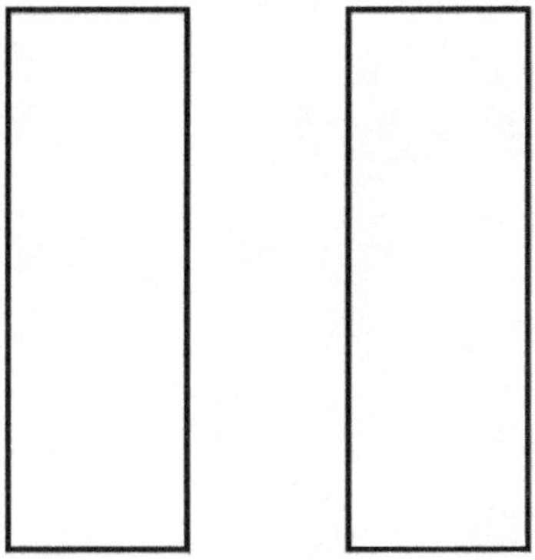

図 46.6 ラブ・タンクとストレス・タンク

あなたは人間関係の摩擦がありますか。変えられること、変えることが必要なことはありますか。あるいは、それと共存することを学ぶ必要がありますか。

あなたはこの一年で怖かったことがありますか。恐ろしいと感じることがありますか。

あなたは過去一年の間に、失ったものが何かありますか。将来に関して何か心配なことがありますか。

ストレスを感じているとき、どうやってそれに気づきますか。

ストレスを感じているとき、他の人はどうやってそれに気づきますか。

ストレスを感じているとき、自分でできることは何ですか。

ストレスを感じているとき、他の人に何をしてもらいたいですか。

自分と家族を守るために、あなたは何をする必要があると思いますか。

【贈りもの（ギフト）】

この一年、どんな贈りものがあなたにもたらされましたか。何を学びましたか。あなたは何を得ましたか。

あなたが最も感謝していることは何ですか。

まったく感謝していないことは何ですか。

今年を一言でまとめるとしたら、何でしょうか。

人生が困難になったとき、あなたが握りしめている知恵の言葉は何ですか。

【将来】

新しい年に向けて、あなたはどのような願いや希望がありますか。

どのような課題（チャレンジ）がありますか。それに対してどのように備えることができますか。必要なことは何ですか。

あなたをワクワクさせ、人生のビジョンや夢に語りかけるものは何ですか。

自分に与えられた特質や、自分らしさを発揮する方法をどのように見つけますか。

他の人に対してあなたはどんな存在になれますか。あなたらしい愛の表し方とはどのようなものですか。

【失ったものについて】

あなたはどのようなものを失いましたか。下にそれを言葉で書くか、または絵で表してみましょう。

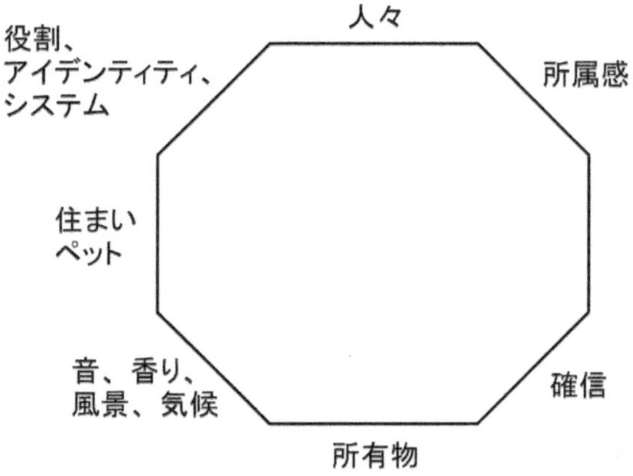

図 46.7 失ったもの

あなたは悲しみのプロセスのどこにいますか。悲しみの五つの段階：

- ショックと否認
- 怒りやその他の激しい感情
- 交渉
- 落胆
- 受容

今あなたは何を必要としていますか。

今日あなたが発見したことに関して、誰かに話したいことが何かありますか。それは何ですか。誰に話したいですか。

【まとめ】

> このディブリーフィングの手引は、人生で起こった様々な出来事を振り返るためのツールとして、個人、家族、グループに対して用いることができます。フォローすることによってその後の変化を見ることができます。

【アクティビティ：ディブリーフィングの手引を利用する】

ディブリーフィングの手引にざっと目を通します。必ずしも全ての質問に答える必要はありません。あなたが関心ある質問に時間を取ってください。家族みんなで、またはグループでやってみましょう。

- 自分自身に関してどんなことを学びましたか。
- 他の人についてどんなことを学びましたか。
- 他の人と何か共通したことがありますか。
- 振り返って気づいたことで、誰かと分かち合いたいことはありますか。

- 自分の人生の中で、変えたいと思ったことが何かありましたか。

＊＊＊

【できることを考えよう】

1. 親として
    - 半年に一度程度、定期的にディブリーフィングの手引に目を通しましょう。自分が回答したことを繰り返し読み比べてみます。何か変化がありますか。上手に適応して落ち着いていますか。それともストレスが増えていますか。
2. 派遣団体として
    - このディブリーフィングの手引は、家族全員に自分たちがどこにいて、何が必要かを評価させる簡単で創造的な方法として使うことができます。
3. TCK 自身として
    - このディブリーフィングの手引は、自分一人で、または家族と一緒に、または友人などのグループで使うことができます。各質問に答えていきながら、自分が気づいたことを他の人と分かち合ってみましょう。

第47章　セーフティ・ストーリー

TCKの多くは様々なトラウマを経験してきており、それを取り扱って（プロセスして）いくためには安全な大人の助けを必要としています。私は、トラウマを負った子どもたちとその対処法に関するリサーチを基に、「セーフティ・ストーリー」(安全な物語)と呼ぶ処理（プロセス）の方法を開発してきました。それは、子どもが安全だと感じる大人（親、教師、または他の誰か）が、日常生活の中で子どもがトラウマを処理するのを助けるというものです。安全な大人とは次のような人のことです。自分自身のトラウマに取り組んできた人、自分の感情が高ぶってきた時に自分で落ち着く方法を知っている人、子どもの心に寄り添い、子どもの必要を理解し、同時にその子の人格とバウンダリー（境界線）を尊重できる人です。この方法は、多くの調査に基づいて作られてはいますが、今なお開発途上の段階であり、特にこれ自体に関する調査はまだ実施されていません。これはできる限り安全なものとして作られており、子どもにトラウマを再起させるなどの危険性は最小限にとどめられています。

子どものトラウマの取り扱いに関する調査研究を通して、以下のようなことが子どもにとって大切であることが明らかになっています。

- 子どもが安全と感じられる大人が近くにいること。
- 何が起こったかを安全な人と一緒に振り返ってみること。

その作業を、主に遊び、物語、イメージ、身体の動きを通して、自分の言葉（母語）でできるようにすること。

- 話すことを強要されないこと。
- トラウマの記憶がよみがえってきて圧倒されそうになった時、落ち着くことができるように人に助けてもらうこと。その際、身体の反応に敏感になり、今起きているその反応を五感で受け止めること。そしてかつてのあの出来事の後にどのようなことが起こったのか話を聞くこと。
- トラウマの記憶のストーリーとその子どもに耳を傾け、じっと見、支え、守ってくれる安全な人（または想像上のキャラクター）を招き入れること。そのストーリーの中に安全が入って来ないと、子どもは容易にトラウマを再体験することになる。しかし、安全がその記憶の中に注ぎ込まれることによって、子どもの脳は新しくされたストーリーを信じ受け入れるようになる。
- トラウマ経験を子どもの人生全体のストーリーの中に統合していくこと。これは、ストーリーを子どもに話して聞かせることにより可能となる。そこには、トラウマの出来事の直前に起こったことと、その後に起こったことも含める。トラウマの後に起こったこととして覚えている少なくとも15の出来事を加え、そしてその後で「これは終わったのよ！」という言葉で結ぶ。
- トラウマは身体の内部に蓄積されているので、それらを処理（プロセス）していくこと。トラウマ体験によって蓄積されたエネルギーは解き放たれる必要がある。通常それは、子どもがそこに安全を感じ、妨げられることなく、それは正常なことだとはっきり人から言われるならば、震えなどの身体反応として自然な形で起こる。

- トラウマの出来事の後、そのまま引きずっている未完了の身体の動き（腕で自分を覆って身を守ることなど）を完了させること。その時のことを再現してみる、あるいはロールプレイを演じることによって、それが可能となる。こういった身体の動きをきちんと完了させないままでいると、痛みやその他の症状が体のその部分に繰り返し起こることがある。
- 子どもの身体に何が起きているかに気づくこと。
- 安全が注ぎ込まれて新しくされたストーリーを、安全な雰囲気の中で再び聞くこと。そして「あなたは自分でできる限りのことをしたのよ」というメッセージが語られる。「あなたはこれに巻き込まれる必要はなかった」「君は何も悪いことはしていない」「あなたの反応は正常だったし、今も正常よ」「あなたは美しく、愛されるべき、価値ある子なんだ」「そして未来がある」。
- 子どもにはトラウマの出来事に伴って生じた喪失があることを認識する。悲しみのプロセスはトラウマ処理とは異なるため、喪失に焦点を当てて悲しむ時間をもうけるのが良い。
- 「ついにやったぞ！」など勝利を表現する。子どもが、自分で何をしたいのか、または力を取り戻すために他の誰かに何をしてほしいのかを表現する。もし万一同じようなことが起こった時に備えて、あらかじめ方策を考えておくこと。

以下に順に述べる各ステップが「セーフティ・ストーリー」に必要とされるものです。これらは多くのステップが統合されています。そのため、必ずしも段階的に順を追って進めていくというものではありません。各ステップを進めていく際には、振り子のテクニックを用います。すなわち、安全なものと恐いものの間を行ったり来たりしながら進めていきます。したがって、常に「安全な島」を備えておくことが重要です。

ステップ 1.

子どもにとって安全なアタッチメント・パーソン（愛情を感じられる人）を一人か二人選んでおきます。その人（たち）が、「セーフティ・ストーリー」をリードする「安全な人」（ガイド、導き手）の役割を担います。子どもは各ステップを順に、また何度か繰り返しながら進んで行くのでその人は子どもの近くに日常的にいることが望ましいです。この安全な人に、「セーフティ・ストーリー」がどのようなものであるかをまず学んでもらいます。

ステップ 2.

安全な人は、子どもが安全で地に足がついていると感じさせる方法を学びます。それによって安全な島が作られます。それには以下に挙げる多くの方法があります。

- 安全な人が安全な場所であなた（子ども）が来るのを待っていると想像する。
- 五感で「今、ここ」を感じ取るようにする。「今何が聞こえ、何が見え、どう感じていますか」と子どもに聞く。
- まず座って、そして地に足をつけて立つ。しっかり立つための良い練習とは、自分が地中深くまで根を伸ばした一本の木であると想像する。その木は強く高くそびえていて、風がやって来るとたくさんの枝は揺れるが、木そのものはそこから動かず安全に立っている。

- 身体の感覚を意識する。「身体に何が起こっていますか」と聞く。
- 子どもと一緒に静かに呼吸する。深呼吸ではなく、ただゆっくりと。
- 身体を動かす。散歩する。
- トラウマの伴う出来事があった後何が起こったか、子どもに時間に沿ったストーリーを読み聞かせる。
- 水を飲む。
- 子どもに歌を歌う。

ステップ 3.

安全な人が子どもの話に耳を傾けます。子どもに自分のストーリーを、いろいろな方法や道具を用いて語らせます。そのときの情景を身体で表現したり、絵に描いたり、アニメや動物の人形を使ってストーリーを語らせたり、大人と一緒にストーリーをスキットで演じたり（ロールプレイ）など。ストーリーには初めと、中間と、終わりが必要です。でも、詳細を聞く必要はありません。

- 何が起きたのか。
- どう感じたか。
- 身体のどの部分でそう感じたか。
- 自分と他の人についてどう思ったか。
- そのときあなたは何を必要としていたか。

- もしそこに誰がいたなら、その必要が満たされたか。

子どもが自分の経験をスキットにして演じられるように、自由な空間（スペース）を作ります。スキットの中では何が起こったのかを探るだけでなく、起こったことを再現して、書き直すことができます。そこに安全と喜びを注ぎ込み、新たなものにします。トラウマとスキットとは反対の内容になります。以下のことを通してスキットに自由度（スペース）を与えることができます。

- 目に浮かぶように再現する
- アニメや動物のおもちゃを使って語らせ、あるいは役割を分担して大人と一緒にスキットを演じる。
- 創造的に
- 身体を動かして
- 物語る

スキットを演じている間、私たちはお互いを見ません。私たちは同じ一つのことに焦点を当てています。私たちは右脳で互いにコミュニケーションを取っています。大人は安全と安心を子どもに与えながら、一緒にスキットを演じます。大人は子どもの言われるままに動きます。言葉を反復したり、真似たり、写し鏡になったりしながら、静かにじっと観察します。そうして大人はその出来事の目撃者となるのです。大人はそれを解釈しようとしたり、分析したりしません。ただスキットを共に演じながら一緒に探っていきます。もしスキットが途中で行き詰った場合、大人は少しだけ質問をします。スキットの進行中あまりにも感情が高ぶってしまったら、しばらく休み、落ち着かせます。

子どもはその出来事について、繰り返し何度も話す必要があるかもしれません。子どもがもうほとんど話し尽くしたとあなたが感じ取ったなら、次のステップ５に進み、安全な人をストーリーの中に招き入れます。ただし、ステップ3、4、5の間を何度か行ったり来たりしても構いません。ストーリーでは詳細な部分までは必要ありません。また、子どもが出来事のすべてを思い出さなくてもよく、あなたもそのすべてを知る必要はありません。大切なことは、子どもの記憶の中にあることと、身体に起こっていることとが結びつけられることです。

もし子どもの感情がとても高ぶったり、かき乱されたりしたら、その子のタイムラインとしてのストーリー（ステップ６を参照）を話しながら落ち着かせます。子どもが今どういうところにいて、何を聞き、何を見、どう感じているのかに注意し、身体を自由に動かせるようにします。また、休憩させたり、水を飲ませたり、外出させたりすることもできます。

ステップ 4.

子どもがストーリーを語っている間、トラウマ体験をして以降体内に蓄積されているエネルギーを消費する機会をしっかり与えます。エネルギーがまだそこにあるので、体はまだ危険が続いていると信じています。それは微妙な身体の震えや揺れとして現れることがあります。また、自分で身体を動かしたいという衝動を感じることもあります。例えば、走り出す、身体を覆うなど、トラウマ体験の真っただ中でしたくてもできなかったことを、何でもしたくなります。

そのエネルギーを身体から出させる必要があります。それは以下のような現れ方をします。

- 自然な震え。子どもが本当に安全を感じられるようになるまで、この震えは起こらない。
- 震えの後で、エネルギーを消費するために腕や脚を動かす。
- 未完了の動きをすることで、体が何をしたいのかを観察する。

大人は、子どもが自分の体で何が起こっているのかに気づくのを助けてください。自分の体で何を感じているか、そして体が何をしたいのかを子どもに聞いてみてください。

身体の感覚は、私たちに危険なものを避けて、良いものに近づけさせるという身体反応を生み出します。その身体反応は感情を生み出し、感情は気持ちを生み出します（ここでの気持ちとはむしろ思考に近い)。身体の感覚を自覚することによって、気持ちはあまり押し潰されるほどのものではなくなります。このためには子どもは安全な大人を必要としています。トラウマ体験で起こる身体反応で最も顕著に表れるものは、恐怖、怒り、恥ずかしさです。子どもはこれらを処理していくために、ほかの人にも自分と同じように感じてもらいたいと思うことがあります。もし子どもがそのような感情を言語化する手助けを受けなければ、その感情は別の種類の症状として見なされるかもしれません。

トラウマを負った子どもの多くは身体の認識を失っています。彼らは自分の体からすっかり切り離されてしまっています。自分の身体がどこにあるのかが分かりません。身体に起きていることを受け入れることを怖がります。身体からのサインを聞きません。このような状態は彼らの自意識や自尊心に影響を与えます。ある種の自意識を獲得しようとして、彼らは、性的行動、破壊的行動、摂食障害、依存症などの激しい感情の伴う体験を追い求めることもあります。このような行動によってある種の自意識と力の感覚がもたらされます。

身体の感覚をプロセスしていくために、ピーター・レビン（Peter Levine）が SIBAM と名付けたものを用いることができます。[1] SIBAM とは以下のようなものです。

- 私は内面的な印象、つまり身体感覚（Sensations）を観察する。
- 私は外側の印象やイメージ（Images）を観察する。
- 私は自分の行動（Behaviors）を観察する。それは自分がどう感じているかを理解するのに役立つから。
- 私は自分の身体に作用している影響（Affects）や、それがどのような記憶や思考を呼び起こすのか、そしてそれが私に世界を安全だと感じさせるのか、危険だと感じさせるのかを観察する。
- 私は観察したものから意味（Meaning）を作り出す。

子どもが自分の身体に何が起こっているのかを探っていくために、もし安全な大人からのサポートを受けることができるなら、それは圧倒されるような経験とはならず、むしろ自分の身体に関して新しい感情が形成されていきます。体の声に耳を傾け始めるまでには、たくさんの勇気が必要とされます。

身体はいくつもの異なる状態の間を常に揺れ動いています。悪い感じが必ずしも最終の状態ではありません。しかし、身体がトラウマを抱えている場合には、「悪い」状態のまま凍ってしまっ

1　Levine, 2010.

ている可能性があります。身体がどの時点で凍ってしまったのかが分かれば、身体を解凍して再び動くようにするのに役立つでしょう。

呼吸を意識することも役に立ちます。私たちは息を吸い込むたびに交感神経系（体のアクセルの働きをする）が活性化し、逆に息を吐き出すと副交感神経系（ブレーキの働きをする）が活性化します。トラウマを経験した多くの子どもは呼吸のバランスが崩れています。シャボン玉で遊ぶことも副交感神経系を活性化するための助けになります。

トラウマを負った人の多くは身体のリズム感を失っています。リズミカルな体の動き、歌を歌うこと、韻を踏んだ詩を創作することなどが役立ちます。言葉と結びつけることによって右脳と左脳の連結が強化されます。子どもには声を出すように励ましましょう。多くのトラウマになった人は声を失っているからです。

子どもに、自分の身体をいろいろなやり方で動かすように促してください。それによって体にパワーが沸いてきます。抑制の効いたゆっくりとした動きによって、神経系が落ち着きます。多くの人は感覚運動のトレーニングを必要としています。

多くのトラウマを抱えた子どもたちはリラックスすることができません。じっとしていることは危険を意味します。そのような子どもには、次のような簡単な方法が助けになるかもしれません。両足を曲げてかがみ、手のひらを固く握り、両腕を胸に押し当て、そしてゆっくりと体の力を抜きます。

ステップ 5.

子どもの語るストーリーを安全なものにしていきます。すなわち、トラウマの出来事の中に、自分が想像できる誰か安全な人を招き入れてそこに登場させ、その人がどんなことをあなたのためにしてくれるか見てみよう、と子どもに聞いてみます。ここで、安全な人とは、実在の人物、架空の人物、動物、天使など、子どもが安全と感じるどんな人間やキャラクターでも構いません。しばらくじっと待ち、その安全な人が、子どもが演技や口を通して何をしたり話したりするか、黙って様子を見ています。こちらからどんな提案もしてはいけません。プロセスを信頼しましょう。そして、子どもが話したり演じたりしたストーリーの中に安全な人が入って来たとき、体がどのように感じたか、子どもに尋ねます。これは本当に驚くべきことなのですが、子どもが心に思い描いたこと、頭（脳）で信じたことが実にリアルなものとなり、さらには、トラウマとなった出来事の記憶に想像上の安全な人が入ってきたとき、その出来事についての子どもの理解に変化が起こるのです。

過去の記憶というものはそれが語られるたびに修復され、形が少しずつ変えられていきます。私たちは記憶を開き、新しい感情や新しい経験をそこに加えることで、記憶に安全や喜びを結びつけることができます。脳はそれを本当の記憶として理解していきます。単に記憶を開くだけでは、トラウマを再体験するかもしれません。記憶を開くときには、そこに安全性と喜びをもたらす必要があります。

ステップ６.

もし子どもが恐怖を感じ、ひどく打ちのめされそうになったときには、あのトラウマの出来事の後でどのようなことが起こったかを、その子のタイムラインとして話します。子どもは時に凍りついて、トラウマの出来事が今なお続いていると思い込んでいることがよくあります。その出来事からもう長い時間が経っていることを子どもが理解できるように、どのようなことでもいいので、その後に起こった少なくとも15の出来事を話します。その際、「さあ、これはもう終わりました」と言って話し始めます。それを5回くらい、あるいは子どもが落ち着くまで繰り返し話します。あなたがその出来事の記憶に戻って話して聞かせるたびに、「安全な人」がもっとほかに何かしたいことがあるかどうか、子どもに聞いてみます。また、タイムラインを紙やフロアに書き、あるいはその上を実際に歩いてもいいでしょう。

ステップ 7.

次は、いよいよ子どもに新しく「安全」が盛り込まれた物語を逆に語って聞かせる時です。「むかしむかし、あるところに○○という名前の子がいました。」などと言って物語を始めます。その際、あなたの声は読み聞かせの口調に変わり、部屋の雰囲気も変わることに気づくでしょう。あのトラウマの出来事のすぐ前から始め、その出来事と、新たにそこに加えられた安全について語り、そしてその出来事の後に起こったタイムラインとしての話も最後にします。それは不思議なドラマチックな物語として語ります。そして、子どもが聞くべきメッセージも物語の中に上手に加えます。「○○がしたことは何もおかしなことではなかった」「それは決して○○のせいで起こったのではない」「○○は勇敢になすべきことを立派に果たした」「○○はほんとうに美しい」「○○はこんなことに巻き込まれるべきじゃなかった」などと。

物語は不思議な筋書きにしましょう！登場人物は「あなた」ではなく三人称の名前にして語ります。そして以下のことを含めます。

- その出来事の前にどんなことがあったのか。
- 怖かったことは何か。
- 実際にどんな出来事が起きていたか。
- そのときどんな身体の反応があったか。
- 身体のどこかでどんな感じがしたか。
- どんな気持ちがしたか。
- 恥ずかしく感じたことや、自分のせいだと思ったことがあったか。
- そこにどんな安全がやって来たか。
- それに対して身体がどう反応したか。
- その出来事の後にどんなことが起こったか。

その物語を聞かせてもらっている間、子どもはハンモックの中で横になっているように休んでいます。物静かな優しい声を聞いて、子どもは物語の難しい部分までも受け入れることができます。子どもは何も応答する必要はありません。

そして、物語を語っているあなた自身にも何かが起こるはずです。子どもといっしょにそれを感じましょう。

ステップ 8.

トラウマとなった出来事で子どもが何を失ったのかを、子どもと一緒に探ります。それらの喪失に名前を付けて、悲しみをプロセス（処理）していきます。どのように喪失を悲しむことができるかについて話してみましょう。悲しみをプロセスすることと、トラウマをプロセスすることとは異なります。まずトラウマをプロセスすることが必要です。その後で悲しみがやって来ます。トラウマがプロセスなされないうちは、悲しみは閉ざされたまま出てきません。ここで悲嘆とトラウマの違いについて理解しておくのが良いでしょう。

- 悲嘆に暮れているとき、私たちは悲しみを感じます。トラウマの中にあるときは恐怖を感じます。
- 悲嘆に暮れているとき、人と話すことで心が解き放たれます。しかし、トラウマの中にあるとき、話すことは困難か、あるいは不可能です。
- 悲嘆に暮れているとき、人は怒りを感じます。でもそれは暴力的な怒りではありません。しかしトラウマの中にあるとき、怒りはしばしば人や自分に対して暴力的になります。
- 悲しんでいるとき、罪責感から「私は・・・すればよかった」と言います。トラウマのときは悲しみによって「私のせいだった」と言います。
- 悲しみはセルフイメージ（自分の価値）を攻撃しません。トラウマはそれを攻撃します。
- 悲しみは、感情が解き放たれることによって癒されます。トラウマは、身体反応を表面に出し、自己調整することによって解放されます。
- 悲しみは、時間の経過とともに自然に減少します。トラウマは、時間とともに症状が悪化することがあります。[2]

ステップ９.

その子にとって「勝利の表現」としてどんなことができるかを探ります。どんなことであれ実際にそれをさせてみて、「これで終わりだ！」とお祝いしましょう。トラウマの出来事の間、身体

2 Levine, 2008.

は何らかの動き（アクション）をする準備をしています。この「勝利の表現」は、その出来事があった時、子どもが力を取り戻すために自分でしたかったこと、または誰かにしてほしかったことなのです。子どもは今、自分の身体が何かの動きをしたいと感じているでしょう。その動きを完了させる必要があります。その子の身体自らがすべきことを示し、語ってくれます。その子の身体がしたいことを、したいようにさせましょう。自分の身を守る構えをするかもしれません。駆け出すとか、何かと戦う格好をするとか、ほかにもいろんなことをするかもしれません。そのままさせます。あなたも一緒にそれをします。素早い動きでも、ゆっくりとした動きでも。今直ぐその部屋の中でできます。そしてまた、記憶の中でそれをやっている自分を想像することもできます。子どもにそれを演じさせましょう。絵に描かせましょう。物語（ストーリー）の中にそれも加えましょう。絵に描かせることでそれがもっとリアルになるでしょう。喜びと力が湧いてくるでしょう。こうして子どもはトラウマから勝利へと導かれていきます。

もし万一再び同じような状況が起こった時、子どもが対処する方策を立てられるように助けます。そして、これでもう終わった、やり遂げたということをどんなふうにお祝いできるかを話し合ってみましょう。こうして子どもが安全を感じ、自分の居場所を見出し、喜びと力と希望を持つことができたことを確認します。

ステップ１０．

勝利の物語を語り、「これで終わった」というメッセージを子どもに伝えます。勝利の物語の中には、その子に今どんなに確かな安全がもたらされ、それによってどんなにしっかり守られ強くされたと感じているかが含まれています。また、子どもがしたかった勝利の表現が遂にできたこと、またそれをあなたと一緒にできたこと、あの出来事がどうやって終わったかということ、そして、もし万一同じことが再び起こった時、どう対処できるかということも含まれています。さらには、その子は愛されるべき、価値ある存在であること、その子は自分でできる限りのことをしたこと、その子が経験したことは絶対にどんな子であっても経験すべきではないこと、それに対してその子がとった行動はまったく当然だったということも伝えます。

子どもは罪悪感を覚えやすいものです。「あなたは自分でできる限りのことをしたんだよ」とか、「あなたはまだ子どもなのだから、何でもできるなんてことはありえないよ」と私たち大人から伝えることが重要です。トラウマになった子どもは羞恥心を持っています。自分がしてしまった行動の恥ずかしさ、被害者になったこと、虐待されたこと、バウンダリー（境界線）を保てなかったこと、自分を一人だけの危ない状態にしてしまったことなど。トラウマとなった出来事そのものが身体に影響を与えるのと同じように、羞恥心は身体にも影響を与えます。羞恥心によって以下のようなことが起こります。

- 引きこもる
- 何も感じないようにする
- 自分を攻撃する
- 他の人を攻撃する

この羞恥心に相対するものは喜びです。自分が安全であり、誰かとつながっていると感じられるとき、喜びが生まれ育ってきます。

安全が招き入れられると、感情の中に安全、力、所属感、喜び、希望が芽生え始めます。それによって記憶に対する脳の反応がすっかり変わっていきます。新たに作られた「セーフティ・ストーリー」は何度も繰り返して子どもに語り聞かせることができます。それによって実際に過去に起こった出来事は変わりませんが（子どもは本当に起こったことを覚えています）、子どもの脳の知覚と、感情的、身体的な反応が変わります。これはまた、記憶が子どものライフ・ストーリーに統合されるのを助けます。記憶はもはや脳の中をふらふら飛び回って子どもをかき乱すことなく、自分の居場所を見つけ、平穏な状態に落ち着くのです。

【まとめ】

「セーフティ・ストーリー」は子どものトラウマの経験をプロセス（処理）するための美しい手法です。これは子どもにとって安全な人であれば誰でも用いることができます。またこの「セーフティ・ストーリー」の手法は大人を対象として用いることも可能です。子どもの頃にトラウマを経験して、その後何十年もそれが脳と身体の中で膠着したまま、それを抱えながら生きている大人が数多くいます。「セーフティ・ストーリー」の手法はなお開発途上にあるので、最新版の入手と練習のためには、www.safetystories.se をチェックしてください。

【アクティビティ：“セーフティ・ストーリー”を語る】

“セーフティ・ストーリー”について学び、それを日常の生活の中で語ることを始めていきましょう。子どもも大人も日々の生活においてさまざまなストレスを経験します。「セーフティ・ストーリー」は、雑然とした生活のただ中にあっても、心に平安と喜びを回復するための美しい手法です。それはトラウマによるストレスを抱えていなくても用いることができます。「セーフティ・ストーリー」を語ることは、それが習慣化することでだんだん容易になり自然にできるようになっていきます。

＊＊＊

【できることを考えよう】

1. 親として
   - 「セーフティ・ストーリー」について学び、それを実際に用いてプロセスすることを習慣にしましょう。
2. 派遣団体として
   - 子どもがトラウマを処理（プロセス）できるために、親がどのような手助けができるかを確認します。
   - そのための最も有効な方法の一つは、「セーフティ・ストーリー」を話すことです。
3. TCK 自身として
   - あなたの「セーフティ・ストーリー」を自分自身に話してみましょう。または、あなたの知人にこの章を読んでもらい、その人がどのようにしたら「セーフティ・ストーリー」をあなたに語って聞かせることができるか、学んでいただきましょう。

第48章　赦しについて

人間関係と子どもの成長について書くときには、「赦し」についても書く必要があります。どのような人間関係も完璧なものはなく、子どもの成長も完璧ではありません。人は皆、意識的にも無意識的にも互いに人を傷つけてしまう不完全な存在です。ほかの人の必要に気付かないこともあります。何が最善であるか分かっていたとしても、必ずしもそのとおりの良い結果になったということもありません。人を誤解してしまうこともあれば、いつも正しい優先順位で行動しているとも限らない。相手の人格や尊厳を傷つけてしまうことさえあります。特にストレスを感じている時は、互いに傷つけ合うことが一層起こり易くなります。人は喜びよりも恐れという動機から行動しがちなものです。

本書で扱う内容において、赦しとは、親、派遣団体、及びTCKのすべてにとって重要な事柄です。完璧な親などいません。派遣団体も常にその責任を果たしているとは言えず、賢明とは言えない決断をすることもあります。そのために子どもが傷を負ったかもしれず、それが原因で大人になってから他人を傷つけてしまうこともあるかもしれません。赦しのプロセスを進めていく責任は常に大人の側にあります。もし子どもが愚かな行動を起こしたとするなら、それは脳が正しい判断をするのに十分に成熟していないからであり、子どもが必要としている大人からのサポートが与えられなかったからとも言えます。私たち大人は、赦すことにおいても赦されることにおいても、良い模範を示す必要があります。

赦しは強制されてするものではありません。私たちは、「それはそこにそのままにして次に進もう」などと単純に割り切ることはできません。「それをそこにそのままにしておく」ためには、何らかの心の整理をする必要があります。そのためには、それにしっかり目を向けなければなりません。痛みの深みまでよく見極める必要があります。さらに、それによって身体のどこかに何らかの症状が現れていないかを知る必要があります。その部分こそが、心の傷が溜まっているところだからです。それに関して何らかの整理をしていく上で重要なことは、それをいつまでも持ち続けないことです。それをどう扱うか何らかの決断をしなければなりません。ある場合にはまだ、それを捨てたり、手放したり、あるいはとどめておいたりする準備ができていないかもしれません。それはそれで良いのです。それがまだそこに残されているので、しばらく後でもう一度じっくり見ていく必要があるということです。

赦しとは、「この傷の痛みは本当につらい。身体にもその症状が現れてきた」という事実をまずきちんと認めることです。それは痛みに名前をつけることです。痛みはいつも私たちに何かを訴えています。それは私たちがその時に何を必要としていたかを告げています。したがって、赦しのプロセスにおける次のステップは、自分が何を必要としていたかを認識することです。この時、怒りと悲しみは声となって出現します。そして、それに伴う感情も表現される必要があります。この時、表された感情は、赦しのプロセスにおける重要な役割を果たします。

自分のニーズが表現された時、必要としていたものを受け取っている自分の姿を想像するプロセスが始まります。驚くべきことは、私たちが想像することを、脳は現実のものとして受け止めるということです。自分が本当に必要だったものの記憶が無くなっていくというのではありません。むしろ、新たな感情を記憶に迎え入れることができます。それは安心と所属意識（自分が受け入れられている）という感情です。平安と喜びの感情です。

人々の中には、自分の心に傷を負わせた相手にもう一度会って話す必要がある、と信じている人がいます。そのようにして自分の痛みを相手に伝えなければ問題の解決に至ることはありえないと。しかし、私はそのようには信じていません。20年前に自分の心に傷を負わせた相手は、今もそのことに気づいていないかもしれず、その時私が必要としていたことも、私が今なお必要としていることも、相手は未だに理解していないかもしれません。もっとも、もしそのつらい出来事の後、二人の関係がしだいに変わってきたと感じられるなら、再び話してみることは助けになるかもしれません。しかし、その場合でも、第三者の立会いのもとで行うことが望ましいでしょう。第三者がいることでその場の安全が保証されます。もし、二人が共に安全を感じられなければ、互いに耳を傾けることは不可能です。

また、自分が苦痛を負わせてしまった相手に会いに行き、赦しを請うべきである、と信じている人たちがいます。これは確かに良いことであり、癒しにつながることかもしれません。しかし、その場合それは賢明な方法でなされなければなりません。繰り返しになりますが、被害者が加害者と同じ部屋にいるだけで、安全な感覚が失われる可能性があります。ですから、この場合も第三者に同伴をお願いするのが賢明です。

また私が特に強調したいことは、「どうか私を赦してください」とは決して言わないようにということです。そうすることで、かえって相手に重荷を負わせることになるからです。相手はそれに対して何か返事をしなければならないというプレッシャーを感じます。もしその人の心がまだ相手を赦せる状態でなかったとしたら、どういうことになるでしょうか。そのような時には、「本当にごめんなさい。私はあのようなことはすべきではありませんでした。あのような反応をすべきではなかったと思います」と言うだけで十分です。それ以上は不要であり、そのままにしておきます。それによって、あなたの言うことを受け入れるか、受け入れないかの自由が相手に与えられます。

自由ということが赦しのプロセスにおいて、極めて重要な概念（キーワード）です。赦すという行為は、自分にも相手にも完全な自由を与え、それぞれを解放することに他なりません。過去の出来事に、私たちを支配するパワーを持たせてはなりません。その出来事は今なお、それぞれの人生のストーリーの一部として存在しています。その出来事によってそれぞれの今が形造られています。でもそれは、私たちを決定づけるものではありません。自分の必要が満たされたと想像することで、次のステップに進むための新たなプラットフォームを手に入れることができるのです。自分の必要が満たされていると想像することで、相手が私に提供できなかったものを受け取る別の方法があることに気づきます。相手が私の必要を満たすことができるかどうかによって、私の人生が左右されることはありません。

赦しのプロセスには積極的な行動も含まれます。自分に次のように問うことは良いことです。「私自身の必要を満たし、安心感を与え、人生に喜びを見出すために、今自分にできることはないだろうか。」また、「相手の必要を満たし、安心感を与え、相手の人生に喜びをもたらすために、今自分にできることはないだろうか。損なわれた関係を修復するために、何かできないだろうか」と。ただし、このような積極的な行動に進むためには、その前に、まずは自分の負った痛み、怒り、悲しみにしっかり向き合い、そして自分の必要としていたものが満たされたと思えるようになるまで、待たなければなりません。

上の質問を自らに問う時には、自分自身のバウンダリー（境界線）についても注意しなければなりません。すなわち、「自分も相手も互いの人格を尊重し、配慮し合えるためには、どのような境界線を引く必要があるだろうか」と。バウンダリーを持つことによってはじめて、人は互いに安全を感じられます。安全を感じられなければ、その人と近しい関係の中で生きていくことはできません。バウンダリーは壁ではありません。バウンダリーとは、開閉可能な扉を備えたフェンスです。互いにバウンダリーを持つことを認め合い、その扉を開いたり閉じたりする自由がそれぞれに与えられていることがとても重要です。

【まとめ】

赦すことはすべての人間関係の一部です。TCK に対するケアの中には、「ごめんなさい」と伝えることがなくてはなりません。TCK としての自分の経験を大切にするために、私は今までのつらかったことを認める必要があります。赦しとは、時間とスペースを必要とするプロセスです。

【アクティビティ：“送らない手紙”を書く】

以下の三つのステップを通して、「赦し」を実践してみましょう。

- 初めに、あなたを傷つけた人への手紙を書きます。この手紙は実際には送りません。起こった事実と、それによって自分が傷ついたことを書きます。
- 次に、その人へもう一つ別の手紙を書きます。この手紙も実際には送りません。そこには、その時あなたが何を必要としていたかについて、できる限り詳しく書きます。
- 最後に、その必要だったものを受け取っている自分の姿を想像しましょう。

また、もしあなた自身が誰かを傷つけたことがあったと思うなら、さらに以下のステップを行いましょう。

- 初めに、あなたの行為によって傷ついた人への手紙を書きます。この手紙は実際には送りません。ありのままの事実を書きます。それによってその人を傷つけてしまったと、今あなたが思っている事を書きます。
- 次に、その人へのもう一つ別の手紙を書きます。この手紙も実際には送りません。今自分がしたことを振り返ってみて、あなたには何か別の仕方ですることができなかったかを考えてみて、もしあればそれについてなるべく詳しく書きます。
- そして、相手があなたから必要としていたことを行なっている自分を想像してみてください。

以上のステップを進めながら、今の自分にできることはないか考えてみましょう。その人に話すべき事、また、その人のために行うべき事はないでしょうか。あなたが設定する必要のあるバウンダリーはありますか。あなたとその人との関係の中に、もっと安全と喜びをもたらす方法はありますか。

このプロセスからあなたが学んだことについて振り返り、他の人と話してみましょう。

＊＊＊

【できることを考えよう】

1. 親として

しばらく時間をとって、以下のことを振り返ってみましょう。

- あなたの決断、ライフスタイル、生き方、行動があなたの子ども傷つけたことがありますか。
- あなたは子どもに伝えたいことがありますか。
- あなたは、この点を変えたい、または違う方法でやりたいと思うことがありますか。
- あなたは自分を赦す必要がありますか。
- あなたは誰かに傷つけられたことがありますか。

このあとで、時間を取って手紙を書いてみましょう。

また、家族皆で、どのようにしたら「赦すこと」が毎日の生活の一部になるか、話し合ってみましょう。

2. 派遣団体として

- 自分の決断が、あなたの責任の下にある家族を傷つけたことがないか、少し時間をかけて考えてみましょう。
- 「送らない手紙」を書きます。それを通して、団体として起こすべき行動がないかを考えましょう。
- 自分を赦す必要がありますか。
- 誰かに傷つけられたことがありますか。

3. TCK 自身として

- もしあなたが大人の TCK であれば、手紙をその人宛てに書きたい、あるいは書かなければ、と思う人（たち）が心に思い浮かぶかもしれません。実際にはそれは「送らない手紙」ですが。
- もし、そのような手紙を自分一人で書くことはとても大変でできない、と感じるなら、誰か一緒に助けてくれる友人かカウンセラーを探してみましょう。
- 次のことを知っておくと良いでしょう。大人になった多くの TCK は、そのような手紙をわずかの人宛てに書いたならば、その後はもう、過去に自分を傷つけた人がほかに多くいたとしてもそのすべての人に宛てて書く必要はない、と感じています。
- もしあなたが子どもなら、どのようにしたら「赦すこと」が毎日の生活の一部になるか、親と話し合ってみましょう。

X.
集うことによる力

第49章　移動する家族のお楽しみ会・ハイスクール卒業生の移動の準備

私は長年にわたり、小さな子どもやティーン及びその家族が移動（引っ越し）という大イベントに向き合っていくために、以下のような二つの活動型ワークショップを開発してきました。

①「移動する家族のお楽しみ会」これは家族全員が一日かけて行なうディブリーフィングのプログラムです。The Well International において私と仲間たちが開発したものです。たくさんの家族が参加しますが、実際には各家族が一つのグループとなって、様々な活動をファシリテーターのリードのもとに行なうものです。

②「ハイスクール卒業生の移動の準備」これは私が開発した、ハイスクール卒業を控えたティーンのための12セッションのプログラムです。今までほとんど住んだことのない国に、大学進学のために移動していくチェンマイ・インターナショナル・スクールの12年生たちが、このようなプログラムを必要としていたことから始まりました。

移動する家族のお楽しみ会

お薦めのプランとしては、朝9時30分に集合し、昼にはランチ・タイムを取ります。茶菓とおしゃべりの休憩時間を適当に挟みながら、3時頃には終了します。各家族がそれぞれ一つの丸テーブルに座れるような、大きな部屋が必要です。「移動のブリッジ」に沿って一緒に立って歩くので、家具などのない広々とした場所があるといいでしょう。

互いの自己紹介の後で、各家族はそれぞれの「タイムライン」（20章）を制作します。その次には「マジック・トラック」（26章）を描き、それを使ってタイムライン上の各場所を順に通過しながら、かつてそこを去った時に持って行きたかったどんな物でもトラックに乗せていきます。その後で、全家族が一同に集まり、「タイムライン」と「マジック・トラック」について分かち合います。「タイムライン」と「マジック・トラック」のアクティビティを各家族が行なう時は、「私の感情」（9章）というアクティビティも同時に行なうこともできます。そこでは各人が家族の中で自分の気持ちをシェアします。

昼食後、各家族は「移動のブリッジを渡る」（5章）に進み、そこに書かれてある三つの質問を用いながらそれぞれの人がブリッジを渡ります。そして最後に、「私の大切なブレスレット」（16章）を作るコーナーに移ります。

これは、大きな移動が間近に迫っている家族がその準備をするための、シンプルで楽しいアクティビティの機会となります。またこれは、移動の真っ最中あるいは移行期が終わった直後でも、それをプロセスするために行なうことができます。これを家族ごとに、またいくつかの家族がグループとなって行なうことを通して、各家族が自分たちの移動についてプロセスする時となり、さらには、同じような経験をしているのは自分の家族だけではないと気づく時にもなります。

ハイスクール卒業生の移動の準備

これは、間もなく始まる大きな移動のための良い備えを必要とする、インターナショナル・スクールの生徒たちのためのプログラムです。すべての生徒にとってこれが必要であることは間違いありませんが、特に卒業間近かの12年生には必須です。下に挙げるセッションを、12年生対象のセミナー、卒業旅行など、その他様々な機会に、カリキュラムの中に組み入れると良いでしょう。毎年、このプログラムを行なうことができるように、カリキュラムにスペースを確保しておくことが望ましいです。私の今までの経験から、このプログラムを秋頃から徐々に始めていくのが良いと思われます。ただ実際には、生徒たちは春の学期にならないうちはまだ移動の準備をする用意ができていないというのが現実です。

これらのセッションのトピックとしては以下のようなものがあります。

1.「TCK—どうしてそんなに変わっているのか」 これはサードカルチャーキッズの定義の紹介です（1～4章)。そして、TCKであることの美しさと難しさについて互いに分かち合う時を持ちます。また、13章の「私と文化」というアクティビティも取り扱います。
2.「共に過ごした日々を祝い喜ぶ」 皆で一緒に過ごした年月を共に喜び祝い、「世界中を移動して来た私の歩み」(3章)というアクティビティも併せて行ないます。そのとき、地図の中央に学校を描き、生徒たちがどのように出たり入ったり移動してきたかをそこに表します。
3.「私はどこから来たのか」 このセッションでは全部の時

間を用いて、それぞれ「私のタイムライン」（20 章）を制作し、互いに分かち合う時を持ちます。

4.「私はだれなのか」 これは、自分について誤って信じてきたかもしれない嘘や偽りについて、さらには、固く握りしめておく必要のある真実について、互いに語り合う時です（15 章）。併せて「これが私です」（1 章）というアクティビティも行ないます。

5.「いろいろな文化の中で」 ここでは、多文化の中で成長していく上での様々な方法について一緒に考えます。そして「私の中の文化の融合」（13 章）というアクティビティを行ないます。

6.「移動」 移動がどのような影響を及ぼすかについて語り合い（5 ～ 7 章）、「移動のブリッジを渡る」（5 章）を行ないます。

7.「感情」「私の感情」（9 章）のアクティビティを行ないながら、移動期間中にどのような感情が生じるかについて考えます。

8.「さよならとその表現」 グループになって「マジック・トラック」（26 章）を描き、別れがつらいたくさんのものをいっぱい書き込みます。「私の大切なブレスレット」（16 章）をそれぞれが作り、また前もって用意した小さなノート帳に互いに贈る言葉を書きます。また悲しむことについて語り合います（26, 27, 28, 29 章）。

9.「必要」 人が本来必要としていることについて探っていきます。移動期間中はそのような必要の多くが満たされないことがあります。その結果、安全でない人とつき合ったりするなど、不健全な仕方でそれを追い求めようとする危険性があります。自分の居場所への渇望があまりにも大きいためです（19 章）。ここでは「私の必要（ニーズ）」（8 章）、また各種の「評価アクティビティ」（30, 31, 32, 35 章）を用いることができます。

10.「居場所（所属感）」 新たな所属感を見出すこと、これが最も必要とされていることです。どのようにして新しい地に根付き、自分の居場所を持つことができるか探ります（10 章）。また、「コンピューター空間での居場所」とそれが与える快適さ、そしてまた実生活で居場所を見つけることの重要性について話し合います。この必要が満たされるためには、「いのちの絆（ライフライン）」、「アンカー・パーソン（錨を下ろせる人）」の存在が求められます。その人たちが、感情面、実生活、道徳面、また、ただ傍らに寄り添い、人生を共に歩むサポートなど、様々な面での助けを提供します。生徒たちには、自分のアンカー・パーソンになってほしいと誰かにためらわずお願いするようにと励まし勧めます。「私の世界」（10 章）というアクティビティを通して、自分のアンカー・パーソンにふさわしい人とは誰かということに気づき始めます。そしてまた TCK は、たとえ自分が新しくやって来たばかりの者であったとしても、どのようにしたら他の人に対しても所属感を提供できるかについても語り合います。一つの場所からずっと離れず長く住んでいる人でも、なぜか分からないけれどそこに所属感を持てない場合があります。しかし TCK は自分が所属感を持てないとき、少なくともその理由を知っています。さらには、どうしたら新たに所属感を築き上げていけるかを学んできています。

11.「バウンダリー（境界線）」 ここではバウンダリーについて話し合います。新しい場所にやって来たときには、自分の心の扉を開けるのと同時に、きちんとしたバウンダリーを持つことの重要性についても語り合います（36, 37, 38 章）。「あれっ、何かヘンだな」という感覚について話し、「ウエストサイド・ストーリー」（38 章）のアクティビティを一緒に演じます。

12.「人生の次のステップに進む」 人生の次のステップに進むにあたって、健全で健康な状態を維持するための方策について話し合います（19, 21, 22, 23, 25 章が使用可能）。移動の時期には、心の落ち込みを感じることが決して稀ではありません。多くの若者が 23 歳頃になると人生の次のステップに向かっていく上で憂うつになります。憂うつや不安は決して恐れる必要はありません。むしろ大切なことは、自分の支えになってくれる人を見つけ、同時に、十分な睡眠、おいしい食事、リラックスする時間、創造的な余暇、運動、屋外活動などの伴った健康的な生活習慣を築いていくことです。多くの学生たちが新しい生活環境に入って 3 ヵ月もすると落ち込みを感じます。しかし、それに備えて、友人を自宅に招いたり、旧友と再会したりすることで、困難の中にあっても喜びを見出すことが可能となります。参加している生徒たちには、自分の「人生の次のステップに向けて」といったテーマで文章を書くことを勧め励まします。

プログラム期間中、両親のために夜の集会を併せて持つこともできます。そのときに、子どもたちに伝えた情報と同じものを親たちにも提供し、また同じアクティビティをいくつかやってみるのも良いでしょう。生徒の兄弟姉妹も含め家族を全員招き、一晩か二晩、あるいは週末の１日を全部使ってこのプログラムを提供するとすばらしいものとなるでしょう。

また、このセミナーは新しく学校に入って来た生徒や教師たちのためのワークショップにも使うことができます。さらには、学校を去って行く教師たちのために用いるのも良いでしょう。

【まとめ】

小さな子どもやティーンとその家族を集めて、整った形のプログラムを一緒にプロセスしていくことはとても効果的です。みんなが同じアクティビティを共に行なうことで互いの絆が深まり、同時にそれは楽しいときとなるのです！

【アクティビティ：移動する家族のお楽しみ会】

移動する家族のお楽しみ会を計画しよう。他の家族も招いて一緒にやってみよう。

＊＊＊

【できることを考えよう】

1. 親として

- 移動する家族のお楽しみ会を計画しましょう。他の家族を誘って、あるいは自分の家族だけで行なっても良いでしょう。
- 移動する生徒たちのための準備の機会を持つことを学校に提案します。もし学校で行なうことができなければ、他の家族と一緒に集まってそのような子どもたちのためのプログラムを持ちます。

2. 派遣団体として

- 移動する家族のお楽しみ会を企画します。
- 生徒にも教師たちにも、移動の準備の機会を持つことを学校に提案します。もし学校でそれができなければ、そのようなプログラムを企画します。他の団体と一緒に行なうのも良いでしょう。

3. TCK 自身として

- 移動する自分の家族にお楽しみ会を持つことを提案しましょう。友人を招いて一緒に計画することもできます。
- TCK の仲間たちを集めて、上のプログラムを用い、移動のためのワークショップを企画しましょう。

第50章　ディブリーフィングの一週間

家族が一時帰国あるいは最終帰国を控えているとき、ディブリーフィングの期間を持つことはとても有益です。カウンセラー、人事部門（HR: ヒューマン・リソース）担当者、メンバーケア部門担当者などがこれを提供できます。以下のようなプログラムを用いると良いでしょう。一つの家族において何種類かの異なる構成でミーティングを持ち、子どももそこに参加できるようにいくつかのアクティビティも行ないます。また、トラウマをプロセスする必要のある家族のためには、「セーフティ・ストーリー」（47章）を用いることで、安全なプログラムを提供することができます。

セッション1（90分）

両親とのミーティング。このディブリーフィングで取り扱う過去の期間を決め、全体を見渡します。とりわけ大きな出来事になったことは何か。どのようなテーマを設定して見ていくか。「四つの感情」（21章）というアクティビティを用いることができます。

セッション2（90分）

家族全体のミーティング。「私のタイムライン」（20章）と「マジック・トラック」（26章）のアクティビティを皆で行ないます。

セッション 3、4（各 60 分～ 90 分）

両親それぞれとのミーティング。「ディブリーフィングの手引」（46 章）に書かれている中で、特に何か話したいことがあるかどうかを尋ねます。彼らそれぞれが置かれている具体的な状況、働きにおける役割、妻、夫、父、母としての役割について聞きます。苦労したことや難しかったことは何か。どのような喜びがあったか。

セッション5（90 分）

再び両親一緒のミーティング。ここでは特に夫婦としての関係について話します。その期間中どのように二人の関係を保ってきたか。それはどのようなものだったか。「私のラブとストレス」（19 章）というアクティビティを使うことができます。また、それぞれが必要としていることをリストアップすることができます。

セッション6（子どもと話す。計 30 分～ 90 分。子どもの人数によってはもっと長くなる）

子どもたちとのミーティング。子どもたちと全員一緒に話すか、2 人ずつに分かれて話すか、一人ひとり個別に話すかを家族で決めます。また、子どもも親と一緒に話したいかどうか選ぶことができます。子どもに、友だちのこと、ペットのこと、失って悲しく感じていることなどについてシェアすることを励まします。「私の感情」（9 章）というアクティビティを用いて、例えば、「さあ、引っ越すときが来たよ」と親に告げられたときどう感じたか、それを表現する絵（イラスト）を描かせます。また、楽しみにしていることや心配なことについて尋ねます。

セッション7（90分）

両親とのミーティング。ここでは子どもたちに目を向け、親としての役割について話します。一人ひとりの子どもにどのような必要（ニーズ）があると思うか。移行期が近づいたこのとき、自分たちが親としてどのような接し方をしているか。子どもたちの必要を満たすために、親自身にはどのような必要があるか。両親が互いにどのように支え合うことができるか。

セッション8（90分）

再び家族全体のミーティング。「移動のブリッジを渡る」（5章）のアクティビティを家族全員で行なう。「私の大切なブレスレット」（16章）を作ったり、あるいは「私の世界」（10章）を描いたりしながら、自分たち家族にとって大切な人とは誰々か、その人たちと続けてコンタクトを保っていくためにはどうしたらいいかなどについて話し合うように促します。さらには、これから移り住む場所で新しい人たちとの関係をどのように築いていくかについても話し合います。楽しみにしていることや心配なことについても互いにシェアするように励まします。

派遣団体からどのくらいの頻度で家族のためのディブリーフィングが必要かと聞かれたとき、私はその家族が移動する毎に丸一週間（この章で説明したように）かけて行なうのが有益ですと答えています。これに加えて、団体あるいは団体が依頼するふさわしい人と共にプロセスできるような機会を定期的に持つことができればと切に願います。その家族と一緒にふさわしい人が同じ部屋の中で、あるいはオンラインで、以下のようなタイミングで行なうことを提案します。

- 移動の 12 ヵ月前
- 移動の 6 ヵ月前
- 移動の 3 ヵ月前
- 移動の 1 ヵ月前
- 移動の 1 週間前
- 新しい地に到着して 1 週間後
- 新しい地に到着して 1 ヵ月後
- 新しい地に到着して 3 ヵ月後
- 新しい地に到着して 6 ヵ月後
- 新しい地に到着して 12 ヵ月後
- その後は 6 ヵ月毎に

家族のすべてが必ずしも全部のセッションに参加する必要はありません。しかし、ケアする者はその家族の一人ひとりがどのように過ごしているか、様子を尋ねなければなりません。各セッションすべてに長い時間をかける必要はありません。ただし、移行期を通過中の家族が、自分の必要について考え、また互いに支え合うために何かできるか、家族内の関係や他者との関係を健全に維持していくためにどうしたらいいか、そういったことについてしばらく静かに思い巡らす時間を持つ必要があります。

【まとめ】

ディブリーフィングのための特別な一週間を持つことで、家族一人ひとり、また家族全体がしっかりとプロセスすることが実際可能となります。その一週間のセッションでは、連続するいくつかのセッションをまとめて行なってもよいでしょう。このような機会を通して、家族にどのようなことが起こったとしても、それを乗り越えるための家族の絆が深められていきます。

【アクティビティ：ディブリーフィングの週を計画する】

ディブリーフィングの週を計画しましょう。あるいはそれを派遣団体に依頼して計画します。または、それを実施している集会等があればそこに参加しましょう。家族が皆で一緒にディブリーフィングの週を経験できるならば、それは美しく有益なものとなります。

＊＊＊

【できることを考えよう】

1. 親として
    - 派遣団体にお願いしてディブリ―フィングの週を開催している場に参加させてもらいましょう。
2. 派遣団体として
    - ディブリ―フィングの週をあなたの団体で開催します。あるいは、それを開催している団体やセンターと連携し、そこにあなたの団体の家族たちが参加することを勧め、サポートします。

3. TCK 自身として

- ディブリーフィングの週に参加するのが遅すぎるということは決してありません。もしあなた自身がそこに参加したい願いがあるなら、両親に頼んでみましょう。
- あるいは、自分で行くことのできるそのような場を自ら探して、一人の大人として参加してみましょう。

第51章　キャンプと再会の集い

TCKたちが自分の経験したことをプロセスしていく美しい方法の一つは、他のTCKたちと一緒に集まって語り合うことです。すべてのTCKが同じ経験をしているということでは必ずしもありません。実際、そういったことはほとんどないでしょう。しかし、自分自身のノマド生活について、また多くの文化の混合体としての自らの経験について、互いに分かち合うことができます。

親たちのグループ、TCK自身、学校、団体等でのTCKを愛する心を持った人たちが中心となって、キャンプや再会の集いを企画することができます。高齢のTCKたちは、個人的なレベルでかつてのTCKの友だちと一緒に集まったり、またはソーシャル・メディアを通して仲間を新たに見つけたりするかもしれません。しかし、若いTCKたちは、いえ、たとえ高齢者であっても、みんなで集まるためには助けを必要とします。私は以下に、自分が経験した三つのキャンプや再会の集いについてお話ししたいと思います。読者の方々に何らかのアイデアを提供し、励ましとなることを願っています。

1970年代、いくつかの全寮制のスウェーデン人学校が世界の何か所かにありました。それらは特に宣教師の子どもたちのための学校でした。何人かの親や教師たちは、本国に帰ることが子どもたちにとってどんなに難しいことかがしだいに分かってきました。そこで、彼らはキャンプを企画しました。スウェーデン人学校の生徒たちのだれもがキャンプに招かれました。10歳の小さな子から20代の青年に至るまでやってきました。キャンプを企画した大人たちは当初から、キャンプの運営を子どもたちに任せ、親や教師や派遣団体はサポート役になることを決断しました。いつのキャンプでもリーダーは常にTCKの一人でした。夏期休業中のスウェーデンの寄宿学校がキャンプの会場として使われました。リーダーたちはキャンプが始まる2日前に集まって準備を始め、子どもの参加者たちは6日間のキャンプを共に過ごしました。2、3年経つうちに、そのキャンプに400名近くの子どもたちがやってくるようになりました。そこで、子どもたちの年齢を、10～12歳、13～18歳、19歳以上の三つのグループに分けてキャンプを開催するようになりました。それ以降もキャンプは続いて行われ、4番目のグループが週末のプログラムとして加えられるようになりました。それは大人のTCKたちの集まりでした。午前中は、TCKが経験することにフォーカスしたアクティビティ、そしてバイブル・スタディが行われました（そのキャンプはおもに宣教師の子どもを対象にしていますが、TCKであればだれでも歓迎です）。午後は自由な時間と屋外活動があります。夜は礼拝のプログラムとともに、希望者には祈りの時間が長く設けられています。夜おそくには、年上の者たちがゲームをして過ごします。世界のあちらこちらにあった全寮制のスウェーデン人学校が閉校になってからは、派遣される宣教師の数も減少し、今ではキャンプに集まってくるのは100人程度になっています。キャンプの場所も何度か変わりました。それでもその重要性は変わっていません。参加した多くの子どもたちが、「自分はヘンではない。正常なんだ」と感じられるのは唯一そのキャンプにおいてだけだったと証ししています。10歳の時に初めてキャンプにやってきた子どもたちが、そこで友だちになり、それがティーンの時代まで、さらには大人になってもずっと続いているのです。

次には、私が 15 年くらい前に経験したことを話したいと思います。私は以前コンゴにあった全寮制のスウェーデン人学校に通っていましたが、かつてその学校で学んでいた人たちの再会の集いを企画しました。かなり昔の人々の名前を探し当てるのは容易ではありませんでしたが、多くの助けを得ながら、200 名近くのすべての人をついに見つけ出すことができました。そのうち 50 名の人たちが集まってきました。最年長者は 82 歳、一番若い人は 18 歳でした。ほとんどの人はその時まで一度もほかの TCK に会ったことがなかったと言っていました。その集会のことについては 11 章でもう少し詳しく書いていますが、私がここで特にお話ししたいことは次のことです。TCK たちを集めることはけっして不可能なことではない。多くの人はぜひ来たいと思っている。その再会の集いによってその人の人生が変わるかもしれない、そのような経験ともなり得るのです。

三つ目の経験は私への贈りものとなりました。私はマレーシアで行われたチーフー・スクールの再会の集いに、ルース＝ヴァン・リーケンと共に講師として招かれました。アジアにはチーフー・スクールという学校が何校かありましたが、そのひとつがマレーシアのキャメロン・ハイランドにもありました。当時すでに 50 代になっていた数人の卒業生たちが、チーフー・スクールの卒業生をできる限り探し出すことを決断しました。そして、かつてあったチーフー・スクールが閉校となり今はカンファレンス・センターとなっていた場所で、再会の集いが持たれました。世界各地から 80 名近くの人々（ほとんどが 50 代と 60 代）がやって来て、一週間を共に過ごしました。ジャングルの中を散策し、かつての宿舎跡で寝泊まりし、一緒に当時の歌を歌い、当時の食べ物を食べました。ルースと私は、彼らがかつて経験したことをプロセスできるために、毎日二つのセッションを担当しました。その翌年からは、さらに二度の再会の集いが同じ場所で開催されました。また、北アメリカ、イギリス、オーストラリアにおいて週末を利用しての再会の集いが開かれるようにもなりました。私はそのうちのマレーシアの二つの集い、そしてイギリスの集いにも参加しました。それらは私の人生のなかでハイライトの出来事となりました。彼ら TCK たちとの出会いは私にとって特別な時となりました。私自身はチーフー・スクールの卒業生ではありません。でも、私はコンゴでの経験から、あの人たちと実に多くの共通点を持っていました。彼らの話を聞くことは驚くような素晴らしい経験でした。彼らの目はきらきら輝き、また互いに話したり聞いたりしているうちに背筋がピンと伸びていました。

私は青年や大人の TCK たちの再会の集いにも、何回か講師として招かれたことがあります。世界の各地で TCK のネットワークが徐々に広がっています。でも、あまり複雑なものにしないほうが良いでしょう。自分がだいたい知っている人たちと会う機会を持ちましょう。情報を流していきましょう。きっとチャンスがやって来ます。

【まとめ】

再会の集いはいろいろな方法で持つことができます。最も大切なことはそれを実現させることです。

【アクティビティ：再会の集いを計画する】

再会の集いを計画しましょう。大人数とか複雑な集会である必要はありません。

- どのような人たちを招きますか。集会案内を送るために利用できるネットワークがありますか。
- 会場をどこにしますか。あまり高額にならない所を探します。キャンプ場、教会、団体、学校、企業などに問い合わせてみると良いでしょう。
- 集会のプログラムを作ります。TCK であるとはどのようなことかについてやや詳しく学ぶ時間。過去を振り返りプロセスする時間。みんなで自由に楽しく過ごす時間。食事の準備などの家事を手伝う時間。参加者たちがまだお互いに知らない場合は、「自由に過ごす」時間もある程度企画する必要があります。自由時間にどこに行って何をすればいいのか、みんな把握しているようにするためです。
- 講師やカウンセラーは、TCK であるとはどのようなことかについての知識を持っていることが大切です。できれば彼ら自身も TCK であることが望ましいでしょう。

＊＊＊

【できることを考えよう】

1. 親として

- 何人かの親たちが集まり、どのようにしたら子どもたちがほかの TCK と出会う機会を持つことができるか、話し合ってみましょう。その実現のためにできることから始めていきます。

2. 派遣団体として

- 再会の集いを定期的に計画しましょう。同じ学校で学んできた子どもたち、同じ国や地域に住んでいた子どもたち、または自分の団体に属する子どもたち全員のための集まりを企画します。
- 他団体ともネットワークを結び、合同で再会の集いを計画することも可能です。

3. TCK 自身として

- あなたがまだ小さい子どもやティーンである場合は、大人に頼んで再会の集まりを計画してもらいましょう。
- あなたがすでに大人の場合は、幾人かの TCK 仲間の集まりを持ちましょう。できるだけ多くの TCK たちに連絡できるように、派遣団体の支援を受けながら必要な情報を収集します。

第52章　親へのトレーニング

異文化で生活するということが、自分にとって何を意味するのかということを何も知らない親たちがたくさんいます。本国を旅立つ前に、あるいは異国の地に到着した時点で、ある程度のトレーニングを受けることができるなら、それは親にとって大きな助けになります。子育てのスキルを身に着けていくことで、新たな異文化の中にあっても自分の子どもたちをサポートしていける、そのようなトレーニングのことです。そのようなトレーニングの中に含めるものとしては下記のような内容があります。

実際的なスキル

- 自分の子どもをどのように守るか。
- どのようにしたら家庭を安全なスペースにすることができるか。
- 子どもが自分のバウンダリー（境界線）を持つことができるようにどう教えるか。
- 楽しく過ごせる場所をどうやって見つけるか。
- 同じ文化圏からの他の子どもたちと接する機会をどのように持つか。
- 親自身の結婚生活をどのように守っていくか。
- 家庭と仕事、家族と仕事仲間（チーム）のそれぞれの関係の間のバウンダリーをどのように築いていくか。
- 移行期の子どもの反応についての理解とその対処法をどう

学んでいくか。

重要性の理解

- 子どもが父親、母親と毎日時間を持つこと。
- 外で遊ぶ時間も含めた毎日のスケジュールを決めること。
- 誰かに家族のためのメンターになってもらうこと。
- 1年に2回はディブリーフィングと評価の時を持つこと。
- 子ども一人ひとりについて長期プランを立てること。
- パスポート国とのつながりを維持すること。
- それぞれの子どもに対する教育方法を模索すること。
- ナニーを頼む際に注意すべきこと。

知っておくべきこと

- 子どものラブ・タンクを満たすことが非常に重要な仕事だということ。
- 移行期における子どものニーズと、そのとき親がどのようにサポートできるかということ。
- ノマド生活という成育歴が子どもにどのような影響を及ぼしているかということ。
- 子どもは虐待被害に遭ったり、トラウマになったりしやすいということ。
- 性的な遊びが稀ではなくなっていること。

【まとめ】

移動前と移動期間中にトレーニングを受けることによって、親は子どもを上手な方法でサポートすることができるようになります。

【アクティビティ：親へのトレーニングを計画する】

親たちのためのトレーニングを計画しましょう。

＊＊＊

【できることを考えよう】

1. 親として
    - トレーニングを受ける機会をお願いしましょう。
    - 自分の団体がトレーニングを提供できない場合には、この分野の知識を持っている人を自分たちで招き、そのような機会を計画しましょう。
2. 派遣団体として
    - 親たちのためのトレーニングを計画しましょう。
3. TCK 自身として
    - 親にトレーニング・コースに参加するようにお願いしましょう。

第53章　宣教師の子どもたち—ひとつの“特別な家族”

　ある子どもがTCKとなるのには様々な経緯があります。したがって、多くの異なるタイプのTCKが存在します。親の仕事の関係する支店や支所が外国にあるために、または親が他国で働くために、家族で移動してTCKになる子どもがいます。親が外交官や軍に所属している場合があります。海外留学する親について行く子もいます。両親のそれぞれの国籍が異なるために、二つの国の間を行き来する子どもたちがいます。また今日の世界では、戦争や紛争など様々な理由で、強制的に国を出なければならない人々が数多くいます。このような原因で家族全員が本国を追われてTCKとなった子どもたちは、さらに別の種類の山のような問題や課題に取り組まなければなりません。そのような課題については、本書では必ずしもすべて取り上げられてはいません。

　私のTCKについての経験は主として宣教師の子ども、つまりMK（Missionary Kids）としてのものです。私自身MKです。そして5人のMKを持つ母親として、今まで多くのMKたちと関わってきました。そのような訳で、私が本書で語っていることは、ほとんどがMKにフォーカスしたものを基にしています。とは言っても、TCK自身、また様々なタイプのTCKの働きに関わっている方であっても、本書で語られている各テーマについてよく理解していただけると信じ願っています。

　常に行ったり来たりというTCKの移動の現実を特に考えると

き、おそらくMKは異文化間を移動することがどのようなものかを最初に経験した人たちでしょう。今まで世界には、別の土地に移動し、異なる人々の中で新たな生活を始める人々が常にいました。でも私の推測では、彼らは多くの場合、子育てが始まる前にすでに移動し終わっていたか、あるいは子育てが始まると同時にそれに適した場所に移って行ったのではないかと思います。今からおよそ200年前、プロテスタントの宣教師が世界中に移動し始めた頃、彼らは家族を伴って行きました。そして、しばらく後に自分のパスポート国に戻って来ました。MKのための学校が海外に設立されましたが、大抵のMKたちは、本国の学校で学ぶために遅かれ早かれ送り返されるようになりました。彼らは幼くして両親と離れ離れになったのです。このようなケースは、大英帝国はじめ世界各地に植民地を持つ国々の外交官の子どもにしばしば見られました。

それゆえ、宣教師の子どもたちに関しては、TCKとしての非常に長い歴史があります。彼らの多くが心に深い傷を負いました。当時は、異文化間を移動し、そこで生活するということ、そして何よりも、親と離れて生活するということが、子どもたちにどんなに大きな影響をもたらすかということについて、ほとんど知られていませんでした。さらには、MKには、ほかの多くのTCKがあまり直面することのない、特有の課題と問題があります。そのようなことについていくつかお話ししたいと思います。

MKの親は、宣教師としての「召命」に従って生きています。多くの場合、この召命は問答無用のものです。この召命は自分の子どものことよりもはるかに重要なものとして受け止められていることがあります（この召命についての理解は必ずしも宗教的信念から出ているのではないことがあるので、宣教師以外の親の場合でも似たようなことがありえます)。その召命ゆえに背負わざるをえない出来事が起こったとき、親はますます決然とし、喜んでその苦しみに耐え抜こうとします。そして子どもにも、共に苦しみを負っていくことを期待します。その苦しみは、親にとっても子どもにとっても、召命に従って生きていくことの一部であると信じているからです。「宣教師は苦しみを負わなければならない。そうでなければ宣教師とは言えない」。また、「宣教師生活には犠牲が伴う。そうでなければならないのだ」。これは、宣教師コミュニティの中で私が何度も耳にしてきた言葉です。宣教師である親たちには、子どもがどんなに心に痛みを負っているかが見えていません。親自身も深い痛みの中で疲れ果てているからかもしれません。もっとも、たとえ親が自分の子どもの状況が見えたとしても、彼らには何もできないでしょう。宣教師は苦しみを負わなければならないという通念(神話)が彼らを遣わしている団体や教会というシステムの中に根強くあるからです。

上記のことは必ずしも宣教師家族のすべてに当てはまるのではありません。今日、宣教師はいろいろな国や文化圏から遣わされており、それぞれが異なる教会の伝統や背景を持ち、このような事柄に関しても様々な見解を持つ団体に所属しています。さらには、時代の流れの中で価値観の変化も見られます。多くの宣教師が自分の子どものニーズに敏感になっています。また、自分の子どもの健全な成長をまず優先して考えるようにと、派遣団体からの励ましやサポートを受けるようになっています。事実、他のどんな召命にもまさってまず親として召されているということを真剣に受け止める宣教師たちが多くいます。

一方、多くの宣教師たちに共通して言えることは、自分たちが遣わされた土地の人々を深く愛しているということです。人々を愛するその愛のゆえに、彼らの子どもたちもまた現地の人々との自然で貴重な体験をすることができます。それは、他のTCKがめったに経験できない宝物と言えます。しかし、それは同時に宣教師の子どもたちに様々なチャレンジをもたらすことにもなります。ある宣教師家族は、学校や病院もなく、同じ出身国の人と出会うこともない、はるか遠隔地の村に住みます。あるいは、大都市の高層ビルの狭いアパートの一室に住む場合もあります。親も子もその地域の言葉を何年もかけて学びます。本国にいればできたはずの多くのことを犠牲にします。彼らの多くは経済的にもかなり切り詰めた生活をしているので、ちょっと本国に戻って来るというような余裕はほとんどありません。

多くの宣教師たちは、「私たちは神さまの召命に従ってやってきた。だから神さまは私も私の子どもたちも守ってくださり、必要を備えてくださる」と信じ、事実そのような経験をします。ただ、このような現実は、ある場合には危険が伴うことがあり、子どもたちにとって必ずしも良い結果を生まない可能性があります。また、子どもが発するサインを見逃したり、親としての直観に自ら耳を閉ざしたりしてしまうことにもなり兼ねません。そしてもし何か気になる事や困惑してしまう事が起こると、親はそれを神さまの御手に委ねようとします。神さまの御手に委ねることは、確かに美しく、力強い行為です。それによって健全な子育てをするために必要な忍耐力をいただくこともあります。また、子どものための自らの祈り、また他の人が祈ってくれる祈りは、子どもの人生にも良いインパクトをもたらします。もしそのような多くの祈りの支えがなかったら、子どもたちはもっと厳しい現実に苦しむかもしれません。しかし、子どものことを神さまの御手に委ねると言うとき、私たちは同時に、子どものケアに関して神さまが私たちに願っておられることは何かということにも耳を傾けなければなりません。

宣教師の多くの子どもたちは大小さまざまなトラウマを経験しており、それは彼らの人生に深い影響をもたらします。宣教師たちは痛み苦しむ人々に助けの手を差し伸べるために、危険な地域にまでもやって来ます。そこでは、武力衝突、政情不安、インフラの乏しさゆえの事故、無医村での病気、強盗、脅迫、誘拐、自然災害など、多くの恐怖と危険にさらされることがあります。今日、世界はどこもますます危険な場所になっています。それでも宣教師たちはそのような地域に住み、奉仕しています。ですから、どのように自分の子どもの身を守ることができるか、また子どもが体験した出来事を自分の中で上手に処理（プロセス）するためにはどう支えていったらいいのか、親にも派遣団体にも多くの知恵がいよいよ必要とされています。

宣教師の子どもたちは団体組織（システム）の一部に深く組み入れられています。他のTCKたちにも同様のことが言えるかもしれませんが、しかし宣教師の子どもたちはさらに複雑な状況に置かれています。というのも、そこに神さまの存在が関わっているからです。神の御名は、人間が権威や権力を行使するために容易に用いられることがあります。神さまが関わってくると、あるいはそのように言われてしまうと、団体のシステムに何らかの疑問を差し挟むことが簡単にはできなくなります。大人や子どもに対するシステムからのメッセージ（申し渡し）が強力なパワーを持つことがあります。例えば次のようなものです。「子どもは皆、寄宿学校に入れるべきである」、「宣教地での生活は子どもの健康には危険だから、本国に残しておくべきである」、「宣教師家族は遣わされた村に留まり、そこの人々とまったく同じ生活をしなければならない」、「子どもたちを村の生活に巻き込んではならない」など。これらを見て分かるように、こういった規定は団体によって大きく異なり、時代によっても変化していきます。

宣教師の子どもたちは、神さまとの関りを持つ団体組織の一部として組み入れられ、しかもその団体組織と神さまは、子どもたちも含めた家族生活全般に大きな影響力を持っています。そのことは、子どもが成長し自立していくために必要な過程をいっそう複雑なものにしているとも言えます。多くのMKたちは、自分が親からだんだん距離を置くようになると、団体や神さまからも距離を置かなければいけない、と感じるようになります。それによって親は非常に心配になりますが、しかしそれは子どもたちが自分自身の信仰を築く上では、自然な反応と言えます。MKが自らじっくり考える（プロセスする）必要のある質問として、次のようなものがあるでしょう。

- 私がこんなにも苦しむようなことを親に命じている神さまを、私はどうして信じることができるだろうか。
- 親はどうして、この私よりも神さまと団体の言うことのほうに、もっと聞こうとするのだろうか。
- 親が奉仕していた人々のほうが、私のことよりももっと大切にされていた。それはなぜだろうか。

宣教師の子どもたちは以下の点について、自分の考えを整理する必要があるかもしれません。

①

- 私の親がしたことは一体どのようなことだったのか。

- なぜ親はそのようなことをしたのか。
- それは親自身の決断だったのか。それとも誰かに強いられていると感じたのでそうしたのか。
- それは本当に神さまからの使命として行なったことなのか。それとも、個人的な勇敢な気持ちからだったのか。

②

- この団体組織は一体どのようなものなのか。それを構成している人々とは誰なのか。
- 彼らは私と私の親の上にあって、どのようなパワー（権力）を持っていたのか。
- そこではどのようなことが申し渡し（メッセージ）の内容として存在していたのか。
- 仮に親がその申し渡しの内容に反することをしたら、どのようなことになったのか。
- 現在その組織団体を代表する人で、私が話すことのできる人はいるか。
- その人は、その団体組織、及び私の人生においてそこから受けてきた影響から私が解放されて自立していくための新たな出発点を見出せるように、助けてくれるだろうか。

③

- 神さまはどのような方なのか。
- 神さまは子どものことは心配しておられないのだろうか。
- 神さまはその時、何と言っておられたのだろうか。
- 神さまは今、何と言っておられるだろうか。
- 私自身に対しては何と言っておられるだろうか。

- 私の親に対して、組織に対して、当時神さまが言おうとしておられたのに彼らが理解していなかった、そのようなことがなかっただろうか。
- もしあの時、神さまが私と共におられたはずなら、神さまはどのようになさっただろうか。
- 神様はあの時、本当に私と共におられたのだろうか。

MK が自立していくためには、心にある様々な問いを発していかなければなりません。必ずしもその答えを得るためではなく、心の内を整理（プロセス）していくために自分のニーズを表現するのです。それによって、過ぎ去ったものを後にして、前に進んでいくことができるのです。組織には相変わらず厳しい申し渡し事項（メッセージ）とパワー（権力）が存在しているかもしれません。でも宣教師である親と団体組織は自ら、そのことに気付かなければなりません。そして以下のような問いに対する答えを求め続けていく必要があります。「神とはどのようなお方か」、「神は子どもをどのように見ておられるのか」、「神は親に対して何をするようにと召しておられるのか」、「神は人に苦しむことを求めておられるのだろうか」などについてです。

もしこのようなテーマに関する私自身の見方を尋ねられたならば、私は次のように答えたいと思います。神さまは子どもに関心を持っておられると私は信じています。そして、神さまは親たちに対して、第一に子どもに関心を持ち、子どもを愛するように召しておられると信じます。神さまは、私たちに新しいチャレンジへと歩み出すように召しておられることも信じています。それは、自分が安全と感じる領域をはるかに越えた世界への召しかもしれません。しかしそれでも、自分の身と自分の家族を守るようにとの神さまからの召しは変わらない、と信じます。神さまは私たちと共におられると信じます。共におられる神さまの存在を忘れずにいることで、様々な出来事の中にあっても、私たちは歩み続けて行くことができると信じます。私は、派遣団体と組織が、子どもの必要についてよく気を配ることができるように、親たちを支援し、励ます必要があると、固く信じています。そのようにして親たちは子どもが何を必要としているかを知り、気づくことができるようになると信じています。

これまでの章でも語られてきたように、宣教師家族の出発準備と帰国直後の面接時には、子どもの必要にしっかり目を向けることが重要です。宣教師など、神さまを支えとして歩んでいる人々のための質問として、例えば以下のようなものがあります。

- あなたの生き方をご覧になっている神さまは、何を見て来られましたか。
- あなたの子どもたちをご覧になっている神さまは、何を見ておられますか。
- 今まで神さまはあなたに何を見せて来ておられますか。何を与えてくださっていますか。何をあなたに語ろうとしておられますか。あなた自身のことについてはどうですか。あなたの子どもたちのことについてはどうですか。
- 悪魔の力が働いて、あなたとあなたの家族から何かを奪い取ろうとしていませんか。

【まとめ】

TCK の中には、様々に異なるタイプの「特別な家族」が存在します。その一つが宣教師の子どもたちという「特別な家族」です。私自身はこのグループのことについて一番よく知っています。私も、私の子どもたちもそこに属しているからです。他の多くのTCKの親と同様に、宣教師の子どもの親も確固たるビジョンを持っており、大抵のことには耐え抜いて行けます。自分は神さまに召されたのだという確信があるので、何があっても簡単には諦めません。それゆえ、ある時にはそのような召しが、自分の家族にどんなに深く影響を及ぼしているかに気付かないことがあります。また、宣教師家族は多くの場合、それぞれの家族がどのような生活をすべきかについて、ある特別な信条を備えた、強固な組織団体に属しています。

【アクティビティ：コラージュを作る】

複雑でつらかった出来事、あるいは単純で楽しかった出来事などを思い巡らし、心でプロセスしていくために、コラージュ（貼り絵）を作ってみるという美しい方法があります。

- 古い雑誌を何冊か集めます。
- その雑誌から絵（写真）や言葉を切り取ります。ある一つのテーマを決めます。あなたのMKとしての経験を振り返りながら、例えば以下のようなテーマを選んで作ります。
- あなたがMKとして属していた組織団体を表現するコラージュを作ります。

- あなたの親を派遣した団体に伝えたいことを表現するコラージュを作ります。
- 自分がMKであるとはどんな気持ちか。それを表現しているコラージュを作ります。
- 一冊の雑誌を選び、そこから、きっと神さまは自分にこんなことを語りかけたいだろうなと思うことを想像し、それを表現する絵（写真）や言葉を、いくつか切り取ってコラージュを作ります。
- もちろん、このアクティビティはMKだけでなく、他のTCKも行なうことができます。また、別の異なるテーマを選んでコラージュを作ることもできます。
- 切り取って集める絵（写真）や言葉は、あまり多すぎないほうが良いでしょう。
- でき上がったコラージュにあなた自身もう一度目を注ぎ、耳を傾けましょう。
- そこに掲げられた絵（写真）や言葉はあなたに何を語りかけていますか。
- それによってどのような気持ちになりますか。
- 新しい別の方向への招きを何か感じますか。
- 小さなグループでそれを分かち合ってみましょう。

＊＊＊

【できることを考えよう】

1. 親として

- しばらく時間をとって、長年にわたりあなたが親として選び取ってきた数々の決断を振り返ってみましょう。そのような決断はどのように選択してきましたか。必ずしも自分の意に添わなかったけれど、ほかの誰かに強いられてあのような選択をしたということがありましたか。あのような選択をしたけれど、結果としてそれは自分が願い、計画していたようにはならなかったということがありましたか。後から振り返ってみて、やはり別の道を選択したかったということがありますか。

- 過去に起こった事は変えることはできません。しかし、私たち親が、自分がしてきた多くの決断について振り返り、それによって家族と子どもたちにとって良い結果になった事、反対にそうでなかった事の両方に敢えて目を向けようとしていることが、子どもたちの目にも分かるとき、子どもたちはもっと私たち親を信頼できるようになります。親は子どもたちにたくさんの質問をして、彼らを困らせてはなりません。反対に、子どもたちが聞いてきたときは、自分の心を開いてその質問に耳を傾けられるように備えていましょう。子どもは親に完璧を求めてはいません。むしろ、子どもは、親が誠実であり、正直であることを願っています。つまり、それは、親が「こう聞かれたら、こう言おう」と答えを用意しておいて自分を隠すようなことがないようにということです。
- 場合によっては、子どもの記憶は親の記憶と異なっているかもしれません。人の記憶というのは同じではありません。しかも子どもの脳は未成熟なので、過去の出来事をどこまで覚えているかにも限界があります。しかし、人の感情というものは本物であり、過去に起きた事をどのように記憶しているかについては、正しいも正しくないもありません。記憶は必ず感情と結びついているからです。したがって、最も大切なことは、まず子どもの感情に耳を傾け、それをそのまま受け止めることです。それをしてからでないと、何が起こったかについての共通理解を見出すことはできません。

- もし子どもがクリスチャンの交わりから去って行き、または信仰から離れて行ったとしても、親は子どもを尊重しましょう。人は皆それぞれ、自分の人生の旅路を歩んでいます。親としてできる唯一最善のことは、我が子を信じて神さまに委ねることです。あなたの子どもは、たとえ信仰を持っても持たなくても、神さまの美しい作品であり、尊い人格を持っているのです。

2. 派遣団体として

- 派遣団体のリーダーは、TCK から尋ねられる可能性のある質問に対して、どう答えるかについて備えておく必要があります。団体には過去に下した様々な決断について、またそれによって TCK が受けた影響について、責任を取る必要があります。たとえ、そのような決断を下した責任者がすでにいなくなって何十年経っていたとしてもそれは変わりません。当時のリーダーたちのことを弁明したり、擁護したりする必要はありません。むしろ TCK こそが、自分は守られたと感じる必要があります。私たちは、TCK からの質問を尊重し、それに誠実に答え、過去に起こった事に対する責任を取ることを通して、彼らへの尊敬を表し、彼らを守ります。責任を取るということは、ある場合には、実際何らかの行動を起こす必要があるということでもあります。

3. TCK、MK 自身として

- 自分がどうしても聞きたいと思う質問をしてみましょう。ただし、あなたの質問が、あなたの親や団体にとって非常に脅威に感じられる可能性があることも、心得ておかなければなりません。過去の決断や信仰について質問すると、相手に対する恐れや防衛反応を引き起こすことがあります。もし実際そのような反応が生じたら、それは相手がまだそれを聞ける状態になっていないことを示しており、あなたはそれ以上何もできないかもしれません。その代わり、次のようなことをしてみましょう。しばらく時間を取って、「送らない手紙」を書きましょう。そこに、あなたが聞きたい質問とあなたの心の傷について書きます。それをもう一度読み返した後で、もう1通の手紙を書きます。それも「送らない手紙」です。そこには、当時あなたには何が必要だったかについて書きます。そしてしばらく時間を取った後、当時子どもだったあなたが必要としていたものが与えられ満たされた自分の姿を想像します。さらには、現在の自分が必要としているものが与えられた自分の姿を想像します。このように、自分の心の傷を表現し、自分の必要を表し、それが満たされた自分の姿を想像していくというプロセスによって、たとえ自分を傷つけた人の協力がなくても、癒しと回復が始まります。
- 自分自身の信仰を探し求めていく自由を、自分に与えましょう。神さまに質問し、神様さまと議論しましょう。神さまにしばらく待っていただきましょう。クリスチャン家庭で育てられて、楽しかったことや自分にとってそれは大切なことだったと思うことが何かなかったか、振り返ってみましょう。すべてを捨て去ってはいけません。良いものは捨てずに持っていましょう。自分と共鳴する信仰を持っていて実際そのような信仰に沿った生き方をしている人々、教会、コミュニティがどこかにないか探し求めましょう。

XI.
私たちにできること

第54章　親ができること

これまでのまとめをしましょう。TCKのケアのために親はどのようなことができるでしょうか。親は、TCKとしての子どもの成長過程を幼いころからずっと見てきている大人です。子どものために親は何ができるかについてまとめてみます。

- 子どもを優しい目で見ていきます。ラブ・タンクを満たします。愛していることを子どもに伝えます。
- TCKであることを子どもが自覚できるように助けます。ほかにもたくさんのTCKが世の中にいることを教えます。
- 子どもの人生に寄り添います。子どもの心に共感し、子どもが経験したり、感じたり、考えたりしていることを子どもが自ら表現できるように助けます。子どもと一緒にたくさんの時間を過ごします。
- 子どもが感じたこと、考えたこと、反応したことは正常なことであると確認します。
- これから訪れる変化のために、彼女に準備をさせます。
- 子どもを守ります。危険や社会規範（ルール）など、子どもを守るために知っておくべきことを学んでおきます。
- 子どもが自分のバウンダリー（境界線）を持つように励まします。どのようにしたらそれができるか、模範を見せます。
- 自分の直感に耳を傾けましょう。ある場合には、子どもを守るために制度（システム）に反対することも必要となります。

- 子どもと一緒に楽しい時を過ごします。
- 一緒に泣きます。
- 一緒に怒ります。
- 子どもはあなたと同じように、もしかしたらそれ以上に、葛藤していることを忘れないようにしましょう。
- 子どもが示したある反応は、移行と適応の過程の一部かもしれないと考えましょう。
- トラウマについて学び、トラウマ経験の後でどのようにしたら安全と喜びを回復することができるかについても知識を深めましょう。
- 子どもが人生の中で経験するどのような国や文化にあっても、そこに居場所を見出すことができるように助けます。
- 子どもについての長期目標を設定し、将来のパスポート国での生活のための備えをしていきます。
- 子どもの教育に関してはどのような選択肢がその子にふさわしいか、慎重に考えましょう。
- 子どもが友だちとの関係を持ち続けていけるようにサポートします。
- 子どもが自分の物を所有したり、友人を訪ねたり、大人になったとき自分が育った場所を訪ねたりすることができるように、資金を積み立てておきます。
- 定期的に家族としてディブリーフィングの時間を持つようにします。
- 子どもの人生のストーリーを、その子に話して聞かせます。
- 子どものことを顧みる用意がいつもできているように、自分自身のことも大切にしましょう。

【アクティビティ：何かを変えるために私には何が必要か】

私たち親が子どもを助け、支えるためには多くの変えなければならないことがあります。しかし、そのためにまず私たちには何が必要でしょうか。

- 椅子を５脚並べてベンチのようにします。
- それらの椅子を、携帯電話の充電レベルを示す５本の旗棒に見立て、それがあなた自身の「充電」レベルだと思ってください。
- 子どものために何かを変えるべき時が来たとき、あなたがどのくらいの充電レベルになっているかを振り返ってみます。もしフル充電になっているのであれば、椅子を全部そのままにしておきます。もし､充電の旗棒が３本であれば、椅子を２脚取り払います。
- そして、フル充電にするために自分には何が必要かについて思い巡らします。それを見出すことができたら、そのつど椅子を元に戻します。

このアクティビティを通して、自分にとっての現実的な目標を立てることができ、しかも子どもを助けるためにまず自分が何を必要としているかに気づきます。

第 55 章　派遣団体ができること

派遣団体は、派遣される家族の子どもたちの安全と福利のための責任を負う主要な立場にあります。派遣団体はまずこのことをよく理解している必要があります。そして、それぞれの家族のフォローアップをするためによく訓練された人材を配置しておかなければなりません。

- 派遣された（されている）家族とその子どもたちのニーズをよく理解している、訓練されたスタッフをきちんと備えておきます。
- 両親が 2 人共に、子どもたちの必要に応えるための十分な時間とエネルギー（特に移行期において）を持っているかどうかを確かめます。
- 派遣している家族に対する期待は、過度ではなく現実的なものであるように。
- 各家族に対して団体組織がシステムとしてどのようなメッセージを発信しているかを、よく知っている必要があります。そのメッセージは家族の助けになっているでしょうか。
- 子どもが 23 歳に達するまでは、その家族に対する一定程度の責任を団体は負っています。また、たとえその家族が団体を退いていったとしても、それまではその子たちに対する団体としての責任をある意味で持っていることを認識している必要があります。

- 家族が派遣される時までに、TCK が異文化に入って行く際の特別なニーズに関して、両親へのトレーニングの機会を設けます。
- 子どもたちのために考えておくべき長期プランに関して、両親と話す時を持ちます。
- 予算の中には子どもの必要に関わる以下のような必要経費を計上します。適切な教育費、年に一回のパスポート国への一時帰国旅費、子どもが 18 歳から 23 歳までの間は年に二回家族を訪問する旅費。さらに含めるものとしては、年に 2 回のディブリーフィング、学期終了時のディブリーフィング、必要に応じてトラウマをプロセスするためのディブリーフィングの費用（43 章）。ティーンあるいは大人になった TCK には、TCK について経験豊かなカウンセラーによる「12 のセッション」（49 章）の機会を提供します。
- 子どもが将来パスポート国に戻るために必要な教育内容が施されているかどうかを確認します。家庭で話す言葉を学ぶ機会（母語教育）が提供されているかについても押さえます。それは学校のカリキュラムに組み込まれていることが望ましいです（32 章）。
- 子どもの健康状態について確認します。十分な睡眠、適切な食事と運動、野外活動、学校の宿題に過度な時間を費やしていないか。健康管理に関して適切な注意が払われているか。
- 子どもを守るための規程を団体のシステム内に設けます。それによって、子どもの安全に関する懸念が生じた時、どのように対応するかについて団体の誰もが承知していることとなります。

- TCK のキャンプや再会の集いを企画します。
- 移動する家族のお楽しみ会（49 章）を企画します。また、カンファレンスやトレーニングの場において、大人と子どもの両方がプロセスできるためのプログラムを組み入れます。
- 団体内に、親が相談できるための様々な情報源を持つチームを設置します。そこには、医師、児童心理学者、心理療法士（TCK についての知識を備えている人が望ましい）、特殊教育教師、教育方法の選択肢に関するアドバイスや大学進学ガイダンスができる教育カウンセラーなどを含めます。
- トラウマを負った子どもや大人がそれをプロセスするために支援できる人、つまりトラウマについての最新の知識を用いて行なうことができる、訓練されたスタッフを備えておくこと（39 章）。
- 緊急時には子どもも大人もどのような対応をしたらよいか、それに備えるための訓練の機会を提供します。

第 56 章　学校ができること

学校には TCK をサポートできるチャンスが豊富にあります。多くの TCK はインターナショナル・スクールに通っていますが、一方で、その国の地域の学校に通っている子、また自宅でホームスクーリングをしている子もたくさんいます。全寮制の学校で学んでいる子たちもいます。学校が日常の教育活動や学校体制の中に、TCK のための視点を取り入れていくためにどのようなことができるか、また児童・生徒が移行期に近づいた時にどのようにサポートしていくかについて、いくつかの提案を以下に挙げていきます。

- TCK であるとはどういうことかについてよく話し合います。TCK について学ぶ機会を教師たちに提供します。
- 日常の授業の中に TCK の視点を取り入れます。彼らが経験していることを授業の中で用います。違った観点からのトピックについて取り上げます。他国や他文化に関する学習も取り入れます。（それが異様なものと受け止められないように注意します。異なる文脈から見ると歴史も異なって見えることなど、社会科の授業では他の多くの文化からの視点にも触れることができます。また科学の授業でも国際的な幅広い知見を取り入れます。）
- 算数・数学に関しては、国によって教え方が異なっている可能性があり、したがってそれが、異なる教育システムに新たに入って来た児童・生徒に混乱をもたらし得ることを覚えておく必要があります。

- 学校のカリキュラムの中に、生徒が家庭で話している言語を学習する機会を設置するようにします。そのためにも、その言語を教えることのできる教師を確保します。あるいは、その言語が話されている国の学校と連携して、生徒がオンラインでその言語を学習できるようにします。
- 新たに学校にやって来た生徒、親、教師たちのために、また反対に、まもなく学校を去って別のところに移動する人たちにも、それぞれ特別なプログラムを企画します。
- 卒業し移動して行く12年生とその親たちのために、特別なプログラムを企画します。
- 12年生には、進学する国に適応した準備をさせ、大学の出願書類や必要条件は国によって大きく異なることを伝えておきます。彼らの旅をサポートし、彼らが知る必要のあることをできる限り調査しておきます。
- 国外から来たすべての学年の生徒たちのニーズを敏感に察知し、彼らがパスポート国に戻れるように支援します。
- 地元の国の中からインターナショナル・スクールに入って学んでいる生徒たちもまた、ある意味でTCKであることを認識しておきます。

第 57 章　TCK 自身ができること

私たち TCK が自分自身と他の TCK のためにできることは何でしょうか。以下に例を挙げてみましょう。

- TCK であるとはどういうことかについて学びます。ほかにもあなたと同じような TCK がいます。
- ほかの TCK を探してみます。
- 自分が経験したことをプロセスする方法を見つけます。親、TCK の友人、カウンセラーなどと一緒にします。ただし、カウンセラーを探す場合には、その人が TCK についての知識を備えているかどうかを確かめます。本書に書かれているアクティビティを用います。
- 再会の集いやキャンプを計画します。ふさわしい大人に助けを求めましょう。
- パスポート国にいずれ戻るための準備を可能な限りしておきます。たとえあなたがどこか別の国に住むことを願ったとしても、入国許可に関して最も信頼できるのはパスポート国だけです。
- もし再び移動の時期が近づいているのであれば、どのようなニーズがあるかじっくり考えてみましょう。過去の移動の経験がそのための備えとしてきっと役立つことでしょう。
- あなたが何かとつながっていると感じるのはどのような時

ですか。今住んでいる場所と自分のパスポート国とのつながりを両方とも持つことができるように、自分にできることをしましょう。友だちを作ること。言葉を学び、スキルを身に着けること。

- いつも自分に優しくしましょう。一つの場所にずっと住んでいる子どもと比べれば、あなたは異なる国や文化の間を移動し続けることで、おそらくその２倍も一生懸命やっていることになります。新しい場所に適応するのには相当のエネルギーが要るからです。
- 自分の感情、身体の感覚、思い、願い、欲していることに耳を傾け、それを理解しましょう。そうすることで、移動期間を上手に過ごしていくことができます。
- 自分を守り、バウンダリーを設けるようにしましょう。「あれっ、何かヘンだな」と感じることがあったら、気をつけていましょう。必要なときには、大人やほかの人に助けを求めます。
- あなたはどのようにして人とのつながりを築いているか振り返ってみます。あなたには安全と感じられる人がいますか。他の人はあなたに安全を感じますか。自分のそばにいるその人を信じられますか。あなたはその人のためにそこにいますか。あなたは人とのつながりを上手に閉じることができますか。
- あなたには、必要なときに会って話すことのできるアンカー・パーソンが一人か二人、いつもいることが大切です。
- 自分が育ってきたそれぞれの文化があなたにどのように影響してきたか振り返ってみましょう。
- 自分が周りとは何か違うように感じることがあったら、あなたと同じように感じている人がほかにももっといることを忘れないようにしましょう。そういう人たちと話してみましょう。実際そのような人はあなたのすぐそばにいるかもしれません。

- あなたが大きくなって家族から離れて行く時期になったら、あなたは、親元からだけでなく、自分がその中で育ってきたシステムからも自立していくために、あるスペースが必要であることを自覚していましょう。それと同時に、自分にとって安全と感じられるつながりを何らかの方法で持ち続けるようにしましょう。
- かつて自分がそこで育ち、友だちもいる国を再訪問したいと切に願っているなら、実行してみましょう。両親と派遣団体に問い合わせて支援をお願いしてみましょう。
- 悲しむべきものを悲しみましょう。
- 「さよなら」と別れを告げる練習をしましょう。
- もしあなたが誰かとの関係が壊れたままであれば、それによってあなたは何を失ったのか考えます。そして「送らない手紙」をその人（たち）宛てに書きましょう。1 通は、あなたがその人（たち）によってどのように傷ついたかについて書きます。もう 1 通には、あなたが何を必要としていた（必要としている）かについて書きます。そして、その人（たち）から、または誰かほかの人から、それを受け取ることができた自分を想像（イメージ）します。そうすることで、その人（たち）が変わるかどうか、あなたに赦しを請うかどうかにかかわらず、あなたの心は徐々に癒されていくことでしょう。その日が来るのをいつまでも待つよりもはるかに、あなたには価値があるのです。

- あなたにとって健全で安全な人（たち）を見つけましょう。あなたにとって「鏡（ミラー）」のような人、つまり優しい目であなたを見てくれる人、あなたの本当の姿、あなたの可能性に目を留めて、あなたをそのまま愛してくれる人のことです。
- もしあなたが過去にトラウマを経験しているのであれば、それを一緒にプロセスしてくれる安全な人を探しましょう。最近の神経科学の研究によれば、トラウマを負った人はそのトラウマについて必ずしも話す必要はないですが、しかし身体のある部位を通してプロセス（解放）していくことが必要とされています。このプロセスは、トラウマの記憶の中に安全な人が入ってくることによって実現可能となります。
- あなたが経験したことを自分の人生のストーリーの中に統合していくための手立てを見つけましょう。あなたのストーリーを聞きたいと思う人を探し求めましょう。

【アクティビティ：絵や写真を探す】

自分が考え、感じ、必要とし、願っていることを言葉にすることは、時になかなか難しいものです。そこで、絵や写真をいろいろ見ながら、その中から自分の心の状態と共鳴するものを拾い出してみましょう。それによって、自分が考えていること、感じていること、必要としていること、願っていることなど、心の奥底に隠れていたもの、まだ形に成っていなかったものがあることに自ら気づくことがあります。

- ひとそろいの絵や写真を用意します。ポストカードやそのほか何でも、振り返りの助けとなるようなイメージのものが良いでしょう。あるいは、雑誌をめくりながら、何かを物語っているような絵や写真を切り取り、それを白紙のカードに貼り付けて、自分のオリジナルのセットを作ります。旅行雑誌、パンフレット、家庭雑誌などの中には、切り抜いておく価値のある絵や写真や言葉がたくさんあるものです。
- テーブルあるいは床の上にそれらの絵や写真や言葉を広げて置きます。
- それらを眺めて、あるテーマに沿ってあなたに「語りかけている」と思う写真と言葉を一つ以上選びます。
- テーマとしては以下のような例があります。
- あなたの人生を表現しているもの
- あなたが最近行なった移動のことを表現しているもの
- あなたの今の感情を表現しているもの
- あなたが願っていること、必要としているものを表現しているもの
- あなたの人生のビジョンを象徴的に表現しているもの
- ほかの人からのあなたに対する見方を表現していると思うもの。
- 小さなグループの中で、あなたが選んだものの中からシェアしたいものをできるだけたくさんシェアしてみましょう。それを選んだ理由についても話してみましょう。
- もしできれば、後で思い出すことができるように、あなたが選んだその絵を写真に撮っておきましょう。

アクティビティについて

本書に収められているアクティビティは、TCKの経験に関するディスカッションやそれをプロセスするために非常に役立つものです。人が話をする時は、脳の左側を使っています。そこは言語によるコミュニケーションを可能にする、論理思考を司っている部分です。一方、人が身体を動かしたり、絵を描いたり、視覚化したり、演じたり、ロールプレイをしたりする時には、脳の右側を使っています。そこは表象（イメージ）によるコミュニケーションを可能にする部分です。そして、私たちの感情の多くもまた右脳に蓄積されています。したがって、あることをプロセスしていく際には、右脳を活性化させることによって、感情面にまでアクセスすることが容易になります。さらには、私たちがほかの人と関わるときにも主としてこの右脳が使われます。そのため、アクティビティは私たちの気持ちをひとつにし、互いのつながりをより強固なものにするのに役立ちます。それによって、喜びと安全の感覚が築き上げられていきます。

アクティビティは、自分一人でも、家族でも、グループでも行なうことが可能です。親、メンバーケア担当者、カウンセラーなどがリードして実施することができます。ほとんどのアクティビティは子どもにも大人にも利用できるように作られています。アクティビティをリードする際には、すべての参加者が安全を感じられることが重要です。決して参加を強制してはいけません。ただ見るだけにしたいという人がいたら、そのようにさせて構いません。もし参加者があるアクティビティに対してあまり気が進まないようであれば、やり方を適当に調整してください。どんな人の意見でも聞き入れ、見守っていてください。子どもも参加できるスペースを作ります。子どもは長い時間集中するのが難しいということを忘れないでください。ですから、もしたくさんのアクティビティを続けて実施するのであれば、各アクティビティの合間に飛び跳ねたり、走り回ったりする時間を取りましょう。

アクティビティをグループで行なう際には、お互いがシェアできるスペースと時間を確保することを勧めます。その際、一つのグループは４人から５人程度にし、話す時間は約７分にします。そのくらいの時間があれば皆が話すことができ、短い時間なのでかえって集中して互いによく聞くことができます。グループの全員に、そこで聞いた話は彼らの間だけに留めておくことを繰り返し念押しします。

一つのアクティビティが終わったら、そこからどのようなことを持ち帰るか一人ひとりに尋ねます。それぞれが後で振り返りの機会を持てるようにするためです。そうすることで、彼らがそこで聞いたこと、考えたこと、話したこと、感じたことを覚えておくことができます。アクティビティを行なったグループが小さい子どもたちやティーンの場合には、帰ってから両親にどんなことをシェアしたいか彼らに尋ねましょう。そして実際そうするようにと励まします。

I. 大切な贈りもの

1a.「これが私です」

TCK であることだけが自分のアイデンティティのすべてでは

ないということを再認識します。このアクティビティは、自分という人間のあらゆる側面を表現することが求められたときに用いることができます。絵やイラストを描くことを通して、自分のさらに隠れた部分に触れることもできます。

1b.「同じ“特別な家族”に属する人たちと仲間になる」

自分の周りにはTCKが想像した以上に多くいるものです。自分は周りと違っているとか孤独を感じているTCKの子どもやティーンが、このアクティビティを通して、自分と同じような経験をしている人がほかにいることに気づくでしょう。

2.「私の宝箱」

私たちの脳はつらかったことを忘れないようにできています。ですから時には、良いことや良かったことを一つひとつ思い出す必要があります。このアクティビティは、家族が一緒に、または小さな子どもたちやティーンたちがそれぞれグループになり、今までの良かった出来事を皆でたたえ合う、すばらしい時となります。

3.「世界中を移動して来た私の歩み」

これは私が最もよく使っているアクティビティの一つです。集会開始時の雰囲気をほぐすのに良いだけでなく、別のテーマで何かを辿って（プロセスして）いる最中でもこれを用いることができます。立ち上がって身体を動かす活動が含まれているからです。部屋のフロアに描かれた地図上で、自分がかつて住んでいたいくつかの場所を行ったり来たり身体を動かすことで、過去の一つひとつの移動とその様子がよみがえってきます。多くのTCKはこのアクティビティを通して、目が開かれる経験しをします。子ども時代の頻繁な移動が、どんなに自分の人生に影響を及ぼしているかに気づく機会となります。

4.「三つの問い」

これは、ティーンや大人のTCKが自らプロセスしていくためのとても良いアクティビティです。TCKに関する重要な問いについて一人ひとりが探っていきます。

II. 移動と感情

5.「移動のブリッジを渡る」

これは私がおそらく最も多くの場で使っているアクティビティです。これは、個人でも、家族やグループでも、すべての世代の人が使うことができます。これは、新たな場所に移動して来たばかりの人、移動の真っ只中にある人、前回の移動について振り返ってみたい人など、それらの誰もが移動について、自分自身で、また相互に対話しながら、プロセスする方法を提供します。

6.「移動の準備をしよう」

この章全体を通して、家族がどのように移動に備えることができるかについて、多くのアイデアが示されています。

7.「つながりをポーズで表現する」

移動する時、人は断絶を感じます。自分が何かとつながっていることを覚えていることは、移行期において非常に大きな助けとなります。このアクティビティで身体を使うことで、断絶されたときの感覚を、また、より強固なつながりを持ったときの感覚を、身体に刻まれた記憶として表現します。

8.「私の必要（ニーズ）」

移動の時、私たちは自分が必要としていることの多くが満たされていないことがあります。さらにはそのことについて、またそれが自分に影響を及ぼしていることについても、気づかないことがしばしばです。そのようなニーズをリストアップすることで、一人ひとりが、家族が、そしてグループが、それぞれどうしてそのような反応をするのか、また何を必要としているのかに気づくことができます。

9.「私の感情」

これはどの年齢層にも使える最適なアクティビティです。しかも、移動の時期だけでなく、それぞれの人の生活の中で一体何が起きているのかを知りたい時はいつでも使えます。一人ひとりの感情に気づき、見極めます。親は子どもの気持ちに気づき、その感情を子どもが自分でどのようにプロセスしていったらよいか助けることができます。さらに、親として子どものニーズにどのように応えたらよいかを考えることができます。

10.「私の世界」

移行期において私たちは、自分が激しい嵐の海を漂う小舟、あるいは真っ暗な宇宙のちっぽけな星のような気持ちがします。このアクティビティをすることで、子どもも大人も、自分が決して一人ぼっちではないことを知る助けになります。自分とつながっている人々が必ずどこかにいるのです。

11.「私の居場所のストーリー」

「そこに私の居場所がある」と自分が感じられる人々がいること、また長年自分にとって大切な存在と感じられる人々がいることを思い出すことで、自分がその人たちのうちに所属感を持っていることに気づきます。またこのアクティビティが、かつての友人関係が回復するための励ましにもなります。

III. アイデンティティと信じていること

12.「私と周りの人々」

多くのTCKたちは自分が他人と違うように感じています。そのような感じを持っていることを具体的に指し示し、言葉で表現してみる時、考えていたほどにはほかの人とあまり違ってはいないことに容易に気づくことがあります。

13a.「私と文化」

TCKは自分のうちに多くの文化を混ぜ合わせて持っています。それらの異なる文化がどのように混ざり合っているか、またどのような形で彩られているかに気づくことで、個々の文化の色合いを喜び、それらを用いることができるようになります。

13b.「私の中の文化の融合」

私たちTCKはいろいろな状況、また人生のそれぞれの時期に合わせて、いくつかの異なる文化を様々な型（スタイル）で融合させています。このアクティビティを行なうことで、自分が最もよく用いている融合の型とはどのようなものか、またほかにはどのような型があるかを探ってみる契機となります。

14.「私と私が属しているシステム」

これは家族やグループが、自分の属している（または属していた）システム（組織・団体）からどのようなメッセージが発せられて来ているかを、一緒に考えて見つけ、気づくための振り返りのアクティビティです。

15.「偽りから真実へ」

私たちはみな成長期において、自分について真実でないことを信じるようになり、それが人生の後々までも影響を及ぼしていることがあります。子どもがいろいろな方法で異なる環境の間を行ったり来たりすると、ますますそのような影響を受けやすくなり、自分についての真実でないメッセージを信じてしまう傾向があります。このアクティビティは私たちが自分についてどのようなことを信じているかに気づかせる、非常に効果的なものです。これによって、自分がどのような人間であるかについての真実の声に耳を傾け、それをしっかりと受け留められるようになります。

IV. 人間関係とグローバリゼーション

16.「私の大切なブレスレット」

TCK の人生においてはとても孤独に感じることがあります。自分の大切な人々のことを象徴するビーズのブレスレットを作ることで、私は決して独りではないことを思い出すことができます。このアクティビティは自分に帰属感と希望を与えてくれるもので、子どもも大人も大好きです。

17.「私のアンカー・パーソン」

私たちは誰でも一人だけで生きてはいけません。子どもでも大人でも、自分のアンカーとなってつながってくれている誰かが必要です。自分にとってアンカーとなっている人たちとは誰か、また自分は誰のアンカーになっているかについて振り返ります。それによって強固な人間関係と安全がもたらされます。これはTCKにとってとても必要なことです。

18.「空飛ぶじゅうたん」

人々にこのアクティビティを説明し、世界中を駆け巡っている自分の姿を想像してもらう時、それによってもたらされるすごい癒しの力に私はいつも驚いています。私たちの脳は想像したことを信じることができるのです！

V. ストレスと生活スケジュール

19.「私のラブとストレス」

このアクティビティによって、何が私たちに愛と喜びをもたらし、何が私たちにストレスをもたらすかがはっきりします。これは、私たちが人生においてどのような状況にあり、どのように行動しているのか、そして何が必要なのかを明確に示してくれる、非常に実践的な評価ができるアクティビティです。

20.「私のタイムライン」

タイムラインを家族で一緒に作りながら、自分たちが経験して来たことをプロセスしていく作業は驚くほど力あるものです。タイムラインを描くことはあらゆる種類のプロセス作業の基本となるもので、いろいろな方法でいろいろなテーマに関して用いることができます。タイムラインをフロアに大きく描き、その上を歩いていくという仕方もあります。タイムラインを描きそこに様々な思い出や出来事を書き込んでいくというただそれだけの作業で、癒しが始まっていくのをたくさんの家族が経験しています。家族みんなで自分たちが歩んできた足跡を思い返し、笑ったり泣いたりしてタイムラインを描いていく様子は、見ていてとても美しい光景です。

21.「四つの感情」

これは一番初めのアクティビティとして私がよく用いるものです。自分が喜んだり、悲しんだり、怒ったり、恐れたりしているもの、そして将来への願いを、それぞれ簡単な絵にすることで、自分の喜び、悲しみ、怒り、恐れ、望みに気づき始めます。

22.「“ニンジン”モデル」

どのような種類の行動にも常にその背後には理由があります。この“ニンジン”モデルは、そのような理由を考える上で、シンプルですが美しく威圧的でない方法であり、どのような解決策があるかをより明瞭にするのに役立ちます。これは自分自身やほかの人のことをもっと良く理解したいと願っている家族やチームが、また個人としても用いることができます。

23.「私の身体の感覚」

身体が自分にどのようなことを伝えようとしているか、私たちはあまりよく気づいていません。私たちの身体は今現在経験していることに対して反応し、それは身体に影響を及ぼします。身体の感覚やそこからのその他のメッセージをもっとよく意識することで、自分をより深く理解し十分なケアをすることができます。これは特に移行期においては重要なことです。

24.「三つの椅子」

「良いこと」、「悪いこと」、「望むこと / 変えたいこと」についての三つのステートメントを語るこの手法は、人が何を必要としているかを知りたい時にはいつでも使えます。ただ座って話すというよりも、「振り返りへの招き」という意味での椅子を用いることで、思っていることをより自由に語ることができ、新たな気づきがもたらされます。

25.「スケジュールを作る」

健康的な日々のスケジュールを作ることで、ストレスの多い生活の中にも確かさと堅実さがもたらされます。移行期の中にある家族にとって、これは良好な状態を維持することにもつながります。

VI. 悲しみと喜び

26.「マジック・トラック」

このマジック・トラックというアクティビティは、どんな物でも人でも積むことのできるトラックを想像します。自分と一緒に持って来たかった、連れて来たかった、どんな物や人でも、今そのトラックの中に集めて持って来ることができます。ここでもまた、想像することが驚くほどの癒しをもたらすことがあります。そのようなかつての木々や遊び場、味覚、天候、ペット、人々がもはや現実には戻って来ないことは分かっています。しかし、それらのことを再び思い返してみるだけでも心に平穏がもたらされるのです。トラックの周りに家族の皆が集まり、過去に失って来たいろいろなものを積み込んでいく様子は、見ていて本当に美しい光景です。家族が一緒になって悲しみも喜びも共有する時となります。

27.「私の隠れた喪失」

隠れた喪失、たとえばアイデンティティの喪失、地位や立場の喪失、自分だけでできること（コントロール）の喪失、安心感の喪失などは、あまり言葉で話すことがないものです。それらはあまりにも見えにくいことかもしれないし、また実際に失った物や人よりももっと大きな痛みを伴うことがあるからです。それらの喪失は言葉で表現するのが難しいので、ジェスチャーによって表現するのが役立つことがあります。そのように体で表現して見せることで、喪失の気持ちを互いに分かち合うことができます。

28.「私の貴重品箱」

私たちは、自分にとって貴重なものや大切なものが確かにあることを認める必要があります。これらの宝物が入った箱は、私たちを安全で豊かな気持ちにさせてくれます。そして、私たちが感謝すべき一つひとつのことを鮮やかに思い出させてくれるものとなります。

29.「お別れのセレモニー」

お別れのセレモニーは、何かが終わりを告げ、新しい何かがやってくることを理解する助けとなります。別れを悲しみ、喜ぶための空間（スペース）と時間を作ることができます。

Ⅶ. 心身の発達と長期目標

30.「私の愛と喜び」
31.「私の自由」
32.「私の生きる力」
33.「私のスキル」
34.「学校のタイムライン」
35.「私の望み」

「私の愛と喜び」、「私の自由」、「私の生きる力」、「私のスキル」、「私の望み」、はすべて、個人、家族、グループが、自分の基本的なニーズをどれだけ満たしてきたかを振り返るための「ものさし」となるアクティビティです。これらのニーズが満たされない場合、私たちは苦労することになります。

家族一人ひとりが持っているスキルと、新しい環境の中で生き抜いていくために必要なスキルについて皆で語り合うことによって、家族一人ひとりが力をもらい、サポートされていると感じるようになります。

子どもたちは生活の大部分を学校という環境の中で過ごします。子どもたちが安全であり、学校の状況に満足していることが大切です。自分が今まで通っていた「学校のタイムライン」というアクティビティを行なうことで、何が良いことだったか、何が大変だったか、そしてこれからの学校選択に関して何がベストかについて、子どもと親が一緒に考えるための助けになります。

Ⅷ. 安全とバウンダリー

36.「安全のためのプランを立てる」

子どもたちは守られ、安全であると感じる必要があります。一緒に座って普段の日の動きを地図に分かりやすく描いてみることで、親は子どもが一日を通して出会う多くの人々と様々な場所で安全で守られていると感じているかどうかを明確に把握することができます。そうでない場合は、両親と子どもが一緒に安全のためのプランを立て、子どもが常に安心できる人がそばにいるようにします。

37.「バウンダリーのためのプランを作る」

新しい文化圏に来たとき、バウンダリー（境界線）の問題は、慣れ親しんできたものに囲まれているときよりも少し複雑になることがあります。家族内においてもその周りとの関係においても、バウンダリーをはっきりさせる必要があります。円を描くことによってバウンダリーが見えるようになり、いつ、どのようにそのようなバウンダリーを保つべきかが分かります。

38.「ウエストサイド・ストーリー」

これはアイスブレイクとしても使える素晴らしいゲームです。一人ひとりが勇気を持ち、目に見える存在になり、互いに支え合い、力を合わせるようにと私たちを励まします。これらはすべて新しい場所に移って来たときに重要となるスキルです！

39.「トラウマ処理の練習」

トラウマの体験は、体験者にとっても、助けようとする人にとっても、怖いものです。多くの場合、私たちは無力感を感じ、どうすればいいのか分かりません。神経科学が教えてくれる、トラウマを抱えた人の必要について学ぶことで、私たちはより安心して支援することができます。また、トラウマ反応は私たちを守ろうとする身体の反応であり、自然なものであり美しいものであること、そして私たちが何をすべきかを知っていれば、助けることはそれほど難しいことではないことも理解できます。

40.「サバイバル計画の練習」

様々な異なる状況においてなすべきことを知っているならば、私たちはより安心感を持つことができます。大人だけでなく子どももまた、危険が生じたときに役立つ対応の仕方を練習しておくことが必要です。

41.「緊急避難時の計画を立てる」

多くのTCKは緊急避難を要するような地域と状況の中で生活しています。緊急避難は、そこに置き去りにされたのと同じくらいのトラウマになり得ます。そのため、避難を可能な限り安全に行なう方法、特に子どもたちのニーズを知ることが重要です。

42.「子どもに目を向ける」

子どもたちはしばしば忘れられやすいものです。家族や団体が危機的状況に陥った場合は特にそのようなことが起こりがちです。私たちは子どもに目を向ける必要が常にあります。「子どもの靴を履いて歩く」、つまり「子どもの椅子に座る」ことで、私たちは子どもに対しての強い意識を持ち続けることができます。

IX. ディブリーフィングとストーリーを語ること

43.「私の人生についての本」

私たちの人生の断片をひとつのストーリーにまとめてみるとき、それはどんなことであっても癒しをもたらします。自分の人生についての本を作ることは、実際何年もかかる長期的プロジェクトになることでしょう。個人個人で、あるいは家族皆で一つの本を作るプロジェクトにもなります。

44.「私の統合コーナー」

自分の統合コーナーを作ることも、人生の断片をひとつにまとめるもう一つの方法です。ノマド生活の様々な経験を思い出させる美しいものとなります。

45.「ストーリーを語る」

ストーリーを語ることは、自分が経験して来たことをプロセスするための、そして自分がどのような人間であるかを理解するための、意義ある一つの方法です。

46.「ディブリーフィングの手引を利用する」

このディブリーフィングの手引は、一般的な形式よりももっと創造的な方法で経験をプロセス（処理）することの必要性を感じて、私が開発したものです。これは大人でもティーンでも小さな子どもでも用いることができます。ディブリーフィングのセッション中に使うことができ、あるいは事前に送っておいてもいいです。

47.「“セーフティ・ストーリー”を語る」

“セーフティ・ストーリー”は、アタッチメント（愛着）理論と神経科学から得られた知見を用いて私が開発した、トラウマ体験をプロセス（処理）するためのユニークな方法です。これは小さな子どもやティーンや大人がプロセスしていくのを助けるために役立つものです。個人でも家族やグループでも用いることができます。訓練されたカウンセラーも、普通の親も、これを使ってプロセスを進めていくことができます。

48.「“送らない手紙”を書く」

私たちは自分が何を必要としていたかを言い表さない限り、人を赦すことはできません。このアクティビティは、自分が経験したことに関して悩んでいる子どもにも大人にも重要なものとなります。傷ついたことや満たされなかったニーズを書き出し、その必要としていたものを受け取ったことを想像することで、過去の記憶が癒され始め、赦しが無理にではなく、実りや贈りものとしてもたらされます。

X. 集うことによる力

49.「移動する家族のお楽しみ会」

ディビッド・フロージと私が10年ほど前にはじめて「移動する家族のお楽しみ会」を実施して以来、これはウェル・インターナショナルでの年に何回か開かれる定例イベントとなりました。これらのアクティビティに沿って導かれていく中で、各家族は楽しく創造的な方法で移行期をプロセスすることができます。このアクティビティをいくつかの家族が集まって一緒に行なうとき、それぞれの経験をシェアすることを通して、それは自分ひとりだけのものではないと気づきます。その日は、大きな癒しのインパクトがもたらされる時となることでしょう。

50.「ディブリーフィングの週を計画する」

自分たちが経験したことをもっと深く見つめたい、またカウンセラーと会う時間も必要だという家族にとって、ディブリーフィングの週を持つことは素晴らしい選択肢の一つです。「移動する家族のお楽しみ会」と同じアクティビティが提供されますが、カウンセラーが家族のプロセスをリードし、フォローします。

51.「再会の集いを計画する」

同じような経験を共有する仲間との出会いは、ある種の不思議な力があります。再会の集いは小規模なものから大規模なものまで設定できます。シンプルで楽しいものにしましょう。誰もが安全だと感じられるような、優れたリーダーシップのある組織が整えられているようにします。

52.「親へのトレーニングを計画する」

たいていの親は何らかのトレーニングを通して大きな益を受けます。家族を新しい環境、新しい文化に連れて行く場合、トレーニングの必要性はさらに高まります。

53.「コラージュを作る」

このアクティビティは、あらゆる場面で誰にでも使えます。私たちに語りかける絵や言葉を切り取ることで、私たちの人生や内面で起こっていることをより明確にとらえ、それに触れることができます。

XI. 私たちにできること

54.「何かを変えるために私には何が必要か」

このアクティビティは30章から33章までで使ったものと似ており、53章、54章、55章、56章でも使えます。椅子を動かすことで、私たち自身に何が必要か、そして子どもたちのために何を変える必要があるかがはっきり見えてきます。

57.「絵や写真を探す」

私たちが何を考え、何を感じ、何を必要とし、何を願っているかを説明する言葉を見つけるのは難しいことがあります。子ども、ティーン、大人にとって、絵や写真の中からいくつかを拾い出してみることが役立ちます。このアクティビティは、あらゆる状況、テーマ、あらゆる人に使えます。

アクティビティのまとめと勧め

このようなアクティビティが本当に役に立つのだろうかと思うかもしれません。そこで、宣教師の子どもたちの再会の集いで知り合ったジョン・チェノウェスの話を紹介します。

私がウーリカ・エルンヴィックに初めて会ったのは、マレーシアのキャメロン・ハイランドにあるチーフー・スクールの再会の集いだった。私は、宣教師の子どもの寄宿学校時代の影響など自分は受けていないだろうと思いつつそこに行った。初日の夜、ウーリカは「世界中を移動して来た私の歩み」というゲームを私たちに紹介した。その夜、私は60歳にして、自分自身のうちに大切なものを隠していたことに気づいた。まさに「光が差した」瞬間だった。ちょっとしたゲームだった！幼少期が私と私の信仰にどのような影響を与えていたかを理解する旅は、5年近くかかった。

2018年、チーフーで行われた3回目の集会には、とても重苦しい気持ちで参加した。自分の人生の物語がバラバラになってしまったと感じた。埋もれていた悲しみをすべて解き放ったと思っていたのに、私は両親や神に対してまだ強い怒りを感じていた。ウーリカは、幼少期のトラウマの記憶を助ける方法として、47章で詳しく説明している「セーフティ・ストーリー」の手法について話した。私は彼女に、寄宿学校に通っていた6歳のとき、ある過ちを犯してしまい家に帰ることを決断したある出来事について、エクササイズしてくれるように頼んだ。あのとき私は2時間かけて寄宿学校から逃げ、家の門の外で凍りついていた。ウーリカと一緒に行なったエクササイズによって、私はその記憶の傷から解放された。セッションの後、私は疲れきっていたが、あの日の記憶の中に「安全な人」を招き入れることで、私は癒された。両親や神に対する私の怒りの感覚は消え去り、それからはもう戻って来ることはなかった。

ウーリカが開発した手法は驚くほどの効果を発揮する。この本は宝の山だ。推薦してもしすぎることはない。ウーリカと出会い、これらのエクササイズを行なったことで、私の人生は変わった。あなたが宣教師であっても、MKであっても、TCKであっても、宣教団体であっても、この本をよく読んで、数々の「ゲーム」もやってほしい。その価値は大いにあるはず。

もしあなたがジョンと同じようにすでに大人のサードカルチャーキッズで、自分の経験をプロセスしてみたいのであれば、まず以下のアクティビティを試してみることをお勧めします。

- 世界中を移動して来た私の歩み（3 章）
- 私のタイムライン（20 章）
- マジック・トラック（26 章）
- 私の隠れた喪失（27 章）
- 私の感情（9 章）
- 三つの問い（4 章）
- 偽りから真実へ（15 章）
- 「送らない手紙」を書く（48 章）
- 「セーフティ・ストーリー」を語る（47 章）
- 私の居場所のストーリー（11 章）
- 私の統合コーナー（44 章）

プロセスしていきながら、自分の考えや感情を分かち合える安全な人を見つけましょう。分かち合うことを通して、あなたは自分の人生のストーリーとつながり、自分自身や他者への所属感を見出すことができます。

私はこの本で紹介したアクティビティを見出し、開発することができたことをとても感謝しています。その中には私自身が考案したものもいくつかありますが、すべてがそうではありません。私が参加したトレーニングや、自分自身が導いたトレーニングの中で出会った人たちからインスピレーションを受けてできたものもあります。また、カウンセリングやディブリーフィング、トラウマ処理を行なう中で自然に生まれたものもあります。年月をかけていくうちに、これらのアクティビティは、あなた自身の人生や、他の人たちの人生のために用いることを勧められる程まで、美しいツールに整えられてきました。これらのアクティビティのために時間を取ってください。他の人と一緒に行いましょう。一度だけでなく何度か行なってください。多くのアクティビティが左脳に加えて右脳も使うように促すので、より深いレベルでのプロセスが可能になります。自分のうちで何が起きているのかを直ぐには気づかないかもしれませんが、そのような経験が浸透していくうちに、自分の感情や信じていることに変化が現れることに気づくでしょう。あなたがこれらのアクティビティを用いて人々をリードしていく場合には、すべての人が安全だと感じられる中で行なうように気を配ってください。アクティビティの使い方について質問がある場合は、私のウェブサイトにさらに詳しい情報があります。またそこから質問していただくこともできます。

旅は続く

本書が注目するTCKのグループ、つまり、他国や他文化への短期間または長期間の滞在を自ら決断した両親を持つ人たちは、一般的に特権的なグループです。大抵、両親は学歴があり、仕事を持っていて、家族を世界各地に連れて行くだけの力とリソース（資力）を持っています。多くの場合、彼らは良い学校に行くことができます。彼らは間違いなく多くのものを見、多くのことを学びます。世界中に友だちができ、ほとんどの物事に対して広い視野を持つことができます。他の子どもたちが経験できないような楽しい経験をたくさんすることができます。

しかし、彼らは多くの困難にも直面します。親でさえもよく知らない文化の中で育ち、異なる国や文化の間を行き来し、新しい土地に適応するために苦労することは、子どもにも大人にも大きな負担となります。TCKとその親たちは、ほかの多くの人々よりも多くのストレスとなる要因に直面します。これこそが本書で私が注目したことです。つまり、私たちの身体と脳がどのように適応し、順応するために働くのか、そしてそれがどのように他のすべきことや学ぶべきことからエネルギーを奪っているのかということです。

私は自分がTCKとして育ったことを、両親が私にくれた最も美しい贈りものだと思っています。そして、すべてのTCKが成長していく過程で、そのことを知り、感じ取ることができるようになってほしいと願っています。私の子ども時代は決して完璧なものではありませんでした。両親は多くの働きをし、ストレスを抱えていました。私は寄宿学校に通い、世界で最も貧しく政情不安な国の一つに住んでいました。孤独で無防備だと感じたこともあったし、残してきた友人を恋しく思ったこともありました。しかし、私は自分が愛されているという感じはありました。両親が私をこの冒険に連れ出したのは、彼ら自身がこの冒険を愛していたからであり、私のことも愛していたからだと感じていました。

私はすべてのTCKに伝えたいことがあります。あなたの両親はおそらく完璧ではない（なかった）でしょう。異なる国や文化の間を行き来するということ自体、あなたが望んだことではなかったかもしれません。もしかしたら、それがあなたを混乱させ、迷わせていたのかもしれません。あるいは、それはあなたがずっと夢見ていたことで、世界一幸せな人間になれたかもしれません！さらにはまた、それがあなたの人生そのものであり、あなたが知っている唯一の人生なのかもしれません。いずれにせよ、あなたはあなただけの経験、感情、思い出を持つユニークで美しい存在なのです。あなたが経験したことの真っ只中には金の種子がたくさんあって、あなたに拾い上げてもらうのを待っています。たぶんそれらの経験すべてが、あなたをこの地球上で最も強く、賢く、クリエイティブな人間にしてくれたことでしょう。つらかったでしょう。今もつらいかもしれません。でも、あなたはひとりではありません。あなたの属する「特別な家族」の人々がすぐそこにいます！その人たちを見つけ、自分のストーリーを語り、彼らのストーリーに耳を傾け、世界で一番のストーリー・テラーになってください！あなたには語るべきストーリーがたくさんあります。踊らなければならない踊りがあり、歌うべき歌があり、互いに結ぶべき手があります！「サード・カルチャー・キッズ（TCK）」

を「トゥゲザー・イン・コミュニティ・キッズ（TCK)」にしましょう。皆互いに一つのコミュニティに、そしてほかの子どもたちやほかの「特別な家族」ともつながって一つのコミュニティにしましょう。どうか、あなたの自分らしさを反映してくれる「特別な家族」を見つけ、自分のたくさんのユニークな部分を全部拾い集め、それらをその人たちとシェアすることを始めてください。そうすれば、あなたは、「ここが自分の居場所」と感じることのできるあらゆる種類の人々や「特別な家族」を、もっと容易に見つけることができるのです！

参考資料

書籍

Bryant, Steve and Gill (2017). *Serving at the ends of the earth: Family life and TCKs.* Coventry: WEC International.

Bushong, Louis J. (2013). *Belonging Everywhere & Nowhere: Insights into Counseling the Globally Mobile.* Mango Tree Intercultural Services. www.quietstreamscounseling.com

Chapman, Gary (2015). *The Five Love Languages.* Chicago: Moody press.

Crossman, Tanya (2016). *Misunderstood: The Impact of Growing Up Overseas in the 21st Century.* UK: Summertime Publishing.

Glasser, William (1998). *Choice Theory: A New Psychology of Personal Freedom.* NY: Harper Collins Publisher.

Hari, Johann (2018). *Lost Connections.* London: Bloomsbury.

Ho, Polly C. ed (2013). *Rice, Noodles, Bread or Chapati? The Untold Stories of Asian MKs.* Hong Kong: TCK Care Fellowship.

Knell, Marion (2001). *Families on the Move.* Oxford: Monarch Books.

Lenier, Sarah (2000). *Foreign to Familiar: A Guide to Understanding Hot – And Cold – Climate Cultures.* Maryland, Hagerstown: Mc Dougal Publishing Company.

Levine, Peter, Kline, Maggie (2008). *Trauma-Proofing Your Kids – A Parents' Guide for Instilling Confidence, Joy and Resilience.*

Berkeley, California: North Atlantic Books.

Levine, Peter (2010). *In An Unspoken Voice.* Berkeley, California: North Atlantic Books.

Loong, Cindy, ed. (2008). *Growing Up Global – What a TCK's Life is Like.* Hong Kong: Shepherd International Church.

Pascoe, Robin (2006). *Raising Global Nomads.* Expatriate Press.

Ota, Douglas (2014). *Safe Passage: How Mobility Affects People and What International Schools Should Do About It.* UK: Summertime Publishing.

Pollock, David C, and Van Reken, Ruth E, Pollock, Michael V. (2017 3rd edition). *Third Culture Kids – Growing Up Among Worlds.* Boston: Nicholas Brealey Publishing.（邦訳：新版『サードカルチャーキッズ：国際移動する子どもたち』デビッド・C・ポロック、ルース＝ヴァン・リーケン、マイケル・V・ポロック共著 2023 年 スリーエーネットワーク）

Sandi-Hart, Heidi (2010). *Home Keeps Moving.* Hagerstown, PN: McDougal Publishing.

Siegel, Daniel J. & Payne Bryson, Tina (2012). *The Whole-Brain Child: 12 Revolutionary Strategies to Nurture Your Child's Developing Mind.* London: Robinson.

Siegel, Daniel J. (2014). *Brainstorm – The Power and Purpose of the Teenage Brain.* London: Scribe.

Simens, Julia (2011). *Emotional Resilience and the Expat Child: Practical Tips and Storytelling Techniques That Will Strengthen the Global Family.* UK: Summertime Publishing.

Van der Kolk, Bessel (2014). *The Body Keeps the Score: Brain, Mind and Body in the Healing of Trauma.* NY: Penguin Books.（邦訳：

『身体はトラウマを記録する：脳・心・体のつながりと回復のための手法』ベッセル・ヴァン・デア・コーク著 2016年 紀伊國屋書店）

児童書

Barton, Byron (1990). *Gila Monsters Meet You at the Airport.* NY: Aladdin paperbacks.

Maxfield, Brenda (2001). *Up, Up and Away! A Guide for Children and Their Parents Who are Moving From One Culture to Another.* Foreign Service Youth Foundation. www.state.gov/www/flo/fsyl.html

Olsson, Heidi (forthcoming). *Children of Adventurous Parents' Airbus.*

Schubeck, Carol M. (1998). *Let's Move Together – An illustrated story book for younger children experiencing a global lifestyle.* Suitcase Press.

Taber, Sara Mansfield (1997). *Of Many Lands: Journal of a Traveling Childhood – Workbook to help TCKs process and document their experiences.* Foreign Service Youth Foundation.

Tongues, Menezes, Gemmer Emigh (2013). *Slurping Soup and Other Confusions.* UK: Summertime.

Wallén, Sara. *I'm Moving.* www.mjukaflytten.se, www.thinkglobalschool.org

ティーン向けの本

Rockson, Tayo (2015). *The Ultimate Guide to TCK Living:*

Understanding the World Around You.

Quick, Tina L. (2010). *The Global Nomad's Guide to University Transition*. UK: Summertime Publishing. www.internationalfamilytransitions.com

Roman, Beverly D. (2001). *Footsteps Around the World: Relocation Tips for Teens.* Jacksonville, FL: BR Anchor Publishing.

Shah, Aniket (2005). *Club Expat: A Teenager's Guide to Moving Overseas.* Dog Ear Publishing.

雑誌

Among Worlds – www.interactionintl.org

ウェッブサイト

www.familjegladje.se – Author's website for Global Nomads and their parents.

www.safetystories.se – Author's website for Safetystories

www.childsafetyprotectionnetwork.org – Resourceful site about child protection.

著者

ウーリカ・エルンヴィックはソーシャルワーカーであり、家族にフォーカスした公認心理療法士である。彼女が1歳のとき、両親はスウェーデンからコンゴに移り住み、そこで1歳から4歳まで、そして10歳から13歳まで過ごした。彼女はスウェーデン式の小さな寄宿学校に通っていた。スウェーデンに戻ると、彼女は迷いと戸惑いを感じ、どこにあっても帰属感を持つことに困難を覚えた。誰も彼女が悩んでいることを理解する手助けはしてくれなかった。高校卒業後、彼女は1年間ベルギーに渡った。スウェーデンに戻った彼女は夫と出会ったが、彼はスウェーデンにずっと住み続けたいとは全然思っていなかった。大学で3年間学んだ後、彼らは1年間アジアを旅し、タイ北部で共に働きたいと思う人々を見出した。それから7年後、4人の子どもと一緒にタイに移り住み、過去20年間のうち11年間をタイで過ごし、5人目の子どもも与えられた！

40代になってから、ウーリカはファミリー・セラピストとして、TCKとその両親のための働きにフルタイムで従事するようになった。それ以来、彼女はワークショップを導き、アジアやヨーロッパでTCKについての講演をしながら、セラピーを通して何百人ものTCKやその家族と出会った。また、宣教師の子どもたちのキャンプでワークショップを担当し、カウンセリングを提供し、世界中に遣わされているファミリーをよりよくケアする方法について派遣団体に伝え、大人のTCKの再会の集いを企画し、講演を行なっている。長年にわたり、神経科学とアタッチメント理論に基づき、TCKの経験がその子どもにどのような影響を与えるかについて独自の知識を深め、対話型のエクササイズを用いながら、TCKの家族やグループが彼らの経験をプロセス（処理）するためのサポートを行なっている。彼女の働きの拠点は、The Well International（www.thewellintl.org）、また彼女自身が設立したFamiljeglädje（Family Joy）（www.familjegladje.se）に置かれている。

訳者あとがき

私は長年、国内外でサードカルチャーキッズ（TCK）のケアと教育の分野の働きに携わっている。TCK については洋書ではすでに数十年前より数多くの書物が出版されているが、日本語訳書はいまだに数少ない。デビッド・C・ポロック＋ルース＝ヴァン・リーケン共著『サードカルチャーキッズ：多文化の間で生きる子どもたち』は、この分野のバイブルともいえる書であるが、その邦訳初版が 2010 年、続いてその新版が 2023 年に発行（スリーエーネットワーク）された。それらを通して、我が国においても TCK に対する認知がしだいに深化・拡大し、すでにさまざまな取り組みがなされていることを知り、たいへん嬉しく思っている。そのような中で、このたび私が本書の邦訳を手掛けることが許され、多くの方々の協力をいただきながら出版に至ったことは大きな喜びである。本書には、著者がその冒頭で「この本には、TCK たちの経験をプロセスし、統合するのに役立つ、実践的なアイデアやアクティビティがたくさんあります」と述べているとおり、まさに実際的でクリエィティブな資料を豊富に提供している。自らが TCK であり、TCK の母親であり、ファミリー・セラピストでもある著者の確かな理論と多くの実践的裏付けに基づいて著わされた本書が、この国でもさらに豊かに幅広く用いられることを願ってやまない。

本書の邦訳から出版に至るまで長きにわたりさまざまなかたちで支援し、ご協力くださった国内外の敬愛する多くの方々に心からの感謝をささげるものである。特に、私の稚拙な下訳を忍耐しつつ、長期間の校正作業に取り組んでくださり、正確かつ読みやすい日本語に手直ししてくださった敬愛する友人・村島健一郎氏、そして妻・貴恵に深く感謝したい。ロジャー・W・ラウザー氏はじめ編集に関わったコミュニティーアーツメディアの方々、および表紙デザインのために労してくださったクリスティーナ・スミス氏にも心より感謝したい。また、この邦訳プロジェクトの当初からいつも私を励まし支え続けながら、この喜ばしき完成の日を見ることなく昨年７月天に召されていった友ジュディのことも心に刻みたい。なお、訳語に関する責任は訳者にある。

2025年1月

福永 有

訳者

福永 有（ふくなが ゆう）

1958年生まれ。北海道大学理学部数学科卒。静岡県の公立中学校で数学教師として8年間勤める。1995年より妻と2歳前の娘と共に3人でパプアニューギニアに赴き、ウカルンパ・インターナショナル・スクールの教師となる。2012年帰国。2014年からアジアにおける「TCKのケアと教育」の働きを担い、現在に至る。

訳書

『“パーフェクト”にさようなら』（ティム・サンフォード著、NextPublishing Authors Press、2019年）

サードカルチャーキッズ
私たちへの大切な贈りもの

2025 年 7 月 1 日　発行

著書　ウーリカ・エルンヴィック
訳者　福永 有

発行所　コミュニティーアーツメディア
www.communityarts.jp
info@communityarts.jp

カバーデザイン　クリスティーナ・スミス
カバーイメージ　Freepik (www.freepik.com)

ISBN　978-1-953704-38-2　HARDCOVER
ISBN　978-1-953704-39-9　PAPERBACK

www.ingramcontent.com/pod-product-compliance
Lightning Source LLC
Chambersburg PA
CBHW021656120626
46545CB00004B/1262
* 9 7 8 1 9 5 3 7 0 4 3 9 9 *